家族・学校・職場を支える基礎知識

心理職・援助職のための法と臨床

廣井亮一・中川利彦・児島達美・水町勇一郎

有斐閣

はじめに Introduction

(1) 法と臨床の協働

　本書は，家族，学校，職場などの現場で公認心理師，臨床心理士，社会福祉士など対人援助に携わる実務家や心の専門家に是非とも知っておいていただきたい法の基礎知識，法的なものの考え方を提示しますが，それは単なる法律の解説ではありません。

　対人援助者はただ法律を覚えるだけでなく，それが刻一刻と動く対人援助活動に即したものでなければ意味がありません。法的な介入が臨床的にどのような作用を及ぼし，対人援助活動をどのように有効に展開させることができるかということが重要になります。

　同様に，子どもなどの弱者を守り保護するためには，心理臨床の理論や技法だけでは対応しきれません。そのためには問題や紛争に応じた法や制度を知り，それを発動するための具体的な法的要件を把握していなければ，緊急事態に対応できません。そうした法制度を正しく用いることが，対人援助活動において，最適かつ多層的な援助やサービスを提供することにつながります。

　本書は，このような目的のために，対人援助者が実務で直面する諸問題を取り上げて，法と臨床を架橋する実践知をまとめたものです。

　近年のわが国では，子どもの問題として少年非行，家族では児童虐待，離婚に伴う子どもの奪い合い，ドメスティックバイオレンス（DV），高齢者虐待などが問題となり，学校ではいじめや体罰，職場ではハラスメントや過重労働などが大きな社会問題となっています。

　このような問題や紛争はいずれも「法」と「臨床」の両方に関わることが特徴です。例えば，夫婦・親子・親族という家族関係の歪みが，離婚・DV・虐待・扶養問題など法に関わる問題として立ちあがってきます。それゆえ，そうした家族の紛争解決のためには，法に焦点を当てたアプローチと同時に，その水面下にある関係の歪みに臨床的アプローチをしなければなりません。

　同様に，家族，学校，社会という子どもたちを取り巻く環境の歪みが，非行や

いじめ問題などに反映されます。その問題が家庭裁判所や児童相談所に係属すれば，少年法や児童福祉法に基づきながら家族や学校における関係の調整が必要になります。こうしたことが，子どもや家族に関する問題解決に，法と臨床の協働による関与が求められる１つの理由です。

さらに，法と臨床の協働の必要性は，以下に示すように，それぞれのアプローチに効用と限界があることに関係します。

(2) 法の効用と限界

法的アプローチの効用としては，まず法に基づけば誰もが同じ原則に立って問題解決がなされるという公正性，信頼性が担保されることが挙げられます。このことは特に対立する紛争当事者に関わる際に重要です。

例えば，離婚に伴う子どもの奪い合い（子の親権をめぐる争い）で対立している父親と母親は，何をもとに親権者としての適格性を判断されるのか不安になります。その際，法的な基準としては，養育のための諸環境，それまでの監護の状況，養育の意欲と能力，経済状況など，ある程度客観的に捉えられる事実が基になることが提示されます。

紛争当事者は，そうした法に基づいてフェアな判断がなされるという安心感を得ることによって，問題解決に取り組む準備ができます。そしてそのうえで，子の最善の幸福のために，親子の愛情とは何か，時とともにうつり変わる関係性など，"あいまい"で客観的に判断しえないことも考えられるようになります。そうしたプロセスを経ることによって，夫婦は離婚をしても，かけがえのない子との未来に向けた親子関係の再構築に臨んでいくことができます。

また，法の強制力は，児童虐待から子どもの命を守るときや，DVやストーカーの加害者から被害者が緊急避難するときなどの危機介入の際に必要になります。

少年事件であれば，非行少年に注意や説得という言葉でアプローチをしても収まらない場合には，法に基づく禁止や阻止が必要になることがあります。例えば，暴走行為を繰り返したり激しい暴力をふるったりする少年たちには，まずその行動化を抑えることが重要になります。

こうした法による強制力を背景にした禁止・阻止という作用は，基本的に臨床

的アプローチにはありません。また，援助を求めない非行少年への初期介入として，法による強制力によって約束事や課題を実行させるといったことができます。

反面，法の限界は上記の効用の裏返しです。愛や憎しみをどのように捉えるのか，関係性や未来志向性といった千変万化するものには，法は対処しきれません。つまり，法による合理的判断がいかに正義にかなう正論だとしても，それが必ずしも実質的な解決に結びつくとは限らないということです。

(3) 臨床の効用と限界

ここまで述べたように，少年や家族の問題を法によるアプローチだけで解決することができるかといえば，いうまでもなく限界があります。それを臨床的アプローチが補い，実質的な解決につないでいきます。

法が示す規範や強制力に対する反作用として，人は意地になり頑なな態度をとることがあります。例えば，法的な客観基準だけで判断されて子の親権者になれなかった当事者は，意固地になり，子どもにしがみついて離さなくなることもあります。

男女の紛争には往々にして恨みや嫉妬という情念がつきまとい，その根深い感情が問題解決を阻害します。そうした人の感情や人間関係に関わる際に臨床的アプローチが必要になります。

例えば，凶悪なストーカーやDV加害者に法的対応を強化すればするほど，その加害者は攻撃性をつのらせ歪ませて，さらに過激な加害行為に及ぶことがあります。その対応には攻撃性に付随する依存性への臨床的アプローチが不可欠になります。

しかし臨床的アプローチにも限界があります。法的アプローチが一義的に法に準拠することでその安定性，信頼性を担保できるのに対して，臨床的アプローチは多義的なため，ともすれば当事者から主観的で"あいまい"だと批判されかねません。

また，対人援助者が援助の対象にしている人々は，通常何らかの悩みを抱えて自ら援助を求めてくることが多いと思います。ところが，犯罪や非行で法の俎上に載せられた非行少年たちは，法による処罰への不安や恐怖に怯え，援助者に対しても激しい攻撃性と敵意を向けてきます。それ故，非行少年が示す激しい攻撃

性，敵意にどう対処するかということが課題になってきます。

　さらに，非行少年たちは自らの行動を改善しようとする意欲があまりありません。もちろん彼らも息苦しさや悩みを心の奥深くに潜ませていますが，それを自覚して援助を求めようとはしません。こうしたことから，非行少年に対する臨床的アプローチにおいて困難なこととして，少年に治療動機がなく援助と被援助の関係が形成し難いことや，そもそも少年が援助の場に行くことさえ拒み，本人と接触することができないことなどが挙げられます。

(4) 対人援助者と法

　対人援助に関わる人々の多くは自分が関わるケースについて，それが何らかの法（法律，命令や条例など）に関係があることは理解していても，「法律は難しい。このケースでどの法律のどの条文が適用されるかわからないし，条文がわかってそれを見ても理解できない」と感じているのではないでしょうか。対人援助者が援助対象者の様々な問題に対応するときにも，主に臨床や福祉に基づいた考え方や技法でアプローチして，法的なことは補足的に取り入れたり，そのつど法の専門家に相談すればよいと思っているのではないでしょうか。

　しかしその結果，援助が必要なときに適切な関係機関につなぐことができなかったり，今後の手続の流れが予測できず的確なアドバイスができなかったり，ということがおきます。

　私たちの日常生活の大部分には法が関わっています。むしろ，法と無関係なことの方が少ないでしょう。法は，私たちの様々な生活の場面に関して一定の基準やルールを定めたものであり，多くの場合に拘束力をもちます。「拘束力をもつ」ということは，相手に対しそのルールに従うように要求できるということであり，もしこれに反した場合には，単に関係者から非難を受けるだけではなく，強制的に実行されてしまうこともありますし（例えば，離婚に伴う生活費の支払いや子どもの引渡しなど），損害賠償金の支払いを要求されたり，時には刑事罰を科される場合もあるということです。さらに，裁判や調停などの紛争解決のための手続も法に定められています。

　また行政は，人権を擁護し福祉を実現するとともに，社会生活上の各種の紛争を予防するため，法に基づいて，時には強制的に私たちの生活関係に介入してく

ることがありますし（例えば，児童虐待がある場合の子どもの保護など），また各種の様々な行政サービスを提供しています。

　対人援助者が支援の対象にしている様々な問題，援助対象者の悩みも，たいていは何らかの法に関係しています。そもそも，対人援助者が対象者に何らかの援助をすること自体が法と無関係ではありません。

　例えば，スクールカウンセラーが保護者から話を聞いている際に，その保護者が児童虐待をしている可能性があると思った場合，スクールカウンセラーは保護者の了承を得られなくても虐待通告をしなければならないのか否か，もし，保護者に何も知らせないまま虐待通告をした結果，子どもが児童相談所に保護された場合，保護された子どもはどうなるのか，また，通告した者はその保護者から訴えられることはないのか，というケースを想定しても，児童虐待に関して法の定めるルールがどうなっているのか，子どもと保護者にどのような機関がどのような手続で関わるのかを知っていることが必要であり，重要であることがわかるでしょう。

　他方，例えば家庭内での弱者に対する虐待に関しても，児童虐待への対応において重視される「子どもの最善の利益」とは異なり，高齢者虐待への対応の場面では，目指すべき最善の利益に関し高齢者本人の自己決定権がより重視されます。同じく家庭内での暴力であっても，DVに関しては児童虐待や高齢者虐待とは異なる被害者救済手続が定められています。

　つまり，それぞれの法によって，法が目指している目的，基本的な考え方（基本理念），関与する機関や問題への対処の仕方は必ずしも同じではありません。

　当然ながら，対人援助者も法の定めたルールに従うこと，法的な根拠に基づく対応をとることが求められており，それによって援助対象者とのトラブルを回避することも可能となります。

　また，対人援助者は，法制度を知ることによって，援助対象者に適した紛争解決のための手続や行政サービスを提供してくれる関係機関にうまくつなげることができます。

　対人援助者は，家庭・学校・職場など様々な場面で援助対象者の抱える紛争・悩みに関与します。その際に，法の細かな条文のことは知らないまでも，少なくとも法の目的や基本理念，手続の流れなどを理解したうえで関わることによって，

より的確な対応・アドバイスができます。対人援助者がそれぞれの実務において戸惑ったときや行き詰まったときに，法の原則は，「対人援助活動の灯台」の役割を果たすともいえるでしょう。

＊＊＊

　本書の構成は，第1部が家族に関わる問題や紛争（児童虐待，DV，離婚，高齢者虐待），第2部が学校における問題（いじめ，非行，体罰，保護者対応），第3部が職場における問題（過重労働とメンタルヘルス，ハラスメント）になっています。

　本書の執筆にあたり，有斐閣書籍編集部の心理学や教育学担当の中村さやかさんと法律書担当の一村大輔さんには，企画の段階から完成に至るまで丁寧なアドバイスをいただきました。感謝申し上げます。

　2018年12月20日

著者を代表して
廣井　亮一
中川　利彦

著者紹介

廣井 亮一（ひろい りょういち）
執筆分担 1〜8章の1・3節

- **現在** 立命館大学総合心理学部教授，臨床心理士
- **主著** 『犯罪被害者と刑事司法』（分担執筆）岩波書店，2017。
  『司法臨床入門――家裁調査官のアプローチ（第2版）』日本評論社，2012。
  『カウンセラーのための法と臨床――離婚・虐待・非行の問題解決に向けて』金子書房，2012。

> ■ 読者へのメッセージ
> 今，私たちの社会は様々な問題で疲弊しています。その解決のためには，家庭，学校，職場など現場に即した，「法」と「臨床」の協働によって適切に対処することが求められます。本書は，その援助の実践を具体的に解き明かした一冊です。"援助者の小舟が荒海にもまれたときに立ち返る港"としてご活用ください。

中川 利彦（なかがわ としひこ）
執筆分担 1〜8章の2節

- **現在** 弁護士（パークアベニュー法律事務所），和歌山県子どもを虐待から守る審議会会長，NPO法人子どもセンターるーも理事長
- **主著** 『公認心理師エッセンシャルズ（第2版）』（分担執筆，法律監修）有斐閣，2019。
  『子どもと家族の法と臨床』（共編）金剛出版，2010。
  『よくわかる司法福祉』（分担執筆）ミネルヴァ書房，2004。

> ■ 読者へのメッセージ
> 心理，福祉，教育などを専門とする方々に，できる限りわかりやすく，問題解決に必要な「法制度と法的なものの考え方」をお伝えしたいと考えて執筆しましたが，実務経験の少ない弁護士が基礎知識を得るためにも有用でしょう。本書が，より的確な対人援助活動の実践，関係機関とのスムーズな連携・協働に役立つことを願っています。

児島 達美（こじま たつみ）　　　　　　　　執筆分担　9〜10章（共著）
　現在　KPCL（Kojima Psycho-Consultation Laboratory）代表，長崎純心大学
　　　　客員教授，臨床心理士，（一般社団法人）日本産業心理職協会理事
　主著　『産業臨床におけるブリーフセラピー』（分担執筆）金剛出版，2001。
　　　　『ディスコースとしての心理療法──可能性を開く治療的会話』（共著）
　　　　遠見書房，2016。
　　　　『可能性としての心理療法』金剛出版，2008。

> ■ 読者へのメッセージ
> 多くの心理職にとって法の世界は縁遠いものかもしれません。しかし，私が1980年半ば，産業領域で仕事を始めたとき，労働安全衛生法の改正と共に，自分の仕事が法の枠組みと密接に関連していることを痛感しました。これからの心理職には，職場はもとよりあらゆる領域で各々の法の枠組みを活かせる力が求められることになるでしょう。

水町 勇一郎（みずまち ゆういちろう）　　　　執筆分担　9〜10章（共著）
　現在　東京大学社会科学研究所教授
　主著　『「同一労働同一賃金」のすべて』有斐閣，2018。
　　　　『労働法（第7版）』有斐閣，2018。
　　　　『労働法入門』（岩波新書）岩波書店，2011。

> ■ 読者へのメッセージ
> 働く人一人ひとりは弱い存在ですが，支え合い，寄り添ってもらうことで，前に進めることもあります。法は，この支え合いと寄り添いを応援する言葉です。

目　次

はじめに　i
- (1) 法と臨床の協働　i
- (2) 法の効用と限界　ii
- (3) 臨床の効用と限界　iii
- (4) 対人援助者と法　iv

第1部　家族に関わる法と臨床的対応

第1章　児童虐待　2

第1節　児童虐待の理解と対応の基本　2

1　児童虐待とは――対人援助のための理解　2

2　法の定義と臨床の基本的スタンス　4

第2節　法の視点と対応の原則　6

1　児童虐待の法的理解　6
- (1) 児童虐待と子どもの人権　8
- (2) 児童虐待とは何か　8
- (3) 子どもの視点で考える――児童虐待か否かの判断に迷うとき　10
- (4) 児童虐待が起きる背景と原因　12

2　児童虐待への対応のための法制度　13
- (1) 発見と通告　13
  早期発見のための通告義務／スクールカウンセラーと虐待通告
- (2) 調査と安全確認　16
- (3) 在宅援助　17
- (4) 一時保護　18
- (5) 里親等への委託および施設への入所　19

3　親権と児童虐待　20
- (1) 親権とは何か　22
- (2) 親権，しつけと児童虐待　23

4　親権の制限　23
- (1) 子どもの保護と親権の制限　23

ix

(2) 親権の一時停止　24
　　　(3) 親権喪失の申立て　26
　　　(4) 養親子関係の解消　26
　▶コラム①　法テラス　27

第3節　臨床的視点と援助的アプローチ　27
　1 児童虐待への臨床的視点 27
　2 守秘義務と臨床的関与 31
　3 親と家族へのアプローチ 33

第2章　ドメスティックバイオレンス　36

第1節　DVの理解と対応の基本　36

第2節　法の視点と対応の原則　37
　1 DV防止法について 39
　　　(1) DV問題の深刻さと難しさ　39
　　　(2) DV防止法の制定　40
　2 ドメスティックバイオレンスとは何か 41
　　　(1) 配偶者からの暴力の定義　41
　　　(2) DV防止法上の配偶者とは　42
　▶コラム②　法律上の責任　43
　3 保護命令制度について 43
　　　(1) 保護命令制度の概要　43
　　　(2) 保護命令申立ての要件　43
　　　(3) 申立ての手続等　44
　　　　裁判所への申立て／裁判官による審尋／支援センター，警察からの書類提出／保護命令／不服申立て
　　　(4) 保護命令の種類　45
　　　(5) 保護命令の効力　46
　4 避難と自立支援 46
　5 DV被害者の相談を対人援助者が受けた場合 47

第3節　臨床的視点と援助的アプローチ　48
　1 DV被害者の身体と心の安全確保 48
　2 DVにおける「加害─被害」関係の明確化 49
　3 法的手続における自己決定プロセスの援助 50

第3章 離婚 　51

第1節 離婚問題の理解と対応の基本　51

第2節 法の視点と対応の原則　52

- *1* 離婚に伴う法的問題 ……………………………………………………54
  - (1) 離婚に関して何が問題になるか　54
  - (2) 別居期間中の法的問題　54
- *2* 離婚の手続 ………………………………………………………………57
  - (1) 離婚の種類　57
  - (2) 協議離婚　57
  - ▶□コラム③　訴訟（裁判）と調停　59
  - (3) 調停手続と調停離婚　59
  - (4) 離婚訴訟と離婚原因　61
- *3* 子どもの親権と面会交流 ………………………………………………62
  - (1) 離婚に伴う親権者の指定　62
  - (2) 親権者指定の判断基準と子の意思の尊重　63
  - (3) 子どもと親との面会交流　65
  - (4) 養育費　67
- *4* 離婚に伴う財産給付 ……………………………………………………67
  - (1) 財産分与　67
  - (2) 慰謝料　68

第3節 臨床的視点と援助的アプローチ　68

- *1* 離婚に直面した夫婦への臨床的援助 …………………………………68
  - (1) 夫婦関係の悪循環　68
  - (2) 家庭裁判所に申し立てるときの留意点　70
- *2* 親権者の決定に関する臨床的視点 ……………………………………70
  - (1) 子どもの最善の利益　70
  - (2) 親権者に関する具体的確認事項と留意点　71
- *3* 面会交流に関する臨床的視点 …………………………………………72
  - (1) 面会交流の重要点　72
  - (2) 面会交流を適切にするためのアプローチ　73
- *4* 合同面接を経た「試行面接」の実施 …………………………………75

第4章 高齢者虐待　77

第1節 高齢者虐待の理解と対応の基本　77

- *1* 高齢化の現状 ……………………………………………………………77

        2 高齢者虐待防止法の特徴 77
   第2節　法の視点と対応の原則　　　　　　　　　　　　　80
        1 高齢者虐待とは 81
            (1) 高齢者虐待防止法の目的と高齢者の権利擁護　81
            (2) 高齢者虐待とは何か　82
                法の定める高齢者虐待とは／虐待の類型／虐待の判
                断基準
        2 高齢者虐待に対する法的対応 85
            (1) 早期発見と通報義務　85
            (2) 虐待への対応　86
                初期対応／高齢者と養護者への支援
            (3) 成年後見制度の活用　87
                成年後見制度とは／成年後見人等の役割
   第3節　臨床的視点と援助的アプローチ　　　　　　　　　89
        1 高齢者虐待と介護問題 89
        2 扶養と介護 90
        3 高齢者の心 92

第2部　学校における法と臨床的対応

第5章　いじめ _____ 94

   第1節　いじめの理解と対応の基本　　　　　　　　　　　94
        1 子どもの攻撃性の変容といじめ 94
        2 現代型いじめの特徴 96
   第2節　法の視点と対応の原則　　　　　　　　　　　　　97
        1 いじめとは何か 98
            (1) いじめは重大な人権侵害　98
            (2) いじめの定義　100
            (3) いじめか否かを判断する際の注意点　103
            (4) いじめの特徴　104
        2 いじめに対する法的対応 105
            (1) 学校いじめ対策組織　106
            (2) いじめに対する措置　106
                通報などの適切な措置を講じること＝情報共有の重要性

　　　　／いじめの確認・報告義務／支援，指導・助言義務／
　　　　安心して教育を受けられる措置を講じる義務／情報提
　　　　供義務／警察との連携義務
　　(3) 重大事態への対処　109
　　(4) いじめと犯罪　109
　　(5) いじめている子どもへの対応　111
　　(6) いじめ被害者のとりうる法的措置　112

第3節　臨床的視点と援助的アプローチ　113
　1　対人援助者の基本的スタンス 113
　2　いじめ防止対策推進法の現在 115
　3　法的アプローチと臨床的アプローチの協働 116
　　(1) 学校全体で対応する　116
　　(2) "悪者探し"をせずに事実を把握する　117
　　(3) いじめられる子といじめる子の同時ケア　117
　　(4) 関係機関との連携　118

第6章　少年非行　119

第1節　少年非行の理解と対応の基本　119
　1　対人援助のための少年法の理念 119
　2　非行少年とは 120
　3　少年犯罪の現状..122

第2節　法の視点と対応の原則　124
　1　少年法と非行少年について 125
　　(1) 非行少年と少年法　125
　　(2) 少年法の理念　127
　　(3) 非行少年に必要なもの　128
　2　非行少年に対する法的手続の流れ 129
　　(1) 捜　査　段　階　129
　　(2) 家庭裁判所への送致――全件送致主義　131
　　(3) 観　護　措　置　132
　　(4) 家庭裁判所調査官による調査　132
　　(5) 付　添　人　133
　3　少年審判と保護処分..134
　　(1) 少年審判とは　134
　　(2) 試　験　観　察　135
　　(3) 終　局　決　定　136
　　　①審判不開始／②不処分／③保護処分／④検察官送

　　　　　致／⑥知事または児童相談所長送致
　　　4　刑事裁判における特別の措置 138
第3節　臨床的視点と援助的アプローチ　　　　　　　　139
　　　1　非行少年の特徴 139
　　　2　非行少年にどう向き合うか 140
　　　　　非行の悪質性，問題性について善悪の評価をいったん保
　　　　　留する／非行の意味を救助を求めるメッセージ＝SOS
　　　　　として受けとめる／非行少年の語りを「徹底傾聴」す
　　　　　る
　　　3　少年犯罪と犯罪被害者 141
　　　4　非行少年と贖罪 142
　　　5　家庭裁判所の手続にそった対人援助者の援助の方法 143
　　　　　(1)　捜査段階で　　143
　　　　　(2)　家庭裁判所に送致されるまでに　　144
　　　　　(3)　家庭裁判所に係属後　　145
　　　　　(4)　身柄付事件の場合　　145

第7章　体　　　罰　　　　　　　　　　　　　　　147

第1節　体罰の理解と対応の基本——体罰と懲戒　　147
第2節　法の視点と対応の原則　　　　　　　　　　149
　　　1　学校における懲戒について 150
　　　2　体罰とは何か 150
　　　3　体罰の実態と問題点 152
　　　4　体罰をなくすために 153
　　　5　体罰が行われた場合の法的責任 154
　　　6　有形力の行使と体罰 155
第3節　臨床的視点と援助的アプローチ　　　　　　　156
　　　1　懲戒行為が体罰にならないために 156
　　　　　様々な子どもへの手立てをもつこと／感情的にならな
　　　　　いこと
　　　2　適切な懲戒とは 158
　　　3　運動部活動の体罰問題 159

第8章 保護者対応 _____160

第1節 保護者対応の理解と対応の基本　160
(1) 保護者対応の基本——傾聴　160
(2) 事実の調査・確認　161

第2節 法の視点と対応の原則　162

1 保護者対応の難しさ...163

2 保護者対応の基本..164
(1) まず傾聴する　164
(2) 安易な受け答えをしない　164
(3) 組織で対応する　165
(4) 事実関係を確認する　166
(5) 事実確認後の対応　166
　　事実を伝える／あいまいな対応をしない

3 保護者対応の「実際」..168

第3節 臨床的視点と援助的アプローチ　169

1 理不尽な要求をする保護者の攻撃性...169
2 法と臨床の協働による対応..170

第3部　職場における法と臨床的対応

第9章 過重労働とメンタルヘルス _____ 174

第1節 過重労働とメンタルヘルスの理解と対応の基本　174

第2節 法の視点と対応の原則　176

1 過重労働に関する法制度の理解 177

2 労働基準法と労働安全衛生法による法規制......................................178
(1) 労働基準法による労働時間規制　178
(2) 労働安全衛生法による過重労働・メンタルヘルス対策　180

3 「労働災害」の補償と保護..181
(1) 労働者災害補償保険法による「労働災害」に対する補償　181
(2) 「労働災害」の認定　182
　　労災を認定され保険給付を受けるには？／精神障害の
　　業務起因性認定基準／自殺の業務起因性
(3) 「労働災害」に対する解雇制限　185

4　病気休職制度の適用 186
　　5　会社の安全配慮義務と損害賠償 187
　　6　どこに相談するか──労働者のための法律相談 189

第3節　臨床的視点と援助的アプローチ　　　　　　　　　　　　189

　　1　メンタルヘルス対策の実際 189
　　　　(1)　「メンタルヘルスケアの基本的な考え方」について　190
　　　　　心の健康問題の特性／労働者の個人情報の保護への配慮／人事労務管理との関係／家庭・個人生活等の職場以外の問題
　　　　(2)　「4つのメンタルヘルスケアの推進」について　191
　　2　対人援助者による3つのアプローチ 193
　　　　(1)　カウンセリング　193
　　　　　産業領域でのカウンセリングの特徴／予防カウンセリングの意義
　　　　(2)　コンサルテーション　194
　　　　(3)　教育・研修活動　198
　　　　　階層別教育・研修／内容別教育・研修
　　3　ま　と　め 198

第10章　ハラスメント　　　　　　　　　　　　　　　　　200

第1節　ハラスメント問題の理解と対応の基本　　　　　　　　　200

第2節　法の視点と対応の原則　　　　　　　　　　　　　　　　202

　　1　職場におけるハラスメントの法制度の理解 202
　　2　3つのハラスメント類型 203
　　　　(1)　セクシャルハラスメント　203
　　　　(2)　マタニティハラスメント　206
　　　　(3)　パワーハラスメント　207
　　　　(4)　ハラスメント行為の認定をめぐる法的問題　210
　　3　加害者の法的責任 211
　　　　(1)　セクシャルハラスメント（事例N）　211
　　　　(2)　パワーハラスメント（事例O）　212
　　4　会社（使用者）の責任 213
　　　　(1)　加害者の行為に対する使用者責任　213
　　　　(2)　使用者が労働者に対して配慮する義務に違反した場合　215
　　5　「労働災害」としての保護・補償 216
　　　　(1)　うつ病等の業務起因性　216

(2)　うつ病等と自殺（死亡）の間の因果関係　218
　　　(3)　労働者側の脆弱性等の考慮　218
　6　法令に基づいた紛争予防と解決..218
第3節　臨床的視点と援助的アプローチ　220
　1　メンタルヘルスケアとしてのハラスメント対応.........................220
　2　ハラスメント問題のプロセスの理解...221
　　　(1)　エスカレートするハラスメント関係　221
　　　(2)　相互コミュニケーションパターンに注目する　221
　　　　　偽解決／問題の内在化
　3　ハラスメント問題への臨床的アプローチ..................................223
　　　(1)　職場内相談システムの整備と活用　223
　　　(2)　対人援助者に求められる相談対応のポイント　225
　　　　　下村係長との面談／鈴木さんとの面談
　　　(3)　ナラティヴ・メディエーションという新たなアプローチの必要性　226
　　　(4)　教育・研修　227
　4　ま　と　め 228
　▶コラム④　障害者に対する差別の禁止と合理的配慮　228

引用・参考文献　231

索引（法令・条約索引／事項・人名索引）　233

本書のコピー，スキャン，デジタル化等の無断複製は著作権法上での例外を除き禁じられています。本書を代行業者等の第三者に依頼してスキャンやデジタル化することは，たとえ個人や家庭内での利用でも著作権法違反です。

第1部

家族に関わる法と臨床的対応

第1章　児童虐待

第2章　ドメスティックバイオレンス

第3章　離　　婚

第4章　高齢者虐待

第1章 児童虐待

第1節 児童虐待の理解と対応の基本

1 児童虐待とは——対人援助のための理解

　全国の児童相談所が 2016 年度に対応した児童虐待の件数は 12 万 2,575 件にのぼって過去最多を更新し，毎年増加の一途をたどっています（図 1-1）。社会的関心の高まりや早期対応などによる相談や通告の件数の増加にもよりますが，2015 年度に虐待で死亡した 18 歳未満の子どもが 84 人にのぼることなどからすれば（厚生労働省「子ども虐待による死亡事例等の検証結果等について（第 13 次報告）」），児童虐待に対する今までの対応がはたして適切であったのかどうか，再検討する必要があります。

　そこで，児童虐待の発見と通告，虐待する親への対応などについて，臨床や福祉，教育などの現場で子どもと家族に向き合う対人援助者はどのように臨まなければならないかについて，考えたいと思います。

　まず，「児童虐待の防止等に関する法律」（以下「児童虐待防止法」または「防止法」という）をもとに，対人援助者にとって児童虐待とは何かを考えてみましょう。児童虐待防止法 1 条には同法の目的が提示されています。

第 1 部　家族に関わる法と臨床的対応

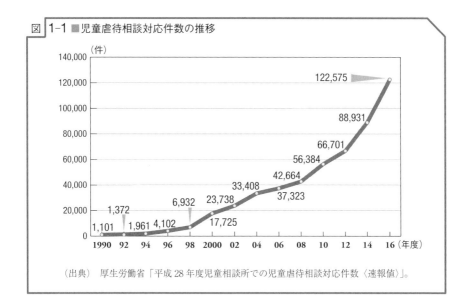

図 1-1 ■児童虐待相談対応件数の推移

（出典）　厚生労働省「平成 28 年度児童相談所での児童虐待相談対応件数〈速報値〉」。

▶児童虐待の防止等に関する法律

第 1 条（目的）　この法律は，児童虐待が児童の人権を著しく侵害し，その心身の成長及び人格の形成に重大な影響を与えるとともに，我が国における将来の世代の育成にも懸念を及ぼすことにかんがみ，児童に対する虐待の禁止，児童虐待の予防及び早期発見その他の児童虐待の防止に関する国及び地方公共団体の責務，児童虐待を受けた児童の保護及び自立の支援のための措置等を定めることにより，児童虐待の防止等に関する施策を促進し，もって児童の権利利益の擁護に資することを目的とする。

　この条文から，児童虐待の意味を簡潔に理解すれば，「児童虐待とは，未来を担う児童の健やかな発達（心身の成長と人格の形成）を阻害する行為である」といえるでしょう。発達段階に応じて，生き生きとした子どもとして成長することが，児童の権利利益につながるということです。

　対人援助者は，発達段階に応じた子どもの成長とは具体的にどのようなことなのか，それぞれの段階で保護者のどのような養育が必要なのか，という，法の条文に含まれる福祉臨床的な意味を十分にくみ取って児童虐待に関わらなくてはなりません。

第 1 節　児童虐待の理解と対応の基本　　3

そのようにすれば，虐待する親が「子どもをどうしつけるかは親の自由だ」と言ったときに，「子どもの体と心を傷つけ，健康な発達の妨げになる行為はしつけではなく，虐待にあたるから許されません」と毅然として言い返すことができます。そのような言い方のほうが，親にとっても，法的に「子どもの人権を侵害している」と言われるよりも納得しやすいものです。

2 法の定義と臨床の基本的スタンス

わが国では，児童虐待への対応は，法による規制が強化される一方で，肝心の臨床的な支援が後手にまわっています。日常的に子どもと家族に接することが多い対人援助に携わる人には，親や家族を監視して虐待を見つけ出すということより，親や家族に寄り添い子育てを見守ることがむしろ求められます。

児童虐待防止法2条には，児童虐待の定義（身体的虐待，性的虐待，ネグレクト，心理的虐待）が掲げられています。

> **▶児童虐待の防止等に関する法律**
>
> 第2条（児童虐待の定義） この法律において，「児童虐待」とは，保護者（親権を行う者，未成年後見人その他の者で，児童を現に監護するものをいう。以下同じ。）がその監護する児童（18歳に満たない者をいう。以下同じ。）について行う次に掲げる行為をいう。
>
> 一 児童の身体に外傷が生じ，又は生じるおそれのある暴行を加えること。
> 二 児童にわいせつな行為をすること又は児童をしてわいせつな行為をさせること。
> 三 児童の心身の正常な発達を妨げるような著しい減食又は長時間の放置，保護者以外の同居人による前2号又は次号に掲げる行為と同様の行為の放置その他の保護者としての監護を著しく怠ること。
> 四 児童に対する著しい暴言又は著しく拒絶的な対応，児童が同居する家庭における配偶者に対する暴力（配偶者（婚姻の届出をしていないが，事実上婚姻関係と同様の事情にある者を含む。）の身体に対する不法な攻撃であって生命又は身体に危害を及ぼすもの及びこれに準ずる心身に有害な影響を及ぼす言動をいう。……）その他の児童に著しい心理的外傷を与える言動を行うこと。

本章第2節で詳述するように、「児童虐待」という言葉は、虐待する親を非難するためではなく、不適切な養育環境に置かれている子どもを救い、子育てに困っている親や家族を援助するためのキーワードです。すなわちそれは、この定義にあてはまる虐待行為をする親を見つけ出して罰したり、その親子を強制的に引き離したりするためのものではありません。あくまでも子育てが苦手な親を援助して、子どもの健康な成長に資するためのものです。

このように理解すれば、対人援助者に求められる基本的なスタンスは、児童虐待防止法2条の虐待の定義を超えて、不適切な養育（つたない子育て）の領域全体に関与することになります。

そのことは、図1-2で示すように、法が定義する虐待の周辺領域で子育てを援助し、そうした臨床的関与の中で、法に該当する虐待行為を発見したり、緊急対応を要する危機介入が必要になるときは法的関与を要請するということになります。

本章では以上を前提にして、まず児童虐待に対する法の視点と法による対応の原則を解説します。対人援助者は一般的に法的視点と法的対応の原則をあまり理解していないといっても過言ではありません。そのため、法が要請する児童虐待

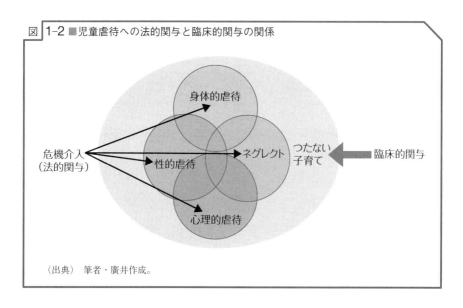

図 1-2 ■児童虐待への法的関与と臨床的関与の関係

（出典） 筆者・廣井作成。

第1節　児童虐待の理解と対応の基本

に対する重要な対応を見逃すことにもなりかねません。逆にいえば、法の要点を理解することによって、実際の場面で迷ったり対応に苦慮したりするときの拠り所になります。

ただしその際に留意すべきことは、児童虐待に関わる対人援助者は、ただ単に法的対応をすればよいのではなく、その原則を踏まえたうえで一人ひとりに適した解決の起点となるように援助することが求められます。それこそが法と臨床の協働による対応だといえるでしょう。

第2節　法の視点と対応の原則

児童虐待の法的理解

> **事例 A**
>
> ①　母は、25歳で結婚し女児（春子）を出産したが、春子の父が多額の借金を作ったとの理由で、春子が生まれて間もなく離婚し、以後は生活保護を受給して生活している。母は、自律神経失調症と低血圧で長年通院しており、生活保護の受給理由は、子どもに手がかかること及び母自身の疾病のため就労できない、というものである。母が体調を崩し養育が困難という理由で、市が行っているショートステイを利用して、乳児院や児童養護施設に春子を短期間預けたことがある。
>
> ②　春子が保育所に入所した当時は、保育所その他関係機関から児童虐待の通告等はなかった。春子は小学校に入学後、授業に集中できず担任から注意を受けるのが常であった。放課後は、なかなか家に帰らないで教室に留まることが多く、下校しても途中で寄り道をすることが多かったが、風邪で休む以外、欠席はなく登校していた。
>
> ③　2年生になってから、クラスメートの机の中を勝手に触って物を隠したり、下校途中、よその家のインターホンを鳴らして逃げたり、庭に勝手に入って花

を折るなど問題行動が起きた。母は，春子に問題行動が起きるたびに厳しく春子を叱ったが一向に改善されないことから，やがて1時間正座させる，食事を抜く，出て行けと言って，春子を外に出し夜になっても家に入れない，など春子への罰が徐々にエスカレートしていった。

④　学校は，教育委員会を通じて，市の子ども担当部局へこの家庭のことを報告し，市の担当者が関わるようになった。市の担当者が家庭訪問して話を聞くと，母は，春子が居る前で，「この子はいくらしつけても馬鹿だから言うことが聞けない。保育所では問題行動はなかったから，学校生活に何か問題があるのではないか。この子が家に居るだけでイライラする。施設にでも入れたいが，施設に入れると生活保護費が削られるから入れられない」などと述べた。市の担当者は，児童相談所への通所及び発達検査を受けることを勧めるが，母は，考えておくと言うだけであった。

⑤　市では，要保護児童対策地域協議会に，春子を要保護児童として報告し，児童相談所にも，児童虐待として通告した。児童相談所では，当面，学校と市による家庭への関わりに委ねることにした。

⑥　その後学校でクラスメートの持ち物を盗んで持ち帰ったり，他家の洗濯物を盗むなど，春子の問題行動はエスカレートし，母は，外へ出すと何をするかわからない，という理由で，学校に登校させないことが多くなった。他方，春子が登校したときは，朝食をとっていないことが多く，学校でおにぎりやコンビニ弁当を買って食べさせるということが繰り返された。この間も，市及び学校の担任がたびたび家庭訪問し母に春子の登校を促し，食事を抜いたり家に閉じ込めることは虐待にあたるからやめるように指導したが，母は，聞き入れなかった。

⑦　ある朝，春子が小学校に逃げ込んできて，「昨日から，何も食べさせてもらってない。家に帰りたくない」と訴えた。学校は，すぐに児童相談所と市に連絡した。

⑧　児童相談所のケースワーカーが学校に駆けつけ，学校及び春子から話を聞いてその場で春子を職権で一時保護した。一時保護所での発達検査の結果では軽度発達遅滞と判定された。

(1) 児童虐待と子どもの人権

全国の児童相談所が対応した児童虐待の件数は，先に掲げた図 1-1 のとおり，年々増加する一方です。なお「児童」とは満 18 歳未満の子どものことをいいます。児童虐待が社会問題となったのは比較的最近のことのように思われるかもしれませんが，児童虐待防止法という法律が最初にできたのは 1933 年（昭和 8 年）であり，すでに昭和の初めには，保護者による虐待を受けた児童の保護が大きな社会問題になっていたことがわかります。この旧児童虐待防止法は，戦後（1947 年），児童福祉法が制定されたことにより廃止され，以後，虐待を受けた子どもは，児童福祉法の中の「要保護児童」（児童福祉法 6 条の 3 第 8 項及び 25 条以下）として児童相談所（12 条）が対応することになりました。その後，児童虐待の著しい増加に対応するため，2000 年 5 月に，児童虐待防止法が制定されました。

2016 年に改正された児童福祉法 1 条には，全ての児童が，子どもの権利条約の精神に基づき，適切に養育され，生活を保障され，愛され，心身の健やかな成長・発達と自立等を保障される権利を有している，というこの法律の基本理念が明記されています。そして，児童虐待防止法は，1 条において児童虐待を，子どもの「人権を著しく侵害し，その心身の成長及び人格の形成に重大な影響を与える」ものと規定しています。

児童虐待は，子どもが最も信頼を寄せる存在であり子どもの身近にいてその人権を他の誰よりも擁護すべき立場にある保護者によって，子どもの心や体が傷つけられるのであり，その影響は長期に及び，時には生存そのものがおびやかされます。したがって児童虐待は，子どもにとって最も重大な人権侵害なのです。

(2) 児童虐待とは何か

児童虐待とは何かについては，児童虐待防止法 2 条に定義規定が置かれており，保護者が，自分の監護する児童に対して行う表 1-1 の①から④までの行為を指します。なお，ここで保護者とは，通常は親権者のことが多いと思われますが，親権者であっても実際に子どもを監護養育していない者は保護者に該当しません。逆に，親子関係がなくても，子どもの親の内縁の夫や妻で，実際に子どもの養育をしていれば保護者になります。児童養護施設で生活している子どもについては，

表 1-1 ■児童虐待の分類

| ① 身体的虐待 | 児童の身体に外傷が生じ，又は生じるおそれのある暴行を加えること。 |

骨折，打撲傷，内出血など外傷が生じる可能性があれば，実際に，外傷が生じていなくても身体的虐待にあたります。乳幼児ゆさぶられっこ症候群もこれに該当します。

| ② 性的虐待 | 児童にわいせつな行為をすること，又はわいせつな行為をさせること。 |

子どもに性的な行為をすること，させることのほか，子どもに性的な行為を見せること，ポルノの被写体にすることなども含まれます。

| ③ ネグレクト | 児童の心身の正常な発達を妨げるような著しい減食，又は長時間の放置など保護者としての監護を著しく怠ること（保護者以外の同居人が①，②あるいは④と同様の行為をすることを放置することは，保護者のネグレクトになります）。 |

適切な食事を与えない，数日間入浴させず衣類が不潔な状態にある，いわゆる「ごみ屋敷」と呼ばれるような非常に不潔な環境で生活させる，乳幼児を家に残したまま外出すること，などです。子どもの意思に反して学校に登校させない場合や子どもの怠学を放置し登校を促さないこともネグレクトに該当することがあります。病気やけがのとき必要な治療を受けさせないケースを，特に「医療ネグレクト」といいます。

| ④ 心理的虐待 | 児童に対する著しい暴言や著しく拒絶的な対応をすること。児童が同居する家庭でのドメスティックバイオレンス（DV），その他子どもの心を著しく傷つける言動を行うこと。 |

子どもに対し，「バカ，死ね」「お前なんか生まれてこなければよかった」などと発言することや，他の兄弟姉妹との著しい差別的扱いなどです。

その施設長が保護者です。

　事例 A の母の行為のうち，長時間の正座は身体的虐待にあたり，食事を抜く，家に入れないなどはネグレクトに，そして春子に「馬鹿だ」などと言うことは心理的虐待になります。

　図 1-3 は，2016 年度に全国の児童相談所が対応した児童虐待ケースを，虐待の類型別，主な虐待者別，被虐待児の年齢別に円グラフにしたものです。

　まず虐待の種類では心理的虐待が一番多く，身体的虐待とネグレクトがこれに続いています。子どもの面前で行われる DV を警察が認知した場合，警察から心理的虐待として通告されるため，ここ数年，心理的虐待の件数が著しく増加しています。性的虐待の件数はわずかですが，性的虐待は他の虐待類型に比べると表

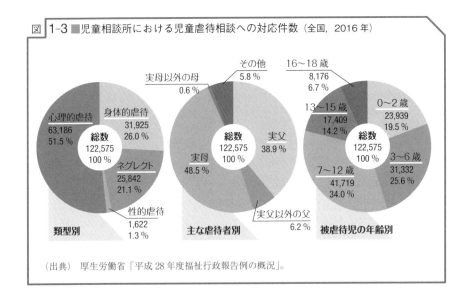

図 1-3 ■児童相談所における児童虐待相談への対応件数（全国，2016年）

類型別　総数 122,575　100%
- 心理的虐待 63,186　51.5%
- 身体的虐待 31,925　26.0%
- ネグレクト 25,842　21.1%
- 性的虐待 1,622　1.3%

主な虐待者別　総数 122,575　100%
- 実母 48.5%
- 実父 38.9%
- 実父以外の父 6.2%
- 実母以外の母 0.6%
- その他 5.8%

被虐待児の年齢別　総数 122,575　100%
- 0～2歳 23,939　19.5%
- 3～6歳 31,332　25.6%
- 7～12歳 41,719　34.0%
- 13～15歳 17,409　14.2%
- 16～18歳 8,176　6.7%

（出典）厚生労働省「平成28年度福祉行政報告例の概況」。

面化しにくいという特徴があり，実数はもっと多いと考えられています。

次に，虐待者では実母が最も多くて約半数を占めています。これは，子育てに関する様々な負担が母親にかかっている場合が多いことによるものと考えられます。実父の割合は年々上昇しています。

(3) 子どもの視点で考える──児童虐待か否かの判断に迷うとき

児童虐待防止法2条の定義規定を見ると，①の身体的虐待と②の性的虐待は，虐待か否かが比較的はっきり判断できそうですが，③のネグレクトと④の心理的虐待については，「監護を著しく怠る」とは何か，「心身に有害な影響を及ぼす」とはどの程度のことを指すのか，など，実際の適用場面では判断に迷うかもしれません。それでは，次の事例Bはどうでしょうか。

事例B

夏美は，結婚して2人の子をもうけたがギャンブル好きの夫の借金が原因で離婚し，現在，小学校3年生の長男と4歳の長女を1人で養育している。わずかだが，結婚していたときに，夫が妻名義で借りたサラ金への借金があるので，

> 昼は長女を保育所に預け，長男は学童保育を利用して，パートで事務の仕事をし，夕方子どもたちを引き取り，食事・入浴等の世話をして寝かせたあと，週3〜4日，夜9時頃から深夜2時〜3時頃まで，長男と長女をアパートに寝かせたまま仕事に出ている。

　この**事例B**について虐待か否かを尋ねると，多くの人はこれは虐待ではない，と答えます。夏美（母親）は一所懸命子育てをしており，子どもを放置しているのではないからネグレクトとはいえない，という理由です。ところが，この場合もし夏美が，「生活費を確保するためにやむを得ず深夜労働している」のではなく，「子どもたちを置いて連夜恋人と飲みに出かけている」場合はどうかと尋ねると，逆にネグレクトにあたると答える人の方が多くなります。

　しかし，実は両方とも子どもに対するネグレクトに該当するのです。なぜなら，夜間，幼い子どもだけが長時間放置されている状況は全く同じであり，子どもにとって不適切であることに違いがないからです。むろん児童相談所など関係機関によるその家庭への関わり方は違ってきますし，その母親に不適切であることをどのように説明するかは異なるでしょうが，いずれも，児童虐待防止法上の児童虐待なのです。

　すなわち，虐待か否かを判断する基準は，それが子どもにとって有害か否か，不適切なものか否か，ということであり，親の気持ち，親が子に愛情をもって接しているか否かを基準にして判断すべきではないのです。

　「虐待」という言葉の一般的なニュアンスとは異なり，虐待の有無について，加害者を非難できるか否かという点を考慮すべきではありません。「その子が嫌いだから，憎いから，意図的にするから，虐待というのではありません。親はいくら一生懸命であっても，その子をかわいいと思っていても，子どもの側にとって有害な行為であれば虐待なのです。」（日本子ども家庭総合研究所，2014。しつけと児童虐待に関しては本節 3(2)で説明します。）

　「児童虐待」という言葉は，その親を非難するためのキーワードではなく，不適切な養育環境に置かれている子どもを救い，子育てに困っている親子・家族を援助するためのキーワードなのです。

　1989年に国連で採択された子どもの権利条約は，子どもも大人と同じ権利を

有しこれを行使する主体であることを明らかにしましたが，この条約はその3条1項において「子どもにかかわるすべての活動において，……子どもの最善の利益が第一次的に考慮される」と定めています。2016年の児童福祉法の改正により，児童福祉法2条1項にも同趣旨の規定がおかれました。私たちが子どもに関わる場合に常に忘れてならないのは，この「子どもの最善の利益」という視点です。

児童虐待防止法は子どもの権利擁護のための法律であり，児童虐待については，それが子どもに対する重大な人権侵害であることを前提に，子どもの最善の利益を実現するという観点から，子どもの視点で虐待か否かを判断し，対応することが重要なのです。

さて，**事例A**の③④⑥では，先に述べたように子どもの問題行動に対する母親の対応が子どもにとって有害または極めて不適切であることについて異論はないでしょう。

(4) **児童虐待が起きる背景と原因**

児童虐待はなぜ起きるのでしょうか。先に述べたように，必ずしも親が子どもを嫌いだから，憎いと思っているから虐待が起きる，という訳ではありません。児童虐待は，決して親子，家族だけの問題ではなく，社会的，経済的要因など様々な要因が関係して起きるものなのです。

多くの場合，子育て・しつけの仕方がわからない，子どもの発達への無理解，周囲に援助してくれる人がいない（「孤育て」）などの事情が児童虐待の背景にあります。[1]また失業や貧困など生活上のストレスが原因となることも多いのです。他方，子どもが親の言うことを聞かないなど育てにくい子どもである場合もあります。そして親に精神疾患がある場合や親自身が子どものときに虐待を受けていたというケースも少なくありません。

Note

1　母子保健施策（母性及び乳幼児の健康の保持・増進に関する施策。乳幼児健康診査など）が乳幼児に対する虐待の予防及び早期発見に資することは母子保健法に明記されています（5条2項）。その一環として児童虐待の発生予防のため，市町村は，妊娠期から子育て期にわたる切れ目のない支援を行う母子健康包括支援センター（子育て世代包括支援センター）の設置に努めるものとされています（母子保健法22条）。

それでは，このように様々な要因で起きる児童虐待にはどのように対応すべきなのでしょうか。

2 児童虐待への対応のための法制度

(1) 発見と通告

早期発見のための通告義務

児童虐待については，児童福祉法と児童虐待防止法に様々な規定が置かれています。

まず虐待を受けたと思われる児童を発見した者は誰でも，速やかにこれを市町村か都道府県の設置する福祉事務所（以下，この節では市町村と福祉事務所を合わせて「市町村等」といいます），または児童相談所[2]に通告しなければなりません（児童虐待防止法6条1項，児童福祉法25条1項）。児童相談所は，すべての都道府県と指定都市に設置されています（指定都市以外の政令が定める市と特別区も設置が可能）。なお児童相談所というのは法律上の名称ですが，自治体よっては，子ども相談センターなどの名称がつけられています。

国民すべてに通告義務が課せられていますが，罰則やペナルティはありません。「児童虐待を受けた児童」ではなく，「受けたと思われる児童」となっているので，一般の人から見て児童虐待ではないかとの疑いをもつ状況にあれば，通告しなければなりません。通告という言葉はずいぶん堅苦しく聞こえますが，方法や形式は特に定められていませんから，電話などで連絡をすればよいのです。虐待通告を「密告」のようなイメージで受け取る人もありますが，むしろ，子どもを救うため，あるいは子育てに困っている家庭に行政が支援の手を差し伸べるきっかけとして「通告」がある，と考えてください。

ところで多くの場合，虐待は家庭という密室内で行われ，子どもから助けを求めることは困難です。そこで学校や病院など子どもの福祉に業務上関係のある団体や，教師，医師，弁護士など子どもの福祉に職務上関係のある者は，虐待の早

Note

[2] 児童相談所の組織，具体的な業務や児童虐待への対応，関係機関との役割分担，その他児童相談所については，厚生労働省「児童相談所運営指針」を参照。

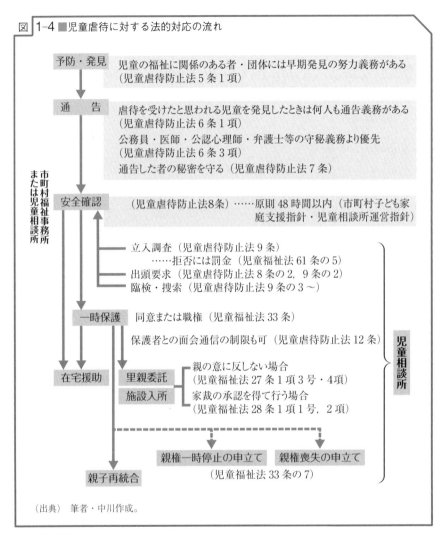

図1-4 ■児童虐待に対する法的対応の流れ

(出典) 筆者・中川作成。

期発見に努めなければならないとされています（児童虐待防止法5条）[3]。

　学校で教師やスクールカウンセラーが虐待ではないかと疑われる事情を知った

Note

3　児童虐待の早期発見，早期対応のため，医療機関，保育所などの児童福祉施設，学校等が，要支援児童，要保護児童や特定妊婦と思われる者を把握したときは，その情報を市町村に提供するよう努めなければならないとされています（児童福祉法21条の10の5）。

場合，あるいは医療機関で医師が虐待による受傷ではないかと疑う事情があった場合，教職員や医師が，虐待か否かを確認しようとして保護者などから詳しく話を聞こうとすることがあります。しかしまず通告すべきであり，保護者の弁解を聞く必要はありません。また，通告するか否かを判断する際には，仮に親が弁解してもそれを考慮すべきではありません。虐待か否かを判断するのは通告者ではなく，市町村等や児童相談所です。

そして，わざと間違った通告をしたような場合を除き，通告後，結果としてそれが虐待でなかったことが判明しても，通告した者が責任を問われることはありません。

通告を受けた市町村等や児童相談所は，通告した者が誰かがわかるような情報を漏らしてはならないと定められています（児童虐待防止法7条）。

事例Aでは，学校は，母親の子どもへの関わり方が子どもにとって有害または不適切であることがわかった段階で，その原因の如何を問わず直ちにこれを市の担当部局か児童相談所に通告する必要があります。

スクールカウンセラーと虐待通告

それではスクールカウンセラーが，子ども本人や虐待している親自身からひそかに虐待の事実を告げられ，「担任や学校長などに話さないでほしい。児童相談所などに通告はしないでほしい」と頼まれた場合はどうでしょうか。

虐待を受けている子どもは，親から他言を強く禁止されていることがありますし，そうでなくてもこれから先ずっと親のもとで生活しなければならないと思っているので，なかなか自分から虐待を受けていることを話そうとはしません。また虐待について聞かれても，否定することさえ珍しくありません。子どもがスクールカウンセラーや担任に虐待の事実を告げても，それを内緒にしておいてほしいと頼むことは少なくありません。また親も，子育ての悩みやつらさをスクールカウンセラーに話す中で，スクールカウンセラーが秘密を守ることを前提に虐待の事実を打ち明ける場合があります。

しかし法律では，公務員や医師，弁護士，公認心理師など法律上の守秘義務を負う場合でも，通告義務が守秘義務に優先するとされていますから，通告したからといって守秘義務違反に問われることはありません（児童虐待防止法6条3項，児童福祉法25条2項）。また，通告しても個人情報保護法や個人情報保護条例に違

反しません。

　何より通告は，その子と親・家庭を援助するためのきっかけになるものなので，スクールカウンセラーとしてはまず学校長に報告し，学校を通じて市町村等または児童相談所に通告すべきです。

　この際，性的虐待の場合や家庭に帰すと重大な被害が予想される場合には，子どもを帰宅させないで直ちに学校長から児童相談所に通告して，学校内で子どもを一時保護（(4)で後述）してもらう必要があります。他方，そこまでの緊急性がない場合には，市町村等や児童相談所に対し，スクールカウンセラーとの信頼関係維持のため，スクールカウンセラーによる通告があったことがわからないような対応を求めることもあるでしょう（例えば，母親や子どもがカウンセラーに話して間もなく児童相談所や市町村等が家庭訪問などすれば，結果として情報源がわかってしまいますので，その点の配慮を求めて対応を協議する場合もあります）。

　なおスクールカウンセラーも学校長の監督（学校教育法37条4項，49条，49条の8，62条）を受ける学校の職員ですから（学校教育法施行規則65条の2，79条，79条の8，104条），学校を通さないで虐待通告することは相当ではありません。しかし，万一学校長が保護者とのトラブルを恐れるなどの理由で通告しない場合には，スクールカウンセラーが直接，通告せざるをえないでしょう。

(2) 調査と安全確認

　通告を受けた市町村等や児童相談所は，速やかに（原則として48時間以内に）子どもの調査・安全確認を行わなければなりません。必要に応じて，民生児童委員や近隣住民，学校の教職員・保育所の保育士などの協力を得て，子どもの心身の状況，保護者の様子，家庭環境・生活の状況などを調査します。市町村等や児童相談所は，医療機関，学校，保育所などの関係機関とその職務についている個人（スクールカウンセラーも含まれます）に対し，子どもや保護者に関する情報提供を求めることができます（児童虐待防止法13条の4）。

　児童虐待が行われているおそれがあるときには，児童相談所は子どもの住所または居所に立入調査することができます（児童福祉法29条，児童虐待防止法9条）。もし，保護者が立入調査を拒否したり嘘の説明をしたりすると罰則が科せられることがあります（児童福祉法61条の5）。**事例A**では，子どもが全く登校していな

いケースではないので，あえて安全確認までは必要がなかったと思われますが，仮に不登校が続き家庭訪問しても子どもに会えない，というような事情があれば，児童相談所は立入調査を行うことになります。

児童相談所が立入調査を行う際には，あらかじめ所轄の警察署と打合せをして警察官の立会いを求めるのが通例です（児童虐待防止法10条）。警察官の立会い自体が保護者に対する一定の抑止力となる場合もありますし，もし保護者が刃物を振り回すなど子どもや関係者に危害を加えようとすれば，直ちに警察官に対応してもらうことになります。

保護者が施錠して立入調査に応じないときには，児童相談所が裁判所の許可状により，強制的に開錠して家の中に入る権限が認められています（「臨検・捜索」といいます。児童虐待防止法9条の3）。

(3) 在宅援助

虐待通告がなされるケースの多くは子どもを分離せず，市町村や児童相談所など関係機関がその家庭を援助し，児童虐待の未然防止あるいは再発防止を図ることになります（ちなみに，児童相談所が相談対応などをした児童のうち約85％は在宅支援となっています。2016年の通告12万2,575件のうち，一時保護は2万175件，そのうち里親・施設入所は4,845件。）。

各市町村には，児童虐待の未然防止や再発防止のため，要保護児童対策地域協議会（以下「要対協」）が設置されています（児童福祉法25条の2）。要対協は，児童に関係する機関が要保護児童（保護者のない児童，または保護者に監護させることが不適当であると認められる児童）や要支援児童（保護者の養育を特に支援することが必要と認められる児童），そして特定妊婦（出産後の養育について出産前において支援を行うことが特に必要と認められる妊婦）に関する情報を共有し連携を図るために設けられた地域ネットワークであり，関係機関や関係者に対して情報提供を求める権限もあります。市町村の要対協では，個別ケースについて関係者が集まり情報交換しその家庭への援助を検討する個別ケース検討会議を開くので，学校の管理職，

Note
4　市町村が行うべき家庭援助や虐待通告があった場合の対応などについては，厚生労働省「『市町村子ども家庭支援指針』（ガイドライン）について」（平成30年7月2日）が詳しい。

担任やスクールカウンセラーが個別ケース検討会議に参加を求められることもあります。在宅援助のケースでは，学校は子どもの見守りと情報提供の役割を担うことが多いでしょう。

子どもを児童相談所が一時保護した後も，子どもを家庭復帰させることができるケースについては，児童相談所と市町村（要対協）が連携して，保護者への支援を行うなど家庭環境を調整したうえで，子どもを家庭に復帰させ引続き在宅援助を実施します。

事例Aでは，学校から通告を受けた市は，直ちに要対協に春子を要保護児童として報告し，この家庭への援助を検討し検討結果に基づき学校や市が対応してきました。

(4) 一時保護

市町村あるいは児童相談所による調査の結果，子どもの心身の安全を確保するため必要があるとき（子どもを現在の環境に置いておくことが子どもの最善の利益に照らして望ましくないと判断されるとき）や子どもの現在の心身の状況等を把握するため必要があるときは，児童相談所は子どもを一時的に保護者から分離して保護することができます。これを一時保護といいます（児童福祉法33条）。

一時保護は，保護者および子どもの意思に反しても行うことができます（職権一時保護といいます）。

性的虐待は客観的証拠に乏しく，虐待の中でも最も表面化しにくい反面，子どもを家庭に帰すとすぐに繰り返されるおそれが強いものです。そのため性的虐待が疑われる事情があれば，直ちに職権で一時保護し，虐待の有無を慎重に調査する必要があります。

一時保護は，児童相談所に付設されている一時保護所に入所させるのが原則ですが，乳児と2歳くらいまでの幼児は一時保護所で預かることが難しいので，里親や乳児院に委託一時保護することになります。

一時保護される子どもの家庭環境，背景にある事情や保護の理由は様々で，非行が主訴の子どももいますし年齢も様々ですが，18歳未満であれば全て同じ一時保護所に入ることになります。また，多くの場合一時保護所から学校への通学が認められないため，子どもの学習権の確保という点では問題があります。さら

に最近では，児童虐待で保護される子どもが増えたため，定員一杯という一時保護所が少なくありません。そこで，児童相談所では，一時保護した子どもを児童養護施設や里親などへ委託一時保護することがあります。

　一時保護（委託一時保護を含みます）の期間は原則として2カ月以内とされていますが，数日で家庭に帰る場合もあれば，家庭環境の調整に時間がかかったり，施設入所や里親委託について親権者の同意が得られないなどの理由で，3～4カ月あるいはそれ以上に及ぶ場合もあります（親権者の意に反して2カ月以上一時保護する場合は，2カ月ごとに家庭裁判所の承認を受けることが必要です）。

　事例Aの場合は，従前から市や学校が関わってきたケースで子ども自身が保護を求めてきたことから，直ちに児童相談所が職権で一時保護したのです。

(5) 里親等への委託および施設への入所

　一時保護した子どもについて，家庭に復帰させることが適当でないと児童相談所が判断した場合には，子どもを里親やファミリーホーム（小規模住居型児童養育事業を行う者）に委託するか，乳児院，児童養護施設，児童心理治療施設などの施設に入所させることになります（児童福祉法27条1項3号措置といいます）。児童相談所はこの3号措置をとることについて親権者の同意をとりますが，親権者が明確に反対の意思を表明しない場合や行方不明その他の理由により親権者の意思がはっきりしない場合にも，この措置をとることができます。

　この措置をとることが親権者の意に反する場合には，児童相談所は家庭裁判所の承認を得なければなりません（児童福祉法28条1項1号に基づくので，「28条申立て」などと呼ばれます）。父母が共同親権者である場合，その片方が同意していて，もう一方が反対しているときも，家庭裁判所の承認が必要です。家庭裁判所は，児童相談所と親権者双方の言い分を聞き，また家庭裁判所調査官に命じて子どもの意向を聴取するなど必要な調査を行って，児童相談所の28条申立てを承認するか否かを判断します。児童福祉法28条の手続による措置の期間は2年間と定められていますので，児童相談所はこの間に親子の再統合に向けた保護者支援などを行います。親子の再統合とは，里親委託や施設入所によって分離された親子が再び一緒に暮らすこと（家庭復帰）を指しますが，より広く，一緒にくらせなくても親子関係を改善し，親子が交流できるようになることと捉えて支援を行う

ことが重要です。

　このような親子再統合支援や保護者支援のために様々なプログラムが開発されており，これを導入している児童相談所もありますが，未だ十分とはいえません。

　2年後も里親委託や施設入所などの措置を継続しなければならない場合で，依然として親権者がこれに反対するときには，児童相談所は措置更新の承認を家庭裁判所に申し立てる必要があります。

　事例Aも，母親自身の疾病の影響と春子の発達特性を母親が理解していないことなどによって，母親の子どもへの関わり方が不適切であったため，子どもが不適応を起こしたケースです。したがって子どもを里親委託するか児童心理治療施設や児童養護施設に入所させたうえで，母親自身が病気の治療に専念するとともに子どもへの対応の仕方を学ぶことによって，将来春子を引き取り，関係機関の援助を受けながら家庭で養育できるように対応することが必要になります。

3 親権と児童虐待

事例C

① 秋生は高校2年の男児で，実母，養父，小学校6年の妹冬美の4人家族である。母は，秋生が小学校5年のときに離婚し，親権者となって女手一つで働いて秋生と冬美を一所懸命育ててきた。母は，秋生が中学3年のときに再婚し，秋生と冬美は再婚相手と養子縁組した。養父は会社員で経済的には恵まれている。

② 結婚前の養父は，秋生と冬美に優しく，秋生には携帯電話も買ってくれた。しかし結婚後，一緒に生活する中で，秋生が冬美に比べ親の言うことをあまり聞かず，宿題をしていないのに済ませたなど養父に嘘をつくことがあり，更に高校入学後は成績も落ちてきたことから，養父は秋生には厳しく叱り，親に反抗しない冬美には優しく接するようになった。父が叱るときに平手で頬を叩くことはしょっちゅうあり，大声で叱りつけ，「顔も見たくないからどこかへ消えろ」「お前は，冬美ちゃんみたいにはなれない。役立たずだ」などと言う。

③ 再婚前には優しかった母も，暴力こそふるわないが，養父と同じように秋生だけを厳しく叱り，最近では，養父と同じような暴言を吐くようになってき

た。携帯電話は毎日チェックする。何か叱られるようなことをすると夕食時からベランダに2～3時間立たせ，3人の夕食と入浴が終わった後，1人ご飯を茶碗に一膳だけ（おかずはなく）の夕食で，入浴もさせない，というのが定番のペナルティになった。

④　頻繁に，夜ベランダに秋生が立たされ，大声で養父が叱っていることを気に掛けていたアパートの隣人から児童相談所に通告があった。児童相談所のケースワーカーが家庭訪問したところ，養父が出てきて，「秋生は基本的な生活態度ができていない。親にも平気で嘘を言う。まともな社会人に育てるため，今，厳しくしなければならないから，このようにしつけているのだ」「あなたたちが育てるわけじゃないだろう。何かあったら親の責任だ。親のしつけに口出ししないでほしい」などとまくし立てた。

⑤　ケースワーカーは，秋生とも話をさせてほしいと言い，秋生だけを外に出して話を聞いたところ，秋生は「もうこの家に居たくない。逃げたい」と打ち明けた。そこで児童相談所は，職権で一時保護することを決め，ただちに秋生を一時保護し，両親にその旨を告げた。

⑥　両親は，数日後，高校を訪れて，「秋生のような子は，高校に行かせても甘やかすだけで無駄だ。今から働いて，社会の厳しさを知る必要がある」などと言って，秋生の退学届を提出した。また，児童相談所に対しては，相変わらず，しつけとしてやっていたことで何ら問題はない，と主張し秋生の引取りを強く要求した。

⑦　一時保護所で実施した秋生の発達検査では，WISC-ⅢがIQ 95で知的レベルは普通域であった。SCTでは，自尊感情が極めて低く，家族への不信感と見捨てられ感が強く出ていた。秋生は，母と妹との3人の生活を望んでいるが，それが無理なことを理解し，養父のいる家庭には戻りたくないし，養父と縁を切りたいと話した。

⑧　児童相談所は，母だけを児童相談所に呼んで話を聞いた。場合によっては，母が養父と離婚し，再婚前の生活を選択することも有りうるのではないか，と考えたからである。しかし母は，次のように述べ，離婚はしないときっぱり述べた。

　　養父から，秋生のしつけが今まで甘過ぎた，男の子にはこれくらい厳しくし

ないと非行に走るか，そうでなくても将来一人前の社会人になれない，と説得され，かわいそうだが秋生のためにも必要なしつけだと考えている。再婚前は生活が苦しかったが，養父のおかげでお金の苦労をしなくてよくなった。秋生が家庭に戻れないというのであれば，養父と妹と3人だけになっても今の生活を手放したくない。しかし，秋生が施設に入ることになっても，親として秋生の成長を見守り，できることはしてやりたいし，定期的に面会もしたい。
⑨　児童相談所が，秋生に，母は現時点で養父と離婚する可能性がないことを述べると，秋生は施設に入って，高校に通うことを希望した。

(1)　親権とは何か

　児童虐待に関しては，親の親権との関係がよく問題になります。**事例C**の④⑥のように，しばしば親は，親権者として必要なしつけをしているのであり，親権の行使に口出しするなと主張します。
　では，親権とはいったい何でしょうか。権利の「権」という文字が使われていることもあり，所有権のように，親が子どものことを自由に決めることができる「権利」であると考えている人が少なくありません。体罰を使うかどうかを含め，どのように子どもをしつけるかは親の権利であり，そこに口出しするのは権利の侵害である，という考えです。
　しかし，親権は，所有権のような権利ではありません。本節1(3)で，子どもも大人と同じ人権をもつと述べましたが，子どもは精神的にも肉体的にも発達の途上にあります。子どもの権利条約及び児童福祉法も子どもの成長発達権を認め，これを国や大人が保障することを要求しています。親には，この子どもの成長発達権を保障し子どもの人権を擁護する責務，子どもを監護養育しその最善の利益を実現する責務があるとともに，国などに対して，子どもが必要とする医療や教育，保護などを要求することができる権限があります。
　親権とは，このように子どもを監護養育する親の責務（義務）と権限の総称であり，子どもの最善の利益の実現のためにのみ行使されなければならないものです（民法820条）。したがって子どものことを何でも自由に決定できる権利ではありません。

親権は，身上監護権（民法820～823条）と財産管理権（民法824～829条）に分かれます。身上監護権には，懲戒権，職業許可権，居所指定権，医療行為への同意[6]などがあります。懲戒権とは子どものしつけのために子どもを叱ることができる，ということですが，体罰を加えることは認められていません。

(2) 親権，しつけと児童虐待

親権は，子どもの最善の利益のために行使されるものですから，どのような場合でも虐待を正当化する根拠とはなりません（児童虐待防止法14条1項）。

いくら親が必要なしつけであると考えていても，あるいは懲戒権の行使であると主張していても，それが子どもにとって有害，あるいは不適切であれば虐待なのです。したがって，「しつけか虐待か」と考えるのではなく，「虐待にあたるか否か，子どもにとって不適切か否か」を考えればよいのです。そして親権者であっても子どもに暴力（体罰）をふるえば暴行罪が成立しますし，その結果子どもがけがをすれば傷害罪が成立します（児童虐待防止法14条2項）。

さて**事例C**における両親の秋生に対する養育は著しく不適切であり，身体的虐待，ネグレクト及び心理的虐待に該当します。したがって両親がしつけであると主張している場合であっても，子どもを保護し，児童福祉法及び児童虐待防止法上の対応をとるべきです。

4 親権の制限

(1) 子どもの保護と親権の制限

児童相談所は，子どもを保護する必要があると判断したときは，親の意に反しても子どもを一時保護することができます。そして子どもを家庭に復帰させることができない場合には，親の同意のもと，あるいは家庭裁判所の承認を得て，子どもを里親に委託したり児童福祉施設に入所させたりすることになります。

Note

5 2011年の民法改正により，親権は「子の利益のために」あることが明記されました。

6 民法その他の法律に規定はないものの，子どもに医療行為を行う場合，原則として親の同意が必要とされていますが，これも親権の内容と解されています。後記4(2)の医療ネグレクトに関係します。

このように児童相談所が子どもを一時保護した場合や里親に委託しあるいは施設に入所させている場合，子どもの保護のため必要があるときは，児童相談所長や児童福祉施設の長は，親権者，保護者との面会や通信（手紙，電話，メール）を制限することができます（児童虐待防止法12条1項）。また，子どもの連れ戻しを防ぐために必要があれば，児童相談所長は子どもがどこに保護されているかを知らせないこともできます。この範囲で事実上，親権が制限されることになります。

(2) 親権の一時停止

事例Cで秋生を施設入所させるだけであれば，本節2(5)でも述べた児童福祉法28条の手続をとれば十分です。しかし，**事例C**では両親が親権者として子どもの意思を無視して，勝手に高校への退学届けを出しています。このような場合，どのような対応が可能でしょうか。受験や入学に関しても，親権者が子どもの意思に反して受験や入学の手続をとらなかったり，子どもの学力および希望を全く無視して望まない学校への受験の申込みを行う場合などにも，同様の問題が生じます。

このように親の親権の行使が不適当であることにより子の利益を害するときは，家庭裁判所は2年の範囲内で，親権を停止することができるという親権一時停止制度があります（民法834条の2，児童福祉法33条の7）。家庭裁判所に親権停止の申立てを行うことができるのは，子ども本人，子どもの親族，そして児童相談所長などです。

家庭裁判所は，申立人と親権者双方の言い分を聞き，家庭裁判所調査官により子ども本人の意向を聴取する[7]など必要な調査を行い，申立てを認めるか否かの判断を下します。家庭裁判所は，申立てを相当と認める場合には，2年の範囲内で親権停止の期間を定めます。親権停止の期間中に親権を行使するのは，家庭裁判所によって選任される未成年後見人（法人も未成年後見人になることができます）ですが，未成年後見人が選任されていない場合には，児童相談所による一時保護中や里親委託中の子どもについては児童相談所長が，また施設入所中の子どもにつ

Note

[7] 家事事件手続法では，家庭裁判所は，子どもに関する特定の事件では，15歳以上の子どもの意見は必ず聴かなければならず，15歳未満でも「子の意思を把握するように努め」「子の年齢及び発達の程度に応じて，その意思を考慮しなければならない」と定めています（152条2項，65条）。

いては施設長が親権を代行できることになっています（児童福祉法33条の2第1項，47条1項2号）。

　もっとも，家庭裁判所では親権者の言い分も聞き，子どもの意向を調査するなど申立てを認めるか否かの判断に2～3カ月あるいはそれ以上の期間を要するので，受験や入学手続などの場合には間に合わないことがあります。このように緊急を要する場合には，家庭裁判所に「審判前の保全処分」という申立てをすることにより，早ければ数日のうちに家庭裁判所により，暫定的に親権を停止しこれら緊急の手続をするための職務親権代行者を選任してもらうことが可能です。

　なお親権の一時停止が活用される事例としては，ほかに「医療ネグレクト」のケースがあります。医療ネグレクトとは，子どもが医療行為を必要とする状態にあり，もしその医療行為をしない場合には子どもの心身に被害が生じる可能性があるにもかかわらず，親権者が正当な理由なく必要な治療を受けさせない場合のことを指します。このような場合にも，児童相談所長が親権一時停止の申立てを行い，親権が停止されている間に，職務代行者や未成年後見人の同意で治療を受けさせることになります。[8]

　一時停止が認められる期間は最大2年ですが，その後も親権を停止しておく必要がある場合には，再度親権停止の申立てをするか，後述の親権喪失を申し立てることになります。

　事例Cでは，子ども本人および児童相談所から，高校に対し退学届を受理しないよう申入れをしておき，別途，児童相談所長が，両親について児童虐待があったことおよび勝手に高校の退学届けを出したことを理由に，家庭裁判所に親権一時停止の申立てを行いました。また児童相談所は，秋生が通っていた高校に通学できる児童養護施設に秋生を委託一時保護しました。家庭裁判所における審理の結果，2年間の親権停止が認められ，かつ秋生が委託一時保護されていた施設を運営する社会福祉法人が未成年後見人に選任されました。その結果，秋生について児童相談所により，正式にその施設への入所措置がなされました。

Note

[8] 医療ネグレクトについては，2012（平成24）年3月9日厚生労働省雇用均等・児童家庭局総務課長「医療ネグレクトにより児童の生命・身体に重大な影響がある場合の対応について」を参照。

(3) 親権喪失の申立て

　父または母による虐待があるときや，父または母による親権の行使が著しく困難または不適当であるため，子の利益を著しく害するときには，子ども本人，子どもの親族あるいは児童相談所長等は，親権喪失を家庭裁判所に申し立てることができます（民法834条，児童福祉法33条の7）。

　虐待により子どもの心身に重大な被害が生じており将来も虐待について改善の見込みが期待できない場合や，性的虐待があり将来にわたって親権者との再統合が考えられないケースなどに，子どもの意見も踏まえて（前掲**Note 2**参照）親権を喪失させることが必要になる場合があります。

　なお親権の喪失が認められても親子関係がなくなるわけではないので，例えば親子のいずれかが死亡したときの相続権には影響がありません。

　親権喪失が認められた場合，親権者に代わって親権を行使できるのは，未成年後見人ですが，親権停止の場合と同様，未成年後見人が選任されていない場合には，児童相談所長や施設長が親権を代行します。

(4) 養親子関係の解消

　事例Cでは，秋生が，養父との養親子関係を解消するためには離縁が必要です。養父が同意すれば協議離縁できますが，養父が拒否する限り法的手続をとらなければなりません。

　そこで児童相談所では，弁護士会を通じて秋生の代理人として活動してくれる弁護士を斡旋してもらいました。児童相談所で秋生と面談して秋生の意向を確認した弁護士は，秋生の委任を受け秋生の代理人に就任して養父との離縁調停を家庭裁判所に申し立てました。法テラスの法律援助事業[9]を利用すれば，子どもは弁護士費用や調停の手続費用等を一切負担する必要がありません（**コラム①**参照）。

　離縁調停では，自分のしつけの正当性をかたくなに主張する養父が離縁に反対したため，2回目の調停期日に調停不成立となりました。そこで秋生の代理人弁

Note

[9] 日本弁護士連合会が法テラス（日本司法支援センター）に委託して行っている事業で，児童虐待やいじめ，体罰などの被害を受けている未成年者に，弁護士費用や裁判費用等を援助するもの。

> ▶ コラム① 法テラス
>
> 「法テラス」は「日本司法支援センター」の略称です。総合法律支援法に基づいて，2006年に政府が設立しました。全都道府県の県庁所在地，主要都市，そして弁護士の少ない地域などに，法テラスの事務所，支部，出張所などが置かれています。
>
> 　法テラスは，次のような業務を行っています。
>
> ① 情報提供　問い合わせ内容に応じて，解決に役立つ法制度や相談機関・団体などに関する情報を，電話やメール，面談により無料で提供しています。
>
> ② 無料法律相談・裁判費用の立替え　経済的に余裕のない方に，無料で法律相談を行っています。また，必要な場合には弁護士費用や裁判所におさめる印紙代などの裁判費用等の立替えを行います（これを「民事法律扶助」といいます）。離婚，DV，職場でのトラブルその他，弁護士に相談したいとき，弁護士に依頼したいが費用が心配なときなどに，気軽に利用できます。
>
> 　その他に，DV・ストーカー・児童虐待被害者の法律相談，高齢者・障害者の自宅等への出張法律相談，犯罪被害者の支援等を行っています。
>
> 電話 0570-078374。ホームページ http://www.houterasu.or.jp/

護士は，すぐに家庭裁判所に離縁訴訟を提起し，約10カ月後に離縁を認める判決が出ました。離縁訴訟についても法律援助事業を利用したので，秋生に金銭的負担はありませんでした。

第3節　臨床的視点と援助的アプローチ

1　児童虐待への臨床的視点

　第2節 2の(1)(発見と通告)で解説したとおり，児童虐待防止法は，虐待を受けたと思われる児童を発見した場合は，速やかに通告しなければならないとしています。これが虐待の発見と通告の原則です。ためらわずに通告することを要請しているのは，虐待を受けている子どもを救うためであり，子育てに困っている家庭に行政が支援の手を差し伸べるきっかけにもなります。

虐待を早期に発見できる立場にある教師やスクールカウンセラー，医師などが虐待による受傷ではないかと疑う事情があると，虐待にあたるのかどうかを確認しようとして保護者から詳しく話を聞こうとする傾向があります。しかし，法はまず通告することを求めています。あえて保護者の弁解を聞いたりその弁解を考慮したりする必要はないとしています。

　そのように児童虐待防止法が強調するのは，対人援助者が保護者の話を聞いて，しばらく様子を見ようとしたり，今回は大目に見ようとしたりすることがあるからです。その結果，虐待による死亡など重大な事件につながることもあります。虐待にあたるどうか，現状でどのような対応が必要かを判断するのは，市町村や児童相談所の役割です。そのために，通告を受けた市町村や児童相談所は，原則として48時間以内に，子どもの調査・安全確認を行うことを求められているのです。

　このような児童虐待防止法の原則を踏まえたうえで，対人援助者に要請されることがあります。それは，先に指摘したように，虐待を発見して単に通告すればよいのではないということです。一般の人々にそれを求めることは法の要請を損なうことになりかねません。しかし対人援助者は，通告する際の対応が当事者にどのような影響を与えるのかということも考慮しなければなりません。**事例D**のように，虐待ではない場合には，当事者の大きな心の傷になる場合があるからです。

事例D

　社会福祉士として虐待防止センターで働いている投書者に，「子どもの顔の傷は虐待によるのではないか」と虐待を疑った第三者からの通報があったと，役所から連絡がきました。投書者の子ども（男児）は自閉症で知的障害があり，治りかけの傷を爪でほじって化膿を繰り返していたのでした。それについて，投書者は新聞に投書し，以下のように述べています。

　「私は普段は相談を受ける立場です。しかしながら，疑惑の当事者となった私は，事情を説明しながら一連の行政のやり方に恐怖と怒りを覚えました。匿名の通報者が拒めば，当事者は通報の詳細すら教えてもらえません。会話が難しい息子は，どれだけ理解して検査に応じたのかと思うと涙が出ます。私たち家族は，

> 息子を大切に育ててきたと自負しております。それでも虐待を疑われた，この悔しくて情けない気持ちを，どうすればいいのでしょう。」
> （投書「虐待を疑われた心の傷癒えぬ」『朝日新聞』2014年11月3日「Opinion」より）

　児童虐待に携わっている方でさえも，疑いの当事者になるということはこれほど辛いことなのです。ましてやさまざまな困難や自身の問題を抱えて，虐待に及んだ当事者は，初期の対応で殻を硬く閉ざしてしまいかねません。

　このことは虐待をする親への具体的な関わりにもつながっていきます。いくら児童虐待防止法が虐待する親を非難するためのものではないとはいっても，親の立場からすれば，虐待を疑われること自体が大きな心の傷になったり，あるいは法による関与によって暴行や傷害の罪に問われる可能性があるわけですから，身構えたり隠れたりすることになりかねません。そうではなく，対人援助者の目線が子育てを温かく見守ることにあれば，拙い養育をする親も，援助のための関わりを少しでも受け入れてくれるようになるのではないでしょうか。そうすれば，不適切な養育についてアドバイスをしながら虐待を未然に防いだり，虐待行為があれば早期に関与しやすくなります。

　それでは，対人援助者は，児童虐待の発見と通告を端緒にして，適切な解決につなげるようにするためにどのようにすればよいのでしょうか。第2節の**事例A**をもとに解説します。

　女児春子が問題行動を繰り返すようになってからの母の対応は虐待にあたります。学校は，母の虐待が春子の問題行動の原因になっていると考えて，一連の通告をして（図1-4参照），母への指導をしました。しかし，母は聞き入れず，春子は問題行動をエスカレートさせて一時保護されました。

　このような事態はよく起きることですが，なぜそうなるのでしょうか。

　学校や市の担当者は，母の行為が春子の問題行動の原因だと見て，母の子育てを改善させようと努力しています。こうした理解と対応の仕方は一般的ですが，この視点では母の行為が春子の問題行動の原因だとみるため，ともすれば母は，学校や市の担当者から非難されているように受けとめてしまいかねません。新聞の投書者が「悔しくて情けない気持ち」になったのも同じことなのです。学校や

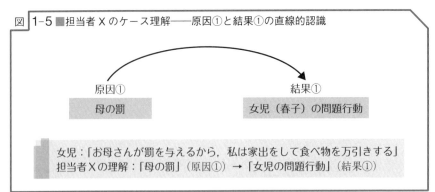

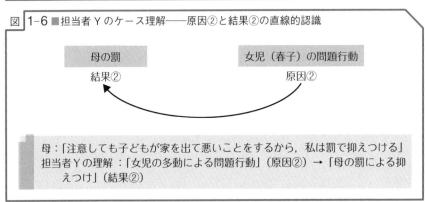

　市の担当者はしっかり対応していると言うかもしれませんが，虐待を疑われた親の話を聞くと，自分の行為を責められた，非難されてきた，と語る人がとても多いのです。そうなると，この母のように援助者の関与を拒否してしまい，改善につながらなくなってしまいます。

　以上のことを図式的に説明します。児童虐待の対応の原則は，あくまでも子どもの最善の利益を実現することですから，子どもの立場からみて保護者の行為が不適切なものか否かを判断することになります。事例Ａの③と⑥は，母の春子に対する対応がネグレクトや心理的虐待に相当し，それが春子の問題行動の原因になっているという見方をします。図1-5のように，原因と結果を直線的に結びつける見方が私たちの常識的な理解の方法です。

　図1-5は女児（春子）の立場になって理解しましたが，それでは同様に母の立

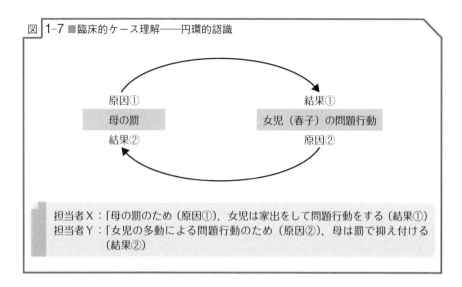

図 1-7 ■臨床的ケース理解——円環的認識

場になってみると，図1-6のように女児の多動による家出や問題行動が，母の罰による抑えつけの原因になっているという理解になります。

それでは，担当者Xのケース理解（図1-5）と担当者Yのケース理解（図1-6）を付き合わせてみましょう。すると，**事例Aは図1-7のようになります。**

このように，「母の罰」（原因①，結果②）も「女児の問題行動」（原因②，結果①）のどちらも，両者の行動の原因と結果になります。この両者の関係の悪循環が虐待を深刻にしていることが明らかになります。こうした円環的なものの見方が対人援助者に求められる臨床的なケース理解の1つで，虐待の適切な解決につなげるためのものです。

この母と春子の関係の悪循環を断ち切るためには，春子を一時保護して母と離すことが必要になります。それに加えて，円環的なものの見方をすることで，母を責めるような視線にならず，多動な子を抱える母を理解しながら援助するという対応につなぐことができます。

2 守秘義務と臨床的関与

児童虐待に関する法の要請で，対人援助者が最も困ることの1つに守秘義務があります。

第2節の法の解説で説明したように，児童虐待を発見した者が法律上の守秘義務を負う者の場合でも，通告義務は守秘義務に優先し，通告したからといって守秘義務違反に問われることはありません。臨床心理士にも，業務上知り得た対象者の個人情報や相談内容の守秘義務がありますが（一般社団法人日本臨床心理士会倫理綱領2条1項），同様に通告義務が優先され，守秘義務違反に問われることはありません。通告者の秘密も守られます。

　子どもや家族に関わることが多い対人援助職に，守秘義務より通告を優先させているのも児童虐待の早期発見と防止を図ることが目的ですが，子どもやクライエントとの信頼関係を前提にして深く関わる教師やカウンセラーなど現場の方々が戸惑う場面が多くなります。では，次のような事例ではどのように対応すればよいのでしょうか。

事例E

　ある中学生の兄（一朗）が，スクールカウンセリングの場面で，小学生の弟（次朗）が母親から虐待を受けているということを明らかにしたときに，一朗は「ぼくが言ったということが母親に知れたら，家にいることができなくなるから，絶対に誰にも言わないでください」と懇願しました。

　この**事例E**への対応の原則は第2節での法の解説のとおりです。スクールカウンセラーの場合，通常，学校の非常勤として，学校長などの指示によりカウンセリングが実施されることになります。したがって，スクールカウンセリングで児童虐待を疑ったときや発見したときは，まず学校長などに報告しなければなりません。学校に限らず病院や企業のスタッフであるカウンセラーや対人援助者は，個人で問題を抱え込んだり通告の判断で迷ったりするのではなく，必ず所属長に報告したうえで対処しなければなりません。

　しかしながら，いくら法によって子どもや保護者の同意を得ずに通告することが可能で，通告者の秘密も守られるとはいっても，この**事例E**でスクールカウンセラーや学校が兄の一朗の情報をもとに通告したということは，いずれは母が知ることになるでしょう。一朗の懇願を無視してただ単に通告することは，一朗のスクールカウンセラーに対する信頼を損ねるだけでなく，一朗に対人関係の不

信感をもたらしてしまうことにもなりかねません。さらに，一朗と母との関係にも歪みが生じてしまいます。

　その意味で，こうした場面でスクールカウンセラーは，3人のケアすべき人物が浮かび上がるということを自覚しなければなりません。その3人とは，虐待を受けている弟の次朗，虐待している親，そして親の虐待を打明けてくれた兄の一朗，です。児童虐待によってまず保護すべきは虐待されている子どもであることはもちろんですが，対人援助者は，児童虐待を通告することでさらに誰が傷つくのか，誰をケアする必要があるのかということを大局的に捉える必要があります。

　こうした場面で重要なことは，一朗のことを思うばかりに通告することを躊躇して，虐待への対応が遅れるようなことがあってはならないということ。それと同時に，一朗に対して通告することの必要性を噛んで含むように説明すること。さらに，母の虐待が明らかになった後の家族への援助も行うことです。もちろん，3人への援助はスクールカウンセラーが1人で行うことではなく，関係機関と連携した対応が必要になります。すなわち，守秘義務を前提にしたカウンセリングなど対人援助の原則に，通告義務を優先させて介入することの意味とその後の臨床的展開を見据えた対処をすることです。

　その際の対応で対人援助者が注意すべきことは，個人の思いや価値観で対応してはならないということです。例えば**事例B**のように，子どもに愛情をもって接している親に同情して通告をためらったり，男と深夜酒を飲んでいる親にはその生活ぶりに批判的な対応をしがちです。そうではなく，まず法の原則と基準に従った対応をしたうえで，個々の事例に応じた臨床的な援助を心掛けるようにしてください。

3　親と家族へのアプローチ

　児童虐待が疑われた場合，どのようにして親にアプローチすればよいのか具体的に考えてみたいと思います。

　虐待をする親が抱える最も大きな課題は，その人格的な未熟さです。特に，人と人との関係において，「依存することを自ら選択する能力」が十分に育っていないという未熟性が指摘されます。自ら抱えきれない課題について，適切な方法で他者に援助を求めるということは，とても大切な対人関係能力の1つです。

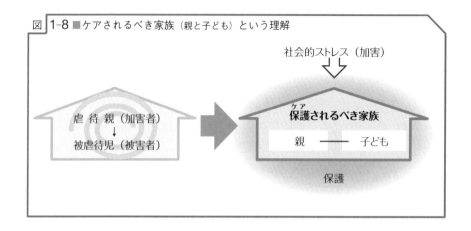

図 1-8 ■ケアされるべき家族（親と子ども）という理解

　他者に適切に依存することができない人たちは，歪んだ依存性を示すことになります。アルコールや麻薬など薬物への依存，過食や拒食など食に関する依存，ギャンブル依存やワーカホリックなどが挙げられます。児童虐待は，親のストレスやフラストレーションを小さな子どもにぶつけることで解消しようとする「親が子どもに依存する」という，「親子関係の逆転」ともいえる歪んだ依存関係です。

　他者に援助を求めるという依存が適切にできない親は，他者に接近されること自体が脅威になっています。そのため，子育てがうまくできない親を助けようとしても，その親たちは，近寄られることを拒み，罵声を浴びせて殻を閉ざそうとします。その結果，援助の手を差し延べようとした人たちから敬遠され，さらに孤立してしまうという悪循環に陥ってしまいます。

　虐待する親たちは世間から迫害されるという不安を抱いているので，虐待の疑いがある親にアプローチするときに，単に虐待の事実や情報を見つけようとするような対応をとると，親はますます固く殻を閉ざして，反発や抵抗を強めてしまいます。その結果，保護されるべき子どもの発見が遅れて悲惨な状況を招いてしまいかねません。

　虐待をする親も，心の奥深くには助けを求める切実な叫びがあるのですが，その未熟さゆえに「助けて」と言えず，逆に激しい攻撃性を示してくるのです。したがって，児童虐待の援助に携わる者は，虐待をする親たちの反発や反抗の裏に

潜む依存心を受けとめ，ねばり強く対応することが求められます。

そのためには，「加害者としての親と被害者としての子ども」という見方をせず，「ケアされるべき親子（家族）」という捉え方をしてみてください（図1-8）。このように，その親子を家族という括りで捉えると，親との子の両者を保護して援助しなければならないということが理解できるでしょう。

第2章 ドメスティックバイオレンス

第1節 DVの理解と対応の基本

　2001年に施行された「配偶者からの暴力の防止及び被害者の保護等に関する法律」(DV〔ドメスティックバイオレンス〕防止法)は2004年の一部改正の際,離婚後(事実婚状態の解消後も含む)も暴力を受けている場合も対象となりました。また身体的な暴力だけでなく心身に有害な影響を及ぼす言動も対象となりました。DVに対する法による規制が強化されるとともに,その内容には臨床に関係する事項も多く含まれるようになってきています。
　DV防止法10条以下にある保護命令(被害者の生命や身体に重大な危害を受けるおそれがある場合,加害者の追及を阻止して被害者の安全を確保するための制度)の申立てから命令に至るまでの一連のプロセスに,法と臨床の協働によるアプローチが必要になり,ここで対人援助者の関与が求められます。
　本章では,まず家族システム論(家族を個々の家族成員同士の相互関係で成り立つ1つのシステムとして理解するもの)の観点からDVを理解したうえで,対人援助者の対応の基本を示します。
　家族システム論によれば,夫婦などカップルは,親密な相互作用を通してその夫婦独自の関係と役割を形成し,さらにその関係に規定されたそれぞれの役割を行うようになると考えます。

DVの問題も，同様に夫婦の相互作用の過程で徐々に形成され，「暴力をふるう夫（妻）」と「暴力をふるわれる妻（夫）」という相補的な夫婦関係が繰り返されるようになります。夫と妻はその役割に規定されるため，DV加害者は配偶者に暴力をふるうことを当然とみなし，DV被害者は暴力をふるわれることを容認する関係に陥ることが特徴です（以下，本章ではDV加害者を夫とし，DV被害者を妻とします）。

　そのためDVの問題解決で困難なことの1つは，暴力を介在する夫婦関係のパターンが強固に形成されているため，離婚などでその夫婦関係を解消しようとしても，妻が暴力をふるう夫のもとに戻ってしまったり，夫が妻に接近して離れようとしなかったりして，DVの関係が続いてしまうことです。家族システム論に従えば，DVの夫婦関係に暴力が介在して維持しているため，夫の暴力が激しければ激しいほど，妻は夫のもとから離れないという逆説的な状態を生じさせるのです。

　したがって，家族システム論の観点によるDVの解決の要点は以下のように整理することができます。①DV被害者がDV関係から離脱しようとするときに，DV加害者とDV被害者の再接近を阻止すること。②DVにおける「加害―被害」関係を明確化すること。③DV被害者はDVを伴う夫婦関係を断ち切り，暴力をふるわれない生き方を選択すること。DV加害者は暴力行為の責任を請け負い，暴力をふるわない生き方を選択すること。

　以下，第2節でのDVへの法による関与を踏まえたうえで，第3節で以上の点についての対人援助者のアプローチについて解説します。

第2節　法の視点と対応の原則

事例F

　太郎と花子は結婚して8年目の夫婦である。2人の間には，5歳になる長女と3歳の長男がいる。太郎は会社で営業マンをしており，人当たりがよく，会社内での営業成績も良い方である。一方，花子は専業主婦である。

　太郎は，結婚後間もなくから，些細なことでも自分の思いどおりにならないと

激高し,「言われたとおりにちゃんとしろ！」「ばか野郎」「お前は誰に食べさせてもらっていると思っているんだ」などと花子を怒鳴りつけるようになった。あるとき，怒鳴り散らす太郎に花子が「そんなに怒らないで」と言ったところ，太郎の目つきが変わり平手で思い切り花子の頬を叩いた。それ以後，何か気に入らないことがあると，太郎は花子を罵倒しながら物を投げつけたり平手打ちするだけでなく，胸倉を掴んで壁に花子の後頭部をぶつけたり，髪の毛を引っ張って床を引きずり回すなどの暴力を振るうようになった。太郎の暴力と暴言は花子の妊娠中，出産後も続き，子どもの目の前でも平気で暴力をふるった。

しかし暴力をふるってしばらくすると，太郎は，花子に，「殴って悪かった。けど，お前が俺の言う通りしないからだ。お前がちゃんとやってくれたら，俺もそんなことはしない」などと言い，翌日になると，太郎は，自分がひどい暴力をふるったことをすっかり忘れているかのように振舞うのが常であった。

花子は，太郎との結婚生活の継続に不安を感じ，子どもたちを連れ実家に戻ったこともあったが，太郎が実家に来て花子と両親に謝罪するので，花子は子どものことや離婚後の生活のことを考え，太郎の反省に期待して家に戻った。しかし，その後，太郎は花子が両親に太郎の暴力について話したことを責め，「逃げられると思っているのか」などと言い，むしろ暴力がエスカレートした。

ある日，親子4人で夕食をとっている際，太郎が長男の食事の仕方を口うるさく注意し始めたため，花子が「まだ3歳だし，そこまで怒らなくても」と言ったとたん，太郎が激高し，花子を椅子から引き倒し，床に花子の頭を打ち付け，身動きできなくなった花子を足蹴にするなどした。それを見た子どもたちが怯えて泣き出すと，「お前が馬鹿だから子どもの躾もまともにできない」「能無し！役立たず！」などと花子を罵り，コップに入っていたビールを倒れている花子の顔に掛けた。

翌日，太郎が出勤した後，花子は子どもたちを連れて実家に行き，いったん子どもを両親に預けた後，近くの警察署に相談し，事情聴取を受けた。その後警察官のアドバイスもあり，子どもと共に配偶者暴力相談支援センターの一時保護所に入所することになった。

1 DV 防止法について

(1) DV 問題の深刻さと難しさ

内閣府男女共同参画局の「男女間における暴力に関する調査」(2018 年 3 月) によると，20 歳以上の男女に対し，次の行為が夫婦間で行われた場合にそれが「暴力」にあたると思うか，の意識を質問したところ，表 2-1 のような結果でした。

また，これまで結婚したことのある人に対して，配偶者から身体的暴行を受けた経験があるか，という質問をしたところ，女性の 19.8％，男性の 14.5％ が身体的暴行の被害経験ありと回答しています。

「夫婦喧嘩は犬も食わない」という言葉があるように，かつては，夫婦や親密な男女間の暴力については，他人（社会）が関与すべきではないと考えられていました。また加害者に，配偶者への暴力は重大な人権侵害であり，暴行・傷害などの犯罪にあたるという意識が希薄な場合が多く，一方，被害を受けた配偶者も，いつか暴力が収まるのではないかと期待したり，子どものことを考えて我慢したり，心理的にも支配され無力となるなどの理由により，暴力による支配と忍従の関係が長期間継続します。

表 2-1 ■次の行為は「暴力」にあたると思うか？

夫（妻）の行為	「どんな場合も暴力にあたる」との回答の割合	「暴力にあたる場合もそうでない場合もある」との回答の割合
平手で打つ	72.4 %	22.0 %
足でける	85.0 %	9.8 %
大声でどなる	39.5 %	47.2 %
交遊関係や行き先，電話・メールなどを細かく監視する	55.2 %	28.3 %
避妊に協力しない	67.4 %	20.5 %

（注）　20 歳以上の男女 5,000 人への質問の答。
（出典）　内閣府男女共同参画局「男女間における暴力に関する調査」(2018 年 3 月)。

しかし，本来最も安心安全な場所であるべき家庭という密室内で，日常生活を共にし，自分を安心させてくれるべきはずの人から加えられる暴力は，被害者に対し精神的にも非常に大きな傷を与えるものであるにもかかわらず，逃れることが難しくその被害は極めて深刻なものです。

なお，子どもがいる家庭において配偶者に暴力をふるうことは，子どもに対する心理的虐待にも該当します（児童虐待防止法2条4号。本書9頁，表1-1参照）。

(2) DV防止法の制定

> **▶配偶者からの暴力の防止及び被害者の保護等に関する法律（DV防止法）**
>
> （前文）
>
> 　我が国においては，日本国憲法に個人の尊重と法の下の平等がうたわれ，人権の擁護と男女平等の実現に向けた取組が行われている。
>
> 　ところが，配偶者からの暴力は，犯罪となる行為をも含む重大な人権侵害であるにもかかわらず，被害者の救済が必ずしも十分に行われてこなかった。また，配偶者からの暴力の被害者は，多くの場合女性であり，経済的自立が困難である女性に対して配偶者が暴力を加えることは，個人の尊厳を害し，男女平等の実現の妨げとなっている。
>
> 　このような状況を改善し，人権の擁護と男女平等の実現を図るためには，配偶者からの暴力を防止し，被害者を保護するための施策を講ずることが必要である。このことは，女性に対する暴力を根絶しようと努めている国際社会における取組にも沿うものである。
>
> 　ここに，配偶者からの暴力に係る通報，相談，保護，自立支援等の体制を整備することにより，配偶者からの暴力の防止及び被害者の保護を図るため，この法律を制定する。

2001年「配偶者からの暴力の防止及び被害者の保護に関する法律」が制定されました（その後3回にわたり改正され，法律の名称も「……保護等に関する法律」になりました。以下「DV防止法」または「法」といいます）。その前文には，「配偶者からの暴力は，犯罪となる行為をも含む重大な人権侵害であるにもかかわらず，被害者の救済が必ずしも十分に行われてこなかった」「被害者は，多くの場合女性

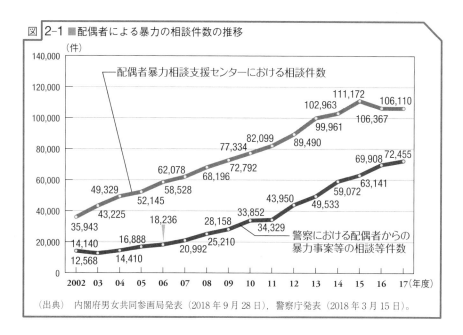

図 2-1 ■配偶者による暴力の相談件数の推移

（出典）内閣府男女共同参画局発表（2018年9月28日），警察庁発表（2018年3月15日）。

であり，経済的自立が困難である女性に対して配偶者が暴力を加えることは，個人の尊厳を害し，男女平等の実現の妨げとなっている」と述べられています。

DV防止法の制定に伴い，全都道府県と多くの市町村に「配偶者暴力相談支援センター」（以下「支援センター」）が設置され，一時保護施設の設置やシェルターへの入居あっせんなど被害者の保護や自立援助に関する業務を行っています。また最近では，警察もDV事案に関し積極的に取り組むようになっています。

2017年度の全国の支援センターに対する相談件数は10万6,110件（内閣府男女共同参画局，2018年9月28日発表），警察に対する配偶者からの暴力事案等の相談等件数は7万2,455件（警察庁，2018年3月15日発表）で，図2-1に見るように，いずれも年々増加傾向にあります。

2 ドメスティックバイオレンスとは何か

(1) 配偶者からの暴力の定義

DV防止法1条は，配偶者からの暴力（以下「DV」）を，次の①または②と定義

表 2-2 ■ DV に含まれる暴力の例

身体的な暴力	たたく，ける，髪の毛を引っ張る，刃物を突きつける，など。
精神的な暴力	「誰に食べさせてもらっていると思っているんだ」などと言う，相手を馬鹿にするなど人格を踏みにじるような言動をする，大声で怒鳴る，無視する，交友関係や電話・メールを監視する，など。
性的な暴力	相手が嫌がっているのに性行為を要求する，避妊に協力しない，など。

しています。

① 配偶者からの身体に対する暴力（身体に対する不法な攻撃で，生命または身体に危害を及ぼすもの）。

② ①に準ずる心身に有害な影響を及ぼす言動。

したがって，表 2-2 に整理したように，身体的暴力だけでなく，精神的な暴力や性的な暴力も DV という概念に含まれることになります。しかし，ここで定義された DV のすべてが後述する裁判所による保護命令の対象となるわけではありません（詳しくは 3 の保護命令制度のところで説明します）。

事例 F における太郎の言動は，花子への DV（身体的，精神的な暴力）に該当しますし，子どもたちへの児童虐待にもなります。

(2) **DV 防止法上の配偶者とは**

DV 防止法上の「配偶者」には，婚姻届をしている夫婦に限らず，法律上の夫婦と同様の生活を続けているいわゆる内縁関係にあるカップル（事実婚）も含まれます（DV 防止法 1 条 3 項）。また，2013 年の法改正により，内縁とまではいえないが，生活の本拠を共にする交際相手からの暴力についても，DV 防止法が準用されることになりました（DV 防止法 28 条の 2）。しかし，同棲していない恋人からの暴力は含まれません。

婚姻中に上記①または②の暴力を受け，離婚後も引き続き暴力を受けている場合にも，DV 防止法の適用があります（1 条 1 項）。

> **▶︎ コラム② 法律上の責任**
>
> 　トラブルが起きたときに,「どのような法的責任を負うのか？」とか「法律上責任があるか？」という質問がなされることがあります。
> 　「法律上の責任」という場合には,「民事上の責任」(民事責任)と「刑事上の責任」(刑事責任)とがあります。
> 　　　民事責任＝示談金や損害賠償金を支払うこと,
> 　　　刑事責任＝罰金,懲役などの刑事処罰を受けること,
> と考えるとわかりやすいでしょう。
> 　例えば夫が妻を殴ってけがをさせた場合（DV）,夫の行為は傷害罪（刑法204条）にあたるので,警察により逮捕され,さらに起訴される（刑事裁判を受ける）ことがあります。これと別に,妻は夫に対し,けがの治療費や慰謝料などを損害賠償として請求することができます。
> 　このように民事上の責任と刑事上の責任は別のものであり,民事責任は負うが,刑事責任は負わないというケースがありますし,その逆もありえます。

3 保護命令制度について

(1) 保護命令制度の概要

　DV事案では,多くの場合,被害者は加害者（配偶者）に心理的にも経済的にも支配され,不安と混乱の中にあります。そこで,まず何よりも被害者の安全・安心の確保が最優先となります。

　保護命令制度（DV防止法第4章）は,裁判所が,被害者からの申立てにより,迅速に,加害行為を行う配偶者（以下「相手方」）に対し保護命令を発することにより,被害者が暴力被害を受けることを防ぐ制度です。以下,具体的に説明します。

(2) 保護命令申立ての要件

　申立てができるのは,DVの被害者です（DV防止法10条1項）。DV被害者の親族などが代わって申し立てることはできませんが,被害者が弁護士に申立てを

依頼することはできます。

申立てができるのは，次の⒜または⒝のいずれかの場合です（DV防止法10条1項）。

⒜　配偶者から身体に対する暴力を受けた被害者が，今後，さらに身体への暴力を受けることにより，生命・身体に重大な危害を受ける恐れが大きい場合。

⒝　配偶者から，生命・身体に関し害を加えるぞという脅迫を受けた被害者が，今後，身体への暴力により，生命・身体に重大な危害を受ける恐れが大きい場合。

⑶　申立ての手続等

裁判所への申立て

家庭裁判所ではなく地方裁判所に申立てを行います。申立てに必要な費用は，1,000円の印紙代と2,000円前後の郵便切手代程度です。

裁判所に申立書のひな型が用意されており（インターネットでも入手できます），弁護士に依頼しなくても比較的簡単に作成できるようになっています。

また，支援センターでも書き方などを親切に教えてくれます。申立ての際に実際の居場所を記載したくない場合には，住民票上の住所，夫婦で生活していた住所を記載しても構いません。裁判所へ提出した申立書などの書類は，原則として相手方の目にふれるので注意が必要です。

申立書には，支援センターか警察にDVの相談をした事実を記載する必要があるため，今まで一度も相談したことがない人は，申立て前に，（場所はどこでもよい）まず，支援センターか警察に相談をしておく必要があります。

戸籍謄本や住民票など夫婦（事実上の夫婦）であることを証明する資料のほか，上記⑵の⒜の場合であれば診断書や負傷部位の写真など，⒝の場合であれば脅迫内容が記載されたメールなどがあれば，それも証拠としてコピーを添付します。

裁判官による審尋

裁判所に申立書を提出すると，多くの場合その当日，遅くとも2～3日中に裁判官が，非公開の場所で直接被害者（申立人）から話を聞きます（「審尋」といいます）。申立てを弁護士に依頼した場合は同席してくれます。

裁判所は，その1週間後くらいを目途に相手方を呼び出して反論の機会を与え

ます（これも「審尋」といいます）。呼び出す際に申立書のコピーを送りますので，この段階で保護命令の申立てをしたことが相手方に知れます。相手方の審尋の際に，申立人が裁判所に来る必要はありません。

支援センター，警察からの書類提出

また裁判所は，申立人が相談した支援センターや警察に相談内容その他関係書類の提出を求めることになっています（DV防止法14条2項）。

保護命令

裁判所は，申立書及び証拠と双方からの事情聴取（審尋）により，上記(2)の@またはⓑの要件に当てはまると判断すれば，相手方の審尋のあと，直ちに保護命令を発し相手方に伝えます。むろん，相手方の反論や証拠の提出により，申立人に再反論を聞く必要がある場合や証拠を出させる必要がある場合には，別の期日を定めることもあります。もし相手方が審尋期日に正当な理由なく欠席すれば，裁判所は相手方の言い分を聞かずに判断し，保護命令を出す場合にはこれを郵送します。

したがって，被害者は，一度も相手方に会うことなく保護命令を裁判所に出してもらうことができます。

不服申立て

保護命令が認められたときは相手方が，もし申立てが却下されたときは申立人が，1週間以内に不服申立てをすることができます。

(4) 保護命令の種類

裁判所に申立てできる保護命令の種類は下記①～⑤のとおりですが，最もよく利用されているのは，①の接近禁止命令です。①の接近禁止命令と②の退去命令を同時に出してもらうこともできます。なお，③～⑤の命令は，①の接近禁止命令が発せられる場合に限って，接近禁止命令と同時または後日の申立てにより，認められる命令です。

① 接近禁止命令　　6カ月間，申立人の身辺につきまとったり，申立人の住居や勤務先などの付近をうろつくことを禁止する命令です。
② 退去命令　　申立人と相手方が同居している場合に，申立人の引越し準備等のために，2カ月間，相手方に対し，家から出ていくことを命じ，その間，

家の周辺をうろつくことも禁止する命令です。
③ 子への接近禁止命令　子どもを連れ去られるおそれがある場合など，子に関して申立人が相手方に会わざるをえなくなることを防ぐため，6カ月間，相手方が，申立人と同居している子どもの身辺につきまとったり，住居・学校などの付近をうろつくことを禁止する命令です。
④ 親族等への接近禁止命令　相手方が申立人の実家などに押しかけて暴れるなどすることを防ぐため，6カ月間，申立人の親族等の身辺につきまとったり，親族等の住居や勤務先等をうろつくこと禁止する命令です。
⑤ 電話・メール送信等禁止命令　6カ月間，相手方から申立人への面会要求，メール送信，深夜の電話などを禁止する命令です。

①および③～⑤の命令は，6カ月の期間の満了後，必要に応じて再度申立てをすることも可能です。

(5) 保護命令の効力

　保護命令は，相手方に口頭で言い渡されるか決定書が送付されることによって効力を生じます。保護命令が発せられると，裁判所は直ちに，申立人の住所・居所を管轄する道府県警察本部（東京都は警視庁）に，保護命令が発せられたこと，およびその内容を通知します。警察本部はこれを受けて，申立人の住所・居所，勤務先等関係先の警察署長に連絡を入れます。もし相手方が保護命令に違反すれば，保護命令違反という犯罪に該当します（1年以下の懲役または100万円以下の罰金刑が科されます。DV防止法29条）から，直ちに最寄りの警察署に通報します。例えば，申立人への接近禁止命令と親族への接近禁止命令が出ているときに，申立人の実家に押しかけたり親族を尾行したりすれば保護命令違反になり，もし親族に暴力をふるえば，別途，暴行罪や傷害罪にも該当します。

　なお，申立人があらかじめ支援センターに相談している事案では，引き続き適切な支援ができるように，裁判所は保護命令が出たことを支援センターにも通知します。

4 避難と自立支援

　DV被害者の避難先としては，支援センターの一時保護所（子どもといっしょに

避難できます）のほか，母子生活支援施設や婦人保護施設などがあります。これらの施設へは，法的手続をとる前に，まず避難することが可能です。また，民間のシェルターも利用されていますし，公営住宅への優先入居の制度もあります。

　これら緊急の避難先や避難後の自立支援等に関しては，支援センターに相談するのがよいでしょう。

5　DV被害者の相談を対人援助者が受けた場合

　もし，対人援助者がDV被害の相談を受けた場合や，相談中にクライエントがDV被害を受けていると思われるような状況がわかった場合には，まず，支援センターや弁護士に相談するようにアドバイスするのがよいでしょう。

　多くのDV被害者は，いつか夫が立ち直ってくれるのではないか，自分もがまんしたほうがよいのではないか，という思いをもって悩んでいます。また，仮にどこかに避難してもすぐに夫に見つかり連れ戻されてひどい暴力を受けるのではないかという恐怖，果たして子どもを連れて夫から離れて生活することができるだろうか，そもそも離婚できるだろうか，離婚できるとしても子どもの親権者に自分がなることができるだろうか，など多くの様々な不安にさいなまれ，なかなか結論を出せずにいます。離婚調停を起こしても，途中でこれを取り下げ，DV夫のもとに戻る例もあります（離婚調停については第3章参照）。

　支援センターは，これまで説明してきたとおり，DV防止法に基づいてさまざまな形で被害者を支援しています。また，弁護士は，保護命令の申立てなどDV防止法に基づく手続きだけではなく，子どもの親権に関すること，別居中の生活費（婚姻費用）の夫への請求，離婚の手続き，警察への被害届など様々な法律問題についてアドバイスを行うだけではなく，被害者の代理人として被害者に代わって相手方と交渉したり，保護命令やその後の離婚調停など裁判所への申立手続を行ってくれたりします。弁護士への法律相談や代理人の依頼については，法テラス（**コラム①参照**）を利用することにより，無料で法律相談が受けられ，弁護士費用を立て替えてもらうことができます。

　事例Fのケースでは，花子は，支援センターからのアドバイスにより，法テラスを利用して弁護士に依頼し，保護命令の申立てを行い認められました。そして，一時保護所を出て母子生活支援施設に移り，その後，同じ弁護士に依頼して

家庭裁判所に離婚調停の申立てを行うことになりました。

第3節　臨床的視点と援助的アプローチ

　第2節で解説した，ドメスティックバイオレンス（DV）から逃れるために離婚と保護命令とを申し立てたDV被害者の妻を想定して，裁判所の手続にそった対人援助について説明します。

1 DV被害者の身体と心の安全確保

　夫の暴力による屈辱感と無力感に苛まれている妻は，長年にわたりDVを伴う夫婦関係に組み込まれてしまっています。その妻が夫から離脱して援助を求めるきっかけになるのは，自分に対する暴力から逃れるためというより，子どもが暴力をふるわれたり危険にさらされたりすることに直面して，離婚の決意をすることが多いのです。**事例F**でも，太郎が子どもを巻き込んだことがきっかけになっています。

　事例Fでは，それを機に花子は家を出ましたが，DVが長期間続いている夫婦は「暴力―被暴力」の関係が根深いため，DV加害者の夫の暴力が激しくなればなるほど，DV被害者の妻との関係が復元されるという逆説的な力動が働きます。

　そのため，DVの問題解決において最も危険な場面は，DV被害者がDV加害者から離れようと決意したときに，DV加害者の暴力が最も過激になってしまうことです。時には，このときにDVによる妻の殺害や子どもに対する危害が起きることさえあります。

　したがってDVの問題解決にとってまず重要になることは，DV被害者の身体の安全を確保することです。その際，DV加害者がDV被害者に接近することを阻止するためには，通常の相談機関の活動や臨床的関与だけでは不十分です。ここにおいて，強制力と罰を背景とする保護命令（DV防止法10条以下）による法的介入が重要になります。

　第2節の3で詳述したように，保護命令とは，DV加害者に被害者から離れることを命じる民事裁判による命令です。裁判所は加害者に6カ月間被害者への接

近を命じる接近禁止命令（DV防止法10条1項1号）と，2カ月間住居等から退去を命じる退去命令（同条2号）を発することができます。接近禁止命令では，FAXやメールでの通信を禁止したり，子どもやDV被害者の支援者に接近したりすることも，禁止することができます。保護命令に違反したときは，1年以下の懲役または100万円以下の罰金が科せられます。実質的な効果は，警察がDV加害者の保護命令に対する違反行為を取り締まることができるという法的介入によるところが大きいのです。

さらに大切なことは，こうした身体への安全の確保と同時に，臨床的関与による心理的安全の確保をはかることです。ここでいう心理的安全とは，DV被害者がDV加害者の接近の怯えや不安を率直に示すことができる対人援助者がいて，その怯えや不安をしっかり受けとめてくれるということです。こうした身体と心の安全圏を確立することが，DV解決のための第一歩になります。

2 DVにおける「加害―被害」関係の明確化

DVの解決が困難な理由として，DV加害者による過激な暴力などの行為によってDV被害者の受けているダメージが悲惨なものであるにもかかわらず，DV加害者の加害者意識が希薄で，DV被害者の被害者意識が希薄であることが特徴的です。

例えば，DV加害者である夫の意識には，「俺の妻への要求は正当である→それに従わない妻が悪いから暴力をふるう→それなのに俺が責められるのは不当だ→俺は被害者だ」という"被害者意識"があります。一方のDV被害者の妻の意識には，「夫の要求に逆らう私に非がある→私が悪い→私は加害者だ」という"加害者意識"があります。

図式的にいえば，DV加害者に被害者意識，DV被害者に加害者意識という，「加害―被害」関係についての意識の逆転が起きているのです。

したがってDV被害者には，DV加害者に暴力をふるわれることは理由の如何を問わず被害であることを認識させること，つまりDV被害者は「被害者」なのだということを理解させることが重要になります。DV被害者が自らの被害者性を自覚するということは，取りも直さず，DV加害者の加害者性を浮きぼりにするうえで重要な意味をもちます。

ところが,「加害—被害」意識が逆転した状況におかれて,深刻なダメージを負っているDV被害者に被害者性を自覚させることは,臨床的には長い時間を要するプロセスになります。

保護命令の裁判ではまさにそうした加害行為の有無とその程度が,問題になり焦点となります。その裁判の過程でDV被害者は今まで自分に向けられた暴力行為の意味を知らされ,自分がまぎれもない被害者であることを認識します。

そこで留意しなければならないのは,この法的プロセスはかなり直截で短時間に行われるため,DV被害者に自己認識の混乱をもたらすことがあることです。その際に対人援助者は,DV被害者を十分に支えなければなりません。

3 法的手続における自己決定プロセスの援助

DVの保護命令の申立てから発令までの手続は第2節の3で説明したように非公開ですが,裁判離婚は原則として公開の法廷で行われます。その法的手続のために,DV被害者はDV加害者の暴力などの加害行為を立証するための準備をしたりしなければなりません。

DVによってうつやPTSDの症状を示しているDV被害者にとって,過去の被暴力体験を想起し,書面に記すことはとても苦しいことです。本人尋問では,遮蔽などの措置によってDV被害者の負担に配慮しても,DV加害者もいる法廷で,被害体験を自ら語り,加害者側の反対尋問にも応戦していかなければなりません。

この法的プロセスに伴うDV被害者の不安,恐怖,ストレスなどの心的負担を対人援助者が支えていくことによって,DV被害者は過去の自己と決別し,新たな自己を選び取っていく自己決定をすることができるのです。こうした法的アプローチと臨床的アプローチの両者によって,DV被害者は過酷な体験を徐々に対象化し,DV被害者であった自分を客体化していき,DV被害者ではない生き方,主体性を獲得していくことにつながるということです。

一方,DV加害者にとっては,DVに関わる保護命令が出されたり離婚裁判の判決が下されたりすることは,DV行為に対する責任をまさに突きつけられることにほかなりません。DV加害者に対しては,DVの責任を請け負わせながら,暴力をふるわない生き方を選択するように援助するという加害者臨床が必要になります。

第3章

離　婚

第1節　離婚問題の理解と対応の基本

　婚姻が適齢に達した男女の合意によって成立するものであれば、離婚も、双方の十分な話し合いによる合意によって婚姻を解消するのであれば何ら問題ではありません。自分に合うパートナーが見つかるまで結婚と離婚を繰り返すことも1つの方法でしょう。

　わが国の離婚総数の9割程度が協議離婚によるものです。双方が離婚に合意して協議離婚届を提出すれば、離婚が成立するという極めて簡便な手続です。ただ、離婚に直面した夫婦は相手に対して嫌悪感があり、十分に話し合うこともなく、とにかく相手と別れることだけを優先するために、離婚後に親権や養育費の問題などさまざまなトラブルが起きやすくなります。

　離婚に伴う物や金などに関することは離婚後に取り決めることもできるし、紛争になって解決がつかなければ、最終的には法的判断で一刀両断にすることもできます。しかし、未成年の子どもがいる場合は、離婚届時にどちらの親が子どもの親権者になるのかについて決めていなければなりません。子どもの親権者が決まらなければ、夫婦関係は完全に破たんしていても離婚をすることができません。そのため、早く離婚をしたいばかりに、親権を相手の言うままにした当事者（多くは母親）が、離婚後に子どもの引き取りと親権者の変更の訴えをすることがあ

ります。

そのときの当事者の気持ちは次のように語られることが多くなります。

「離婚で夫ともめていたときは，一刻も早く夫と別れたいということしか考えることができませんでした。夫が突きだした協議離婚届の内容もよく読まずにサインしてしまいました。夫が子どもの親権者になるということでしたが，親権の意味など知りませんでした。とりあえず子どもを相手に預かってもらい，離婚をして落ち着いてから子どもを引き取ろうと安易に考えていました。」

物や金と違って生身の子どもを分けることはできないため，子どもの引き取りをめぐる争いは実力行使に及ぶなど激しい紛争になり，奪い合いの対象になった子どもの心は深く傷ついていきます。それゆえ，できるだけ離婚に伴う紛争を未然に防ぎ，紛争になった場合は子どもに悪影響を及ぼさないように「適切に争う」ことが必要なのです。そのためには，離婚に直面した当事者への援助，とりわけ離婚紛争で対立する双方当事者への調整的介入が必要になります。

離婚に直面した夫婦への対人援助者による援助の基本は，当事者が協議離婚届を性急に提出する前に，離婚後の生活に必要なお互いの衣服や家財道具，財産の分け方などについて十分に話し合わせることです。さらに，未成年の子どもがいる場合は，離婚に伴う親権者の決定，面会交流，養育費の分担などにおいて，基本的な法の知識と臨床的視点による援助が求められます（2012年4月から，離婚届に「養育費の分担」や「親子の面会方法」の取り決めを記す欄が新設されました。ただし，離婚届受理の要件ではなく未記入でも提出できます）。

第2節 法の視点と対応の原則

事例G

① 奏太と律子は，結婚8年目の夫婦である。長女（5歳）と長男（2歳）の2人の子どもがいる。奏太は会社員で，律子は長女の出産を機に仕事をやめ専業主婦となった。奏太は，長女が生まれた際には育児に協力的で，長女をかわい

がった。
② その後律子は，2人目を妊娠，出産したため，育児と家事に追われるようになった。その頃，奏太の方は，職場で仕事を任される立場に立ったこともあり，平日の帰宅時間は遅く，休日も仕事で疲れていると言って1人でゲームをして過ごすなど，あまり育児と家事に協力的ではなくなった。そのため律子は，奏太に対してあからさまに不満を漏らすようになり，一方奏太の方は，律子がいつもイライラしていて，何かと口うるさいと感じるようになった。やがて休日になると，お互いに相手の言動を非難しあい，口喧嘩をすることが多くなった。
③ あるとき，奏太が仕事帰りに会社の同僚と飲んで夜遅く帰宅すると，律子はリビングのソファーで寝てしまっていたが，子どもたちは2人とも起きており，部屋は散らかっていた。少し酔っていた奏太は，これを見て急に怒りがこみあげ，「子どもを寝かしつけずに自分だけ寝て何をしているのか。俺は毎晩夜遅くまであくせく働いているのに，お前は，妻としても母親としても失格だ」などと，律子を罵倒した。律子は，奏太に対し，「私は，子どもの世話で一日中くたくたで休みもないのよ。あなたは仕事帰りにお酒を飲んでいい気分になって，休日も子どもの世話をしないで遊んでいるだけじゃないの！」と言い返した。奏太は，かっとなって，「ばかやろう」と叫びながら，テーブルの上に置いてあった，テレビのリモコンやコーヒーカップを次々と床に投げつけて壊してしまった。
④ 律子は，結婚して初めて経験する暴力的な奏太の言動に驚くとともに，日ごろの奏太に対する不満と不信感も重なって，翌日，奏太が出勤した後，子どもを連れて実家に帰った。帰宅してこれを知った奏太は，メールで，自分の言動について非を認め謝罪したが，律子の日常の態度にも原因の一端があると思うと述べ，早く子どもを連れて戻ってきてほしいと，伝えた。律子からは，しばらく考えさせてほしいという返信があったが，奏太は，早く帰るように催促のメールを何度か送った。
⑤ すると，しばらくして律子の両親から奏太に対し，律子が離婚を考えているという電話連絡が入った。離婚など全く考えていない奏太は，メールや電話で律子と連絡をとろうと試みたが，その後メールしても返信がなく，電話にも一

切出なくなった。律子の両親によると，律子が奏太と会うのを拒否しているという返事だった。

1 離婚に伴う法的問題

(1) 離婚に関して何が問題になるか

　結婚のことを法律では婚姻といいます。婚姻は，夫婦になろうとするものが，決まった様式の婚姻届を市区町村役場に届け出ることによって成立します（民法739条）。結婚式を挙げていなくても，また一緒に生活していなくても，婚姻届を提出して受け付けられれば，法律上，夫婦となります。

　逆に，婚姻届を役場に提出していなければ，婚姻が成立することはありません。結婚式を挙げ，その後何十年も夫婦として一緒に生活していても，婚姻は成立していませんから法律上の「夫婦」ではありません（しかし，このような夫婦同然のカップルは「内縁」と呼ばれ，財産関係などではできる限り法律上の夫婦と同じように扱おうという考え方が一般的です）。

　では，離婚をするためにはどのような手続をとる必要があるのでしょうか。夫婦の一方が離婚を希望し，他方が離婚を望まないときにも，離婚することができるのでしょうか。また，離婚によって身分関係や財産関係にどのような影響があるのでしょうか。特に，未成年の子どもがある場合，夫婦のいずれが親権者として子どもを養育することになるのか，そして親権者にならなかった親と子どもとの面会や養育費の支払いはどうなるのかという問題は，時に深刻な争いを引き起こします。財産関係では，財産分与と慰謝料が問題になります。対人援助者はそうした離婚に伴う基本的な法的事項を理解したうえで，当事者の援助を行わなければなりません。

(2) 別居期間中の法的問題

　離婚前の別居期間中に起こりやすい法的問題にはどのようなものがあるでしょうか。

　婚姻中の未成年の子の親権は両親にあります（民法818条3項。「夫婦共同親権」

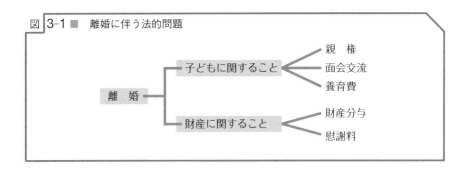

図 3-1 ■ 離婚に伴う法的問題

といいます）から，実際に子どもをいずれが養育しているかにかかわらず，別居期間中も両親が親権者です。別居によって子どもから離れてしまった親が，別居期間中に子どもと面会する場合の法律問題については，離婚後の場合と共通する点が多いので項を改めて3で説明します。

また，別居期間中の財産関係で問題になるのは生活費です。婚姻中の夫婦と子どもの衣食住など生活に要する費用を法律用語では婚姻費用といいます。共同生活を送っている夫婦は，双方の収入や貯蓄などを考慮して婚姻費用を分担しています（民法760条）が，別居すると，収入の多い方が少ない方に，毎月，一定額の婚姻費用を支払わなければなりません。

事例Gでは，離婚が成立するかあるいは再び一緒に暮らすまでの間，奏太は律子に対し，律子と2人の子どもの婚姻費用を支払わなければなりません。その金額については，夫婦間での話し合いにより決めることができればそれでよいのですが，合意できないときや金額の目安がわからないときなどには，家庭裁判所の「養育費・婚姻費用算定表」に基づき，夫と妻それぞれの収入，子どもの数・年齢などに応じて算定されるのが一般的です。この算定表によれば，例えば，奏太の年収が税込み450万円の場合，律子は無収入ですから，奏太が律子に毎月支払う婚姻費用は，10万円程度になります。

法的にはこのように別居中の婚姻費用を奏太は支払わなければならないのですが，奏太と律子のように夫婦関係がこじれて別居していると，奏太が律子に10万円もの婚姻費用を支払うことに難色を示す場合が多くなります。対人援助者はこうした法的原則を踏まえつつ当事者の気持ちを理解してアプローチすることが必要になります。

図 3-2 ■婚姻費用の算定表・子2人表の例
（第1子及び第2子が0〜14歳の場合）

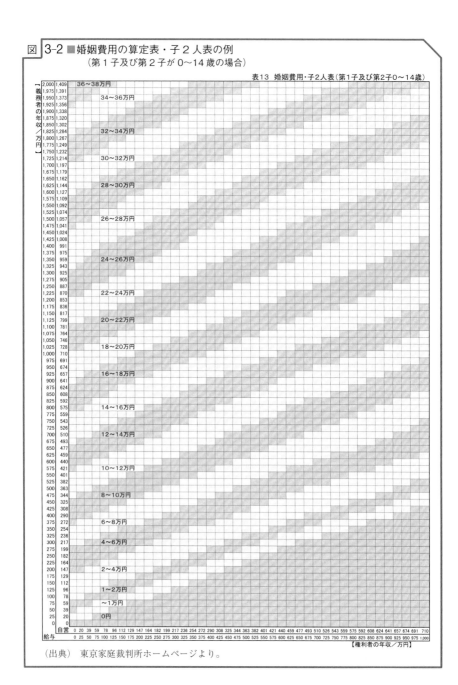

（出典）　東京家庭裁判所ホームページより。

2 離婚の手続

(1) 離婚の種類

　離婚には，大きく分けて，協議離婚，調停離婚，裁判（訴訟）による離婚，の3種類があります（他に審判離婚という手続もありますが，件数がごくわずかですから説明を省略します）。

① 協議離婚　　夫婦が離婚する意思で，所定の離婚届用紙（市区町村役場に置いてあります）に必要事項を記入し，署名捺印して役場に提出することによって成立します（夫婦のいずれか一方が，勝手に相手の名前を書いて押印して離婚届を作成しても無効です）。

② 調停離婚　　家庭裁判所の調停手続において，夫婦が離婚に合意することによって成立します。

③ 裁判離婚　　調停手続でも合意できなかった場合に，離婚を望む側が提起した離婚訴訟（裁判）において，和解（双方の合意）または判決により離婚する制度です。なお，調停手続を経ないでいきなり訴訟を提起することはできません（これを「調停前置主義」といいます）。

　厚生労働省の人口動態調査によれば，2016年に届出のあった離婚の約87％が協議離婚，約10％が調停離婚で，裁判離婚（和解離婚と判決）はわずか3％弱です。

(2) 協議離婚

　協議離婚する場合，その理由は一切問われません。しかし，未成年の子どもがある場合には（複数の子どもがある場合にはそれぞれの子どもについて），必ず父母のいずれが親権者になるのかを決めて離婚届に記載しなければ，役場で受理されません。これに対し，財産分与や慰謝料などの財産関係については，離婚が成立した後に協議や調停などで決めることもできます。

　夫婦の一方が離婚を希望しているにもかかわらず協議離婚が成立しないケースは，大きく分けると，① 離婚すること自体について合意できない場合，② 離婚することには合意しているが未成年の子の親権者をいずれにするか争いがある場合，③ 離婚すること自体については合意しており（子がいる場合には親権者をいず

れにするかについても合意できている），法律的には協議離婚できないわけではないが，財産分与や慰謝料，子の養育費など財産関係での争いがあるため，一方が協議離婚に応じない場合，の3種類があることになります。

　協議離婚について，夫婦2人だけの話し合いで双方が納得する結論が出せれば問題ありませんが，若い夫婦であれば双方の親を，熟年夫婦であれば子どもを巻き込んでの紛争になることも少なくありません。例えば，夫の親と同居している夫婦で妻と夫の親との関係が悪くなり，妻は親と別居してやり直すことを望んでいるにもかかわらず，夫が親の意向に引きずられ離婚を主張するケースなどがあります。また，離婚については合意しており，夫自身は，小さな子どもの養育が難しいことがわかっているにもかかわらず，夫の親が孫の引き取りを強く望んでいるため，その意を汲んだ夫が親権者として養育することを強く主張し，親権者を妻とすることに反対しているため離婚できないというケースも見られます。

　対人援助者が離婚について相談を受けた場合，夫婦が知り合って結婚するまでの経緯や親族関係も含め家族の状況を詳しく聞き取り，親族の意向ではない，当事者自身の真意を確認することが重要になります。

　事例Gのように相手方と話し合いができない場合や，協議したものの①または②のケースで協議離婚ができない場合には，家庭裁判所に調停の申立てをするか弁護士に依頼するのがよいでしょう。なお，上記②の場合に，離婚を焦るあまり自分が実際に子どもを引き取って養育しようと考えているにもかかわらず，相手方を親権者として届け出て離婚を先に成立させるという方法をとることは，子どもにとって好ましくなく，避けるべきです。

　③の場合には，先に協議離婚だけ成立させたうえで財産関係については離婚後に調停等で請求する方が妥当な場合もあります。弁護士に相談してから方針を決めたほうがよいでしょう。

　養育費や子どもとの面会交流，あるいは財産分与や慰謝料などについて合意ができたときは，後日争いが生じないように，合意した内容を書面化しておく必要があります。弁護士に相談するか，公証人役場に行って公正証書を作成しておくことをお勧めします。例えば，子どもが20歳になるまで毎月養育料を支払うという約束をしたのに，後日その支払いをしなくなったというような場合，公正証書を作成しておけば相手の預金や給料などを差押えすることができます。

> **Column ③　訴訟（裁判）と調停**
>
> 　訴訟（裁判）とは，法の定める一定の手続・ルールに基づいて裁判官が，法廷で両当事者から主張（言い分）を聞き，証拠を調べたうえで，どちらの主張が正しいかを法に基づいて判断する（判決を言い渡す）という厳格な手続です（民事訴訟を起こした当事者を「原告」，相手方にされた当事者を「被告」といいます）。実際上，弁護士に依頼しないで手続を進めるのはかなり困難です。
>
> 　これに対し調停は，裁判所で行う手続ですが，訴訟（裁判）とは異なり両当事者の合意による解決を目指す制度です。2名の調停委員（一般市民の中からあらかじめ裁判所が選任します）と裁判官が，当事者から原則として別々に話を聞き，これを他方の当事者に伝えるという方法を繰り返し，適正妥当な解決を目指します。双方が合意すれば裁判所が合意内容を書面（調停調書）にまとめます。
>
> 　双方が合意できなければ調停は原則として不成立で終了しますので，自分が納得していないのに，調停委員の見解や他方当事者の主張に従わされることはありません。
>
> 　誰でも，家庭に関する紛争については家庭裁判所の家事調停を，それ以外の紛争については簡易裁判所の民事調停を利用できます。

(3) 調停手続と調停離婚

　調停というのは，裁判官1名と調停委員2名（離婚など夫婦関係に関する調停については，通常は男女各1名ずつで，裁判所が民間人から選任します）が，非公開の場で当事者双方から別々に話を聴いて，合意による紛争の解決を目指す手続です。公開の法廷で，証拠を出して争う訴訟（裁判）とは全く別の手続です（**コラム③**参照）。

　弁護士に依頼することもできますが，弁護士に依頼しなくても申立てすることが可能で，申立手数料も1件1,200円です（ほかに1,000円程度の郵便切手を納付する必要があります）。離婚を求める側からだけでなく，婚姻関係の継続を望む側から調停を申立てることもできます。そのため，離婚を望む場合もそうでない場合も，「夫婦関係調整調停事件」と呼ばれています（申立てした方を「申立人」，申立てられた方を「相手方」といいます）。

　家庭裁判所に調停申立書を提出して受け付けられると，家庭裁判所は調停期日

を決めて当事者双方に調停期日の通知書（呼出状）を送付します。相手方には同時に調停申立書の写しも送付されますので，どのような申立てをされたかがわかります。第1回目の調停が行われるのは，調停の申立てが受付けられて，1カ月から1カ月半後くらいが多いようです。臨床的対応で後述しますが，対人援助者は調停には同席できませんが，調停前の当事者の不安や調停期日間の揺れ動く当事者の心情を支えることは，適切に調停をすすめるためにとても重要なことです。

　裁判所では調停室内で，申立人と相手方が，原則として同席せず交互に，調停委員に事情や言い分を説明し，また調停委員の質問に答える形で手続が進みます。相手方と同席する場合もありますが，別々の待合室が用意されていて，希望すれば相手方と一切顔を合わさないこともできます。

　調停委員を通した話し合いと調停委員のアドバイスを受けて，最終的に当事者双方が納得のうえで合意すれば，合意した内容を裁判官が直接双方に確認し，これで調停が成立します。当事者が納得していないのに合意することを強制されることはありません。合意した内容については，後日，家庭裁判所が調停調書という書面に記載し，双方に郵送してくれます。調停離婚が成立した場合には，夫婦のいずれかが調停調書を役場に提出して届出します。

　調停調書に記載されたことは判決と同じ効力をもちますので，あとで覆すことはできません。また面会交流や養育費の支払いなど調停で合意したことを他方が約束どおり実行しない場合には，家庭裁判所から相手方に対し，合意したとおりに実行するよう勧告や命令をする制度があります。しかし，面会交流や養育料の支払いに関し，調停成立後，家庭裁判所から勧告等があっても約束を守らない当事者がいるため，対応に苦慮するケースもあります。養育費などの金銭の支払いを約束していたのに履行しない場合には，調停調書に基づいて相手の預金や給料などを差押えすることもできます（この点は判決の場合も同様です）。調停での合意事項が実行されない場合には，法テラス（第1章の**コラム①**参照）を利用するなどして弁護士に相談するのがよいでしょう。

　逆に言えば，調停で決めたことは法的な拘束力が強いので，対人援助者は当事者が調停を通して十分に考えて結論を出すように援助してください。

　調停で合意が成立しない場合には調停不成立となります。調停期日は，調停が成立するか不成立になるまで何回か行われるのが通常です。

(4) 離婚訴訟と離婚原因

調停手続で離婚が成立しなかった場合，離婚を望む側は，家庭裁判所に離婚訴訟（裁判）を提起することになります。離婚訴訟において，裁判所が判決により離婚を認める，すなわち一方の意思に反して離婚させるためには，法が定める以下の①～⑤のいずれかの離婚原因が必要です（民法770条1項）。相手方が反対している以上，単なる性格の不一致というだけでは，離婚できないのです。

① 不貞行為　　夫婦の一方が自分の意思で，配偶者以外の者と性的関係を結ぶことをいいます。

② 悪意の遺棄　　夫婦の一方が正当な理由なく他方を置いて家出する場合や，逆に他方を家から追い出す場合のことをいいます。

③ 3年以上の生死不明　　単に3年以上連絡がないというだけではなく，3年以上生死が不明であることが必要です。

④ 強度の精神病　　夫婦の一方が，回復し難い強度の精神病にかかったときです。もっとも，夫婦には同居・協力・扶助義務がありますので，離婚後の療養看護，生活の見通しなどを考慮したうえで離婚を認めるか否かが判断されます。

⑤ 婚姻を継続し難い重大な理由　　客観的に，夫婦共同生活を継続することが難しいと判断されるような事情がある場合のことです。具体的には，暴行・虐待（DV），重大な侮辱，浪費や不就労，犯罪行為，性的不能や正当な理由のない性交渉の拒否など，様々なケースがあります。

離婚訴訟では，離婚を認めるか否か（上記①～⑤の離婚理由があるか否か），未成年の子どもがいる場合には夫婦のいずれを子どもの親権者に指定するか，を裁判官が判断し，判決を言い渡します。当事者が請求すれば，養育費，財産分与や慰謝料についても裁判官が決定し判決に記載します。

離婚訴訟に関しては，婚姻関係破綻の原因を作った当事者（「有責配偶者」といいます）の側から離婚を請求できるか否かが問題とされています。原則として有責配偶者からの離婚請求は認められませんが，夫婦の別居期間が相当長期間であり，未成熟の子がいない，離婚を認めても他方配偶者が経済的に苛酷な状態におかれることがない，などの事情があれば，認められています。

事例Gのケースでは，別居前日の奏太の言動に問題があったものの，奏太もその非を認めて謝罪しており，これだけでは⑤に該当する離婚理由があるとはいえないように思われます。

離婚訴訟は調停とは異なり，公開の法廷を利用して，法律により定められた一定の手続のもとで行われますし，法廷で当事者本人を尋問することもあるため，弁護士に依頼しないで離婚訴訟を提起したり，提起された離婚訴訟に対応することは実際には難しいといえます。

3 子どもの親権と面会交流

(1) 離婚に伴う親権者の指定

親権とは，子どもの最善の利益を実現するために，未成年の子どもを監護養育する，親の責務（義務）と権限の総称です。

子どもの権利条約は，子どもも大人と同じ人権の主体であること，独立した人格と尊厳をもち大人と同じ権利を有していることを明らかにしましたが，他方，子どもは精神的にも肉体的にも成長発達の途上にあり，子どもだけで，大人と同じように権利を行使することには困難が伴います。そのため親には，この子どもの成長発達権を保障し子どもの人権を擁護する責務があります。子どもの最善の利益とは，成長発達権を含む子どもの人権が保障されることであり，子どもの福祉を実現することだといってよいでしょう。民法では，「親権を行う者は，子の利益のために子の監護及び教育をする権利を有し，義務を負う」と定めています（820条。第1章第2節3(1)参照）。

親権は，①子どもを保護・監督し，子どもを教育することによって心身の成長発達を保障するという身上監護権（単に監護権という場合も多い）と，②子どもの財産を管理し，子どもの財産に関する法律行為について子どもの代理人として契約などを行う財産管理権，の2つに分けられます。

```
              ┌─ 身上監護権（監護権）
  親権 ───────┤
              └─ 財産管理権
```

夫婦に未成年の子どもがいる場合，婚姻中は夫婦共同親権ですが，離婚する際には，協議により，必ず夫婦の一方を親権者と定めなければならず（民法819条1

項），親権者を定めていない離婚届は受理されません（民法765条1項）。

　離婚に際し，いったん親権者を定めても，子の利益のために必要があるときには，家庭裁判所は子の親族（多くの場合は親権者にならなかった親）の請求により，親権者を夫婦のもう一方に変更することができます（民法819条6項）。親権者の変更は必ず家庭裁判所の手続を経る必要があり，調停で合意できなければ，家庭裁判所の裁判官が審判により親権者を変更するか否かを決定します。

　民法には，親権者とは別に監護者を定めることができるという規定がおかれています（766条）。監護者とは実際に子どもを引き取り養育する者のことです。しかし，離婚する場合には，親権者＝監護者であることがほとんどであり，親権者と別に監護者を決める必要はありません（実際に子どもを引き取り養育する者を親権者と定めるべきで，親権者と監護権者が分かれるのは好ましくありません）。

(2) 親権者指定の判断基準と子の意思の尊重

　離婚すること自体は合意しているにもかかわらず，いずれが親権者になるかで意見が対立し，そのために協議離婚できないケースは少なくありません。このような場合には，家庭裁判所の調停において解決を目指すことになりますが，調停が不成立に終わり，離婚を求める側が離婚訴訟を提起すれば，判決の中で裁判官が親権者を指定します。

　親権者決定や親権者変更の判断基準となるのは，子どもの最善の利益です（子どもの権利条約3条1項，民法766条1項，819条6項）。通常は，子どもの意思，子どもの側の事情と親側の事情（表3-1参照）等とを総合的に考慮して決定することになります。

　なお，夫婦の一方が不貞行為をしている場合，相手方から，そのことを理由に親権者としてふさわしくない，と主張されることがあります。しかし，不貞行為のために子どもの監護養育がおろそかになったというような事情がない限り，単に不貞行為があったということだけで，親権者としてふさわしくないという判断がなされることはありません。

　従来から，親権者の指定や変更に際しては，子どもの意思も1つの考慮要素とされてきましたが，他方，子どもに親権者を選択させる結果となるような過度の心理的な負担をかけるべきではないとの考慮もされてきました。

表 3-1 ■子ども側の事情と親側の事情の例

子ども側の事情	子どもの意思，年齢，性別，発育状況，父母や親族との関係性（情緒的な結びつきなど），環境への適応状況など
親側の事情	児童虐待の有無，監護能力，子どもへの愛情・監護への意欲，これまでの監護の状況，心身の状況（健康状態），環境（居住環境や教育環境など），親族など援助者の有無，経済力など

　しかし，子どもの権利条約は，子どもの最善の利益を実現するために，子どもに意見表明権を認めました（子どもの権利条約12条）。すでに述べたとおり，親権が親のためにあるのではなく，子どもの最善の利益，子どもの福祉を実現するためのものである以上，当事者であり，最も影響を受ける子ども本人の意見を聴き，その気持ちを把握し，これを尊重しなければならないのはむしろ当然のことといえるでしょう。そして，子どもの親権に関し相対立し感情的になっている夫婦に対し，子どもの意思を尊重することの必要性・重要性を理解してもらうことは，親のエゴや都合ではなく，一個の人格をもつ子どものために，親として自分たちは何をすべきかを冷静に考えさせることにつながります。

　もっとも，子どもの意見・意思の把握の方法，それをどう評価するかなどは法律家だけで判断できることではなく，また，子どもの情緒面について十分な配慮が必要です。

　2013年1月から施行されている家事事件手続法では，親権者の指定や変更，親権喪失など未成年の子がその結果により影響を受ける調停や審判などの手続においては，子どもの年齢に関係なく，家庭裁判所は子の意思の把握に努め，子の年齢及び発達の程度に応じてその意思を考慮しなければならない，と定められました（家事事件手続法65条）。そして，子どもが15歳以上の場合には，家庭裁判所は，子どもの陳述を聴かなければなりません（家事事件手続法152条2項，169条など）。

　子どもの陳述を聴いたり子どもの意思を確認したりする方法としては，家裁調査官が裁判所内の児童室などで，子の年齢及び発達状況に応じた方法で子どもの話を聴くなどして，子どもの意思を確認することが一般的です。この際には，親の同席を認めないのが通例です。

(3) 子どもと親との面会交流

　子どもを直接養育していない親が，子どもと直接会ったり，手紙や電話などで連絡を取り合うことを面会交流といいます。児童虐待があった場合など子どもの利益を害する場合を除き，離婚後も親子の交流が維持されることが子どもの健全な成長発達にとって必要かつ有益であると考えられています。したがって，面会交流は子どもの権利ですが，しかし子どもの義務ではありません（子どもの権利条約9条3項）。民法は，協議離婚に際し，「父又は母と子との面会及びその他の交流」について必要な事項を協議で定める，と規定しています（民法766条1項）。

　子どもを養育していない親（「非監護親」といいます）は，養育している親（「監護親」といいます）に対して，子どもと面会交流できるように対応して欲しいと要求することができます。しかし，面会交流は子どもが健全に成長発達するために認められるものですから，面会交流に関する事項を定める際も，親の思いや都合ではなく，子どもの利益が最も優先して考慮されます（民法766条1項）。面会交流の回数や時間，子どもの受渡しの方法などについても，双方の協議や調停で合意するか家庭裁判所の審判により具体的に決定されない限り，非監護親は，監護親の反対を押し切ってまで子どもと会う権利はないと解釈されています。したがって事例Gの場合でも，奏太は，子どもと面会したいからといって，合意もないまま律子の実家に押しかけて，いきなり子どもとの面会を求めるなどということはできません。

　面会交流が問題となる場面としては，次の①〜③の場合があります。
① 婚姻関係が継続中で別居している夫婦の場合。
② 離婚する際には面会交流のことを何も決めておらず，離婚後に面会交流をしたいと考えた場合。
③ 離婚の際に面会交流の約束をしていたにもかかわらず，相手がその約束を守らない場合。

　以上のいずれの場合も，家庭裁判所に面会交流の調停を申し立てることができます。最高裁判所の司法統計年報によれば，子どもの面会交流に関する調停事件の申立件数は，1998年には1,696件でしたが，2003年には4,203件，2013年には1万762件，2017年には1万3,161件と急激に増加しています。もし調停でも

合意できなければ，審判によって，裁判官が，面会交流を認めるか否か，認める場合はその方法や回数などを決定します。

家庭裁判所は，面会交流の実現が子の利益に反する場合や子の福祉を害する特段の事情がある場合を除き，原則として積極的に面会交流を認める判断をする傾向にあります。

面会交流が禁止・制限される典型的な例としては，児童虐待があった場合や面会時に子どもを連れ去る恐れがある場合などがあります。夫婦間にDVがあった場合（これは子どもに対する心理的虐待に該当します）も面会交流禁止・制限の理由となることがあります。しかし，いずれかの親が再婚したというだけでは面会交流を拒否する理由になりません。

面会交流に際しても，子どもの意思が尊重されます。外形的に見て子どもの福祉を害する事情が認められないにもかかわらず，子どもが面会交流を拒否する場合があります。このようなケースでは，子どもが意識的にあるいは無意識的に，現在養育してくれている親に配慮（遠慮）している場合や，面会することで両親の葛藤が高まることを恐れている場合などが考えられます。しかし，なかには性的虐待を受けていたにもかかわらず表面化していないというケースもありますから，慎重な配慮が求められます。

なお，養育費の支払いの有無と面会交流の可否は必ずしも連動していません。養育費を支払っていても面会交流が認められないことはありますし，経済的な事情で養育費が支払えなくても面会交流は認められます。しかし，支払えない事情がないにもかかわらず支払っていない場合に面会交流を要求するのは，権利の濫用だと判断されたケースもあります。

離婚や親権の帰属をめぐって激しい争いがあった場合，スムーズな面会交流の実施は困難になります。このような場合，対人援助者は，離婚をめぐる紛争で一番傷ついている子どもの気持ちを親が再認識し，たとえ親同士は感情的に対立していても，子どもが双方の親に対してもっている思いをくみ取り，将来にわたる子どもの健やかな成長発達のために，円滑な面会交流が実現できるよう働き掛けていくことが重要です。

(4) 養 育 費

親は，親権者か否かにかかわらず，子どもを扶養する義務を負います（民法877条1項）。この扶養義務は離婚後も変わりませんので，子どもを育てていない親は，子育てをしている親に対し，自らの収入に応じ，養育費を支払う義務を負います（婚姻中の別居期間中は「婚姻費用」の中に養育費に相当する分が含まれています）。民法は，協議離婚に際し，「子の監護に要する費用の分担その他の子の監護について必要な事項は，その協議で定める」と規定しています（民法766条1項）。養育費は，原則として子どもが20歳になるまで支払い義務を負いますが，大学を卒業するまで養育費を支払う例もあります。

養育費の額について合意できないときは，前述の「養育費・婚姻費用算定表」に基づき，それぞれの収入，子どもの数・年齢などに応じて算定されるのが一般的です。この算定表中の表3「養育費・子2人表（第1子及び第2子0～14歳）」によれば，**事例G**の場合，子どもの年齢が5歳と2歳，奏太の年収が税込み450万円，律子が無収入であれば，毎月奏太が律子に支払う養育費は，7～8万円程度になります。

養育費の額は，子どもの状況や父母の資産，収入その他一切の事情を考慮して決めるものであり，また支払いが長期間にわたるものですから，離婚の際に合意していてもその後に事情の変更があれば，いずれの親からも，金額の変更（増額や減額）を請求することができます。ただし，一方的に変更できるのではなく，相手と合意するか，調停の申立てをする必要があります。

4 離婚に伴う財産給付

(1) 財 産 分 与

離婚する場合には，夫婦が婚姻後に築いた財産の清算をする必要があります。離婚する際，あるいは離婚成立後2年以内であれば，夫婦の一方は，相手方に対し，婚姻後離婚するまで（厳密には別居するまで）に増加した財産の分与を請求することができます（民法768条）。これを財産分与請求権といいます。

財産分与の割合は，通常は2分の1とされています。つまり，婚姻後離婚する

までに築いた財産を離婚時に半分ずつ取得する，という考え方です。

婚姻中に夫婦が協力して築いた財産の清算ですから，夫婦いずれの名義であっても財産分与の対象になりますが，婚姻前から所有している財産および婚姻後に相続や贈与で取得した財産は財産分与の対象になりません。

財産分与の方法や額は，夫婦の協議で定まらなければ，調停を申し立てることになります。

(2) 慰謝料

離婚する際，婚姻関係破綻の原因を作った方は相手方に慰謝料を支払う義務があります。慰謝料の金額は，不貞・暴力・浪費などの破綻原因，婚姻期間，子どもの有無など様々な事情を考慮して決められます。協議や調停でも合意できない場合には，訴訟手続（裁判）で請求する必要があります。

財産分与や慰謝料は法的な問題ですから，対人援助者は当事者に，法テラスを利用するなどして一度は弁護士に相談してみるように促してください。

第3節　臨床的視点と援助的アプローチ

1　離婚に直面した夫婦への臨床的援助

(1) 夫婦関係の悪循環

対人援助者が離婚に直面した夫婦に対応する場合，対立する当事者のものの見方の特徴を理解しておくことが大切です。離婚に限らず紛争の渦中にいる当事者は，例外なく「問題の原因は相手にある」と言います。当たり前のようですが，相手を責めるから紛争になるわけです。DVなど相手に一方的な原因がある場合を除いて，例えば性格の不一致などの場合は，自らの非も少しでも認めることができれば，解決につながることもあります。

例えば，離婚問題を起こしている**事例G**の夫婦に見られるような言い争いがよく起きます。

妻 「私は,子どもの世話で一日中くたくたで休みもないのに,あなたは仕事帰りにお酒を飲んでいい気分になって夜遅く帰ってくるだけじゃない。休日も子どもの世話をしないで遊んでいるだけじゃないの。夫婦不和の原因は夫にある！」

夫 「俺が毎晩夜遅くまであくせく働いて帰るのに,子どもの世話もせずに自分だけ早くから寝ている。お前は,妻としても母親としても失格だ。夫婦不和の原因は妻にある！」

双方の話を聞くと,どちらの言動も夫婦不和の原因と結果になっており,それが関係の悪循環を起こしていることがわかります。夫婦の不和の多くはどちらに原因があるというより,夫婦の関係の悪循環が問題なのです。第1章で詳述したように,ある問題を含む親子や夫婦などの家族関係を円環的な連鎖作用として捉えると,夫婦の紛争や家族の問題は相互関係の悪循環の1つの表れとして理解することができます。これが離婚紛争など対立する当事者の問題についての臨床的な見方の1つです。

しかし,離婚紛争の渦中にいる夫婦はその悪循環が見えないため,夫婦関係が歪むとその原因を相手に帰属させようとします。それがさらに関係の悪循環を強めて,夫婦不和をエスカレートさせ飽和点に達したときに離婚に至ってしまいます。**事例G**では,律子の親が奏太に離婚を考えているという電話連絡をする前に,対人援助者が双方に適切な介入と調整をすれば紛争は激化せずに済んだかもしれません。そこで,対人援助者に求められることは,家庭裁判所に離婚調停を申し立てる前にお互いに十分に話し合うことを勧めることです。

その際,離婚に直面した夫婦への臨床的援助の要点は,どちらが悪いのかという夫婦不和の原因をつきとめてそれを指摘するのではなく,お互いに相手の視点から問題を見るように促して,両者の関係の悪循環に気づかせることです。すると,今まで相手ばかりを責めていた夫婦が自分にも非(改める余地)があったことを徐々に理解していきます。このことは後述する,子どもを巻き込んだ紛争(子どもの奪い合い,面会交流の紛争)の解決にもつながることです。

(2) 家庭裁判所に申し立てるときの留意点

わが国の離婚は，第2節2で見たように，協議離婚が約87％，調停離婚が約10％，裁判離婚は約3％です。しかし，一般の方々は調停離婚と裁判離婚の違いをよく知らないため，当事者の一方が家庭裁判所に離婚調停を申し立てると，相手方のほとんどが「裁判に訴えられた」と受けとめて一気に態度を硬化させてしまいやすいのです。もちろん調停委員が家事調停の意味を説明したり，家裁調査官が関与して調整したりしますが，最初のつまずきが解決を困難に陥らせることになりかねません。

対人援助者は，(1)で解説したように，調停離婚と裁判離婚の違いを事前にわかりやすく説明したり，調停の進行にそって当事者の不満やストレスを十分に受けとめることが求められます。経験が豊かな弁護士が双方の代理人になれば，無用な対立を避けて適切な解決をはかるために，当事者の了解を得て弁護士同士で調整することもあります。しかし，最近の若手の弁護士の中には，すぐに法律や判例をもとに対立する傾向もあるようです。調停離婚で離婚裁判のように法的な議論に終始すると，離婚の原因はどちらにありどれだけ悪いのか，という双方の非難の応酬になってしまうといっても過言ではありません。そのため，どちらに軍配があがっても，結果としてお互いが傷ついてしまうことになってしまいます。

2 親権者の決定に関する臨床的視点

(1) 子どもの最善の利益

親権者をどちらにするかで争いがある場合，当事者だけで決めずにできるだけ家庭裁判所の調停を利用することをお勧めします。家庭裁判所の調停で決めることの利点は，法的事項を踏まえつつ当事者の話し合いをもとにしながら，子どもがどちらの親のもとで育てられることがより適切か，専門的な知見から解決することができるからです。また，第2節で述べたように，面会交流の具体的方法や養育費についても併せて決めることもできます。対人援助者が相談場面などで親権者をどちらにすることがよいのかアドバイスするときもあると思います。そのときは次に述べるように，親権者を決定するための家裁調査官による調査事項が

参考になります。

　ただしその前提は,「子どもの最善の利益」が基準になるということを忘れないようにしてください。「子どもの最善の利益」ということを臨床の観点から簡潔にいうとすれば,子どもの発達段階に応じた視点から見て,その子どもが何を必要としているのか,子どもが心身共に健康に育つためには何をしてはいけないのか,ということです。

　往々にして,対立する両親が「子どもの最善の利益」というと,双方が「私に育てられることが子どもの最善の利益だ」と主張します。それについて第三者が考えるときに陥りやすい誤りは,どちらに育てられることがよいのかという比較をしてしまうことなのです。一見当たり前のことのように思われるかもしれませんが,これは子どもの視点から見ているのではなく,双方の親の立場から見て述べていることにすぎないのです。両親が対立していること自体が,子どもの最善の利益を損なっている,子どもの健全な発達を阻害している,といえるのです。

　対人援助者としてこの重要な前提を踏まえたうえで,親権者を考えるための具体的確認事項について留意点をまとめておきます。

(2) 親権者に関する具体的確認事項と留意点

　確認することは,第2節の3(2)で記載したように,子ども側の事情と親側の事情です。離婚後の父母の状況として,法的には就労,経済状況,住居の状況,監護補助者の有無などの客観的状況が重要になりますが,対人援助者としては,子どもの状況として,年齢,性別,心身の発育状態,子どもの意向など,子どもの発達段階に伴う状態を見極めることが必要です。

　兄弟姉妹を分けることは基本的には不適切です。なお,夫婦の別居期間が長い場合や離婚後数年経過してから親権者を変更する場合は,子どもの生活状態の現状維持を考慮しなければならない場合もあります。

　「子どもの意向,意見」をどのように確認するかということはとても難しいことです。確認するための前提は,子どもはどちらの親も必要としている,ということを基本にしてください。「お父さんとお母さんのどちらよいか?」と尋ねることは,愚問であるばかりか,それを表明させようとすること自体が子どもの心の傷になりかねません。一般的には,子どもが親を比較できるのは思春期以降と

されています。「子どもの意見」といっても，親の比較だけをいうのではなく，親が対立していることについての意見，子どもなりの解決の提案や気持ち（例えば「ケンカをやめて」）などを聴くことのほうが適切だと思います。

そして，対人援助者としてさらに重要で困難なことが，親子の「愛情」とは何か，将来にわたって変化する親子の「関係」をどう捉えるかという，まさに臨床に関する事項です。それらについてここで簡単に述べることはできません。ただし，「愛情」や「関係性」を把握することは不可能だとして，上記のような，父母，子どもの客観的状況だけで判断することは好ましくありません。外見だけでは肝心の生身の子どもと親について深く理解をすることができなくなるからです。なお，対人援助者は，自分自身の生育歴を顧みて，親子関係がどうだったか，親子の「愛情」についての価値観がどうであるかを自覚しておくと，援助の際の偏りを防ぐことができます。

3 面会交流に関する臨床的視点

(1) 面会交流の重要点

面会交流の争いでは，非親権者は「自分の子どもに会うことがなぜいけないのか。親が子どもに会うことが子どもの幸福につながる。相手方はそれを拒否することはできない」と主張。親権者は，「相手と会うと子どもは情緒不安定になる。子どもの親権者の責任として，相手と子どもを面会させることはできない」と親権を強調して反論するという対立になりがちです。

親権者の決定に関する臨床的視点の前提で述べたように，面会交流での対立でも双方の理屈は，非親権者が子どもと面会すること，しないことのどちらが子どもの利益（幸福）になるのか，という言い合いになってしまいますが，臨床的な視点からすれば，両親が子どもの面会について争い，対立すること自体が，子どもの利益に反しているのです。子どもは親を内在化（自己に取り入れること）しながら，人格を統合して成長していきます。すると，両親がお互いの欠点を指摘して非難するということは，それぞれの親の否定的な面が強調されて子どもに取り入れられてしまうということになるからです。子どもの発達段階に大きな悪影響を及ぼします。

面会交流とは，親の都合や気持ちで決めるものではなく，あくまでも子どもの利益に沿うようにすることです。したがって夫婦関係は破綻して他人になったとしても，双方ともに子どもの父親，母親として歴然とつながっているということを理解してもらうことが必要になります。双方が子どもの面会交流で言い争っているのであれば，子どもの親としてのお互いの存在を認めることが，子どもの真の愛情につながるということを伝えることが求められます。

(2) 面会交流を適切にするためのアプローチ

面会交流の紛争解決においては，ただ単に法的な規範を示したり，正しい対応をアドバイスしたりするだけは解決しません。適切な面会交流を実現させるための，元夫婦の関係の調整と子どものケアを同時に進めていくことがポイントになります。

元夫婦の関係の調整の重要性を説明します。

例えば，子どもと同居している母親が「再婚した相手といる父親と会うと子どもが不安定になるから面会は不要だ」と主張し，別居している父親は「子どもは母親だけだといつまでも親離れできず不安定になるから父親との面会は必要だ」と主張したとします。この争いを第1章で詳述したように，両者の主張を臨床的視点として重要な図1-7の円環論を導入すると図3-3のようになります。

このように見ると，父親と母親のいずれもが子どもを不安定にしているということがわかります。言い方を変えると，対立している元夫婦の関係が子どもを不安定にしているのです。したがって，子どもを安定させるためには，元夫婦である両者の対立を調整しなければならないということになります。

このような対立する元夫婦には次のようなアプローチをしますが，援助の基本はあくまでも個別のケースによって異なるということを前提にしてください。

まず，両者の主張の内容はともかく，父親・母親ともに子どもの状態を心配しているという，子ども対する思いを十分に受けとめてください。それだけでも少し冷静に事態を考えることができるようになります。すると，今まで子どもをめぐって対立していた両者が，共に子どもを思っているという点で一致している（思いを共有している）という関係に意味づけることができます。離婚して他人になった両者ですが，子どもを通してお互いに歴然とつながっているのだ，という

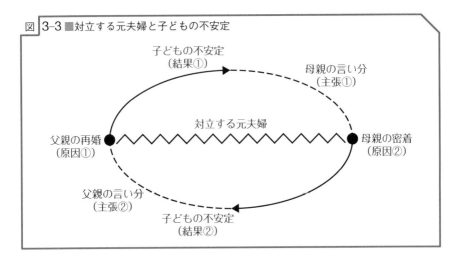

図 3-3 ■対立する元夫婦と子どもの不安定

ことに気がつくように働きかけてください。

　つまり，母親としての一方的主張，父親としての一方的主張，に終始するだけであった両者に抜け落ちていたのが，「子どもの両親としての関わり」なのです。面会交流の紛争という「母親－子ども」と「父親－子ども」という二者関係同士の対立構造を，「母親－子ども－父親」という三者関係に変化させることが秘訣です。

　このように両者の関係が調整できれば，次に「合同面接」をすることが可能になります。合同面接とは，対立する（していた）当事者を一緒にして面接をすることをいいます。もちろん暴力や暴言が予想されるときは実施しませんが，今まで別々に一方的な意見を述べていた当事者が同席して面接をすることは，解決のために有効な方法です。

　次の場面は，事例 G の夫婦が久しぶりに顔を合わせた合同面接の場面を想定したものです。今まで相手を非難し言い争いを続けていた当事者ほど，両者が向かい合うと気まずそうにしながらも，お互いの立場に少しずつ理解を示し歩み寄っていくことが多いものです。

事例 G′

お互いに気まずそうな表情をして向き合った両者を対人援助者は見守りまし

第1部　家族に関わる法と臨床的対応

た。
　父親（奏太）が「元気か」とポツリと言うと，母親（律子）も「あなたこそ」と応えました。
　援助者は，「子どもさんのことでいつも別々ですれ違ったままだったので，是非この場で，子どもさんの『ご両親として』これからのことをご相談していただきたいのです」と，「両親」という言葉を強調しました。
　奏太と律子のそれぞれの言い分は基本的には変わりませんでしたが，今までのように相手をただ非難したり一方的な主張をしたりするような強硬な態度にはなりませんでした。

4　合同面接を経た「試行面接」の実施

　「試行面接」とは，家庭裁判所の調停などで親権者決定の参考にするために，父親，母親それぞれと子どもの交流場面を，別室で調停委員や家裁調査官が観察するものです。家庭裁判所では「児童室」や「家族面接室」というワンウェーミラーのある部屋で行っています。試行面接の対象児童のために，部屋にはさまざまな玩具や絵本などが置かれています。
　下記は**事例 G** について試行面接を想定した場面です。

事例 G″

　家庭裁判所の家族面接室で久しぶりに長女（5歳）と長男（2歳）は父の奏太と会いました。
　長男は「おとうちゃ～ん」と大きな声をだして父にまとわりつきましたが，長女ははにかんでもじもじとしていました。
　奏太は2人の子どもに絵本を読んであげました。彼の絵本の読み方はお世辞にも上手とはいえず棒読みでした。最初はおとなしく聞いていた2人ですが，長男はすぐに飽きて父に「キーック」と言って飛び付き出しました。
　奏太は「本読みは俺も嫌いや」と言って，部屋にあったゴム風船をつかってバレーボールごっこをやり始めました。学生時代バレーボールの選手だった奏太はさすがに上手く，両手，両足，頭と顔で2人の風船を受け続けました。子ども

第3節　臨床的視点と援助的アプローチ

> たちは狭い部屋の中で大はしゃぎでした。
>
> 次に，律子が子どもたちに絵本を読んであげました。律子は身振り手振りを交えて，声のトーンも場面に応じた抑揚でぐんぐん2人を引きこんでいきました。母の子どもに対する関わり方は，まさに子どもを包み込んでいるような感じでした。
>
> それぞれの子どもに対する関わり方の違いはあっても，両親の子どもへの愛情を十分に感じさせるものでした。
>
> 試行面接を観察していた調停委員が，「まさに父親と母親ですな」といみじくも語った言葉が印象的でした。

　もちろん実際はこうした試行面接になるとは限りませんが，経験的には，試行面接を行うことによって，両者はそれぞれの主張を大きく譲歩していきます。ここまでくれば，以前のようにお互いを非難するような言動は少なくなり，母親，父親として最愛の子どものための適切な面会交流をするために，両者は膝を突き合わせて話し合っていくようになります。「子どもは父親と会いたがらない」「母親は子どもに密着し過ぎる」といった，それぞれの思い込みが解消したり，子どもの親に対する心情を理解することにもつながっていきます。

　試行面接はワンウェーミラーがなくても，広めの部屋やカウンセリングルームでも実施することが可能です。双方の弁護士と対人援助者が協働して弁護士事務所などで実施することもできます。ただし，試行面接後に，子どもは別居している親と離れてしまうことになることがストレスになりますので，対人援助者は子どものケアを十分にしてください。

第4章 高齢者虐待

第1節 高齢者虐待の理解と対応の基本

1 高齢化の現状

わが国の高齢化率（65歳以上の高齢者人口が総人口に占める割合）は，表4-1と図4-1に見られるように，2017年に27.7％でした。そして今後も増加を続けて，2065年には，2.6人に1人（38％）が65歳以上，4人に1人が75歳以上になると推計されています（内閣府『平成30年版高齢社会白書』）。

高齢社会における高齢者虐待の問題はすでに深く進行していますが，児童虐待に比べて社会的認知度はまだ低いのが現状です。第2節でくわしく見ますが，2006年に施行された高齢者虐待防止法では，高齢者虐待を，①養護者による高齢者虐待と，②養介護施設従事者等による高齢者虐待とに分けています。ここでは，①の養護者による高齢者虐待に即して簡単に説明しておきます。

2 高齢者虐待防止法の特徴

高齢者虐待防止法は，正確には「高齢者虐待の防止，高齢者の養護者に対する支援等に関する法律」といいます。同法では「高齢者」とは65歳以上の者とし，「養護者」とは，高齢者が在宅している場合の生活を共にする家族，同居人等で

表 4-1 ■高齢化の現状

	人口（万人）			構成比（％）		
	総数	男	女	総数	男	女
総人口	12,671	6,166 (性比) 94.8	6,505	100.0	100.0	100.0
65歳以上人口	3,515	1,526 (性比) 76.7	1,989	27.7	24.8	30.6
65〜74歳人口	1,767	843 (性比) 91.2	924	13.9	13.7	14.2
75歳以上人口	1,748	684 (性比) 64.2	1,065	13.8	11.1	16.4
生産年齢人口 (15〜64歳)	7,596	3,841 (性比) 102.3	3,755	60.0	62.3	57.7
年少人口 (0〜14歳)	1,559	798 (性比) 104.9	761	12.3	12.9	11.7

（出典）内閣府『平成30年版高齢社会白書』表1-1-1（総務省「人口推計」2017年10月1日確定値）。
（注）性比は、女性人口100人に対する男性人口。

図 4-1 ■高齢化の現状

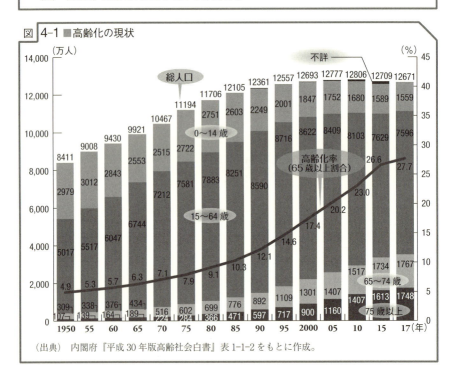

（出典）内閣府『平成30年版高齢社会白書』表1-1-2をもとに作成。

す。

　高齢者虐待防止法2条4項は，養護者による高齢者に対する虐待とは次の行為を指すとしています。

　① 身体的虐待：高齢者の身体に外傷を生じさせたり，そのおそれのある暴行を加えること。
　② 介護・世話の放棄・放任：高齢者を衰弱させる減食，長時間の放置等，養護を怠ること。
　③ 心理的虐待：暴言，拒絶的な対応，心理的外傷を与える言動。
　④ 性的虐待：わいせつな行為をしたりさせたりすること。
　⑤ 経済的虐待：高齢者の財産を不当に処分したり，高齢者から不当に財産上の利益を得たりすること。

　高齢者虐待には⑤の経済的虐待行為があることが特徴で，成年後見制度——判断能力の低下した人に対して，その本人の代わりに預貯金，不動産など財産の管理や契約などの法律行為などをする仕組み——などによって援助しています。

　高齢者虐待の問題への対応の特徴は，高齢者虐待防止法の正式名称である「高齢者虐待の防止，高齢者の養護者に対する支援等に関する法律」に端的に示されているように，虐待されている高齢者本人の保護や支援を行うだけではなく，高齢者の養護者であるその家族等も同時に支援の対象にしているということです。

　さらに，高齢者虐待への取組みは，地域包括支援センターなどを中核として，地域住民，介護事業者や医療機関，関係専門機関などの社会的ネットワークの中で，虐待をする養護者に対して同意と説得に基づく福祉的支援の強化による対応を図ることを目指しています。

　したがって，虐待した養護者をただ単に罰したり排除したりすることが目的ではありません。養護者の課題や虐待の要因を軽減したり緩和したり，家族関係の歪みを修復したりしなければなりません。その意味において，家族臨床と法の高齢者虐待防止法にのっとった適切なアプローチが，対人援助者に要請されているともいえるでしょう。

第2節 法の視点と対応の原則

事例 H

① 愛子（現在 75 歳）は，夫との間に 2 人の子をもうけ，専業主婦として子育てと家事に専念してきた。年齢相応に足腰が弱ってきたが，生活は自立していた。

② 同居している長男の忠男（42 歳）は，30 代で結婚したものの，間もなく離婚し，以後独身のまま，両親との同居生活を続けてきた。いくつかの職場を転転とし，現在は契約社員として働いている。愛子の収入は年金だけであるが，サラリーマンだった夫の退職金の残りを含め若干の貯蓄があり，忠男も生活費を分担していた。長女の幸子（45 歳）は結婚して，夫，子どもと遠隔地で安定した家庭生活を送っている。

③ ところが愛子は，2 年前に夫を亡くしてから気力を失い，日中も家でボーっとすることが多くなり，やがて物忘れや判断能力の衰えが目立つようになってきた。それまでは，忠男が職場に持って行く弁当作りを含め，食事の用意をはじめ忠男の身の回りの世話は全て愛子がしてきたが，それが十分にできなくなってきたこともあり，忠男は，愛子に対し，「ボケ！」「役立たず！」などと大声で罵るようになった。愛子が食事も作らなくなったので，忠男は，昼・夜は外食で済ませ，勤め帰りにコンビニ弁当を買ってきて愛子に与えているが，愛子はあまり食べず徐々に痩せていった。愛子は，入浴も週 1～2 回程度，それも忠男に風呂場まで無理やり連れて行かれてようやく風呂に入るという状態だった。

④ 忠男の愛子に対する怒鳴り声がしばしば戸外にまで聞こえるようになったこと，また，所定の日にきちんとゴミ出しをしていた愛子の姿が全く見えなくなったことから，心配した隣人が自治会長に相談した。相談を受けた自治会長は地域の民生委員に事情を話し，昼間 2 人で家を訪問してインターホンを鳴らしたり，大声で呼びかけたりしたが応答がなかったので，翌朝，忠男の出勤

前に訪問して忠男に愛子の様子を尋ねた。忠男は，「母は体調がすぐれないので最近外に出ていないが，食事もとっているしテレビを見るなどして過ごしている。私がちゃんと面倒見ている。何かあればすぐに医者に連れて行くので，よそ様に心配してもらわなくて結構だ」と述べた。しかし，愛子は姿を現さず，家の奥を窺うと奥の部屋はごみの山になっているようだった。

⑤　自治会長と民生委員は，市役所の高齢者相談窓口に連絡した。市役所の担当部局では，高齢者虐待の疑いがあるケースであると判断して，愛子の長女幸子に連絡をとることを含め，この家庭に関する情報収集とケース会議の開催を決めた。

1 高齢者虐待とは

(1) 高齢者虐待防止法の目的と高齢者の権利擁護

　高齢者虐待防止法1条は，「高齢者の尊厳の保持にとって高齢者に対する虐待を防止することが極めて重要であること等にかんがみ」，「高齢者虐待の防止，養護者に対する支援等に関する施策を促進」し，「高齢者の権利利益の擁護に資すること」が，この法律の目的であると定めています。

　では，高齢者虐待防止法が目的としている高齢者の権利擁護とは具体的にどのようなことを指すのでしょうか。

> ▶日本国憲法
> 第13条　すべて国民は，個人として尊重される。生命，自由及び幸福追求に対する国民の権利については，公共の福祉に反しない限り，立法その他の国政の上で，最大の尊重を必要とする。

　憲法13条は，個人の尊厳の保障と幸福追求権を認めています。すべての人は，基本的人権を有する個人として，年齢・性別・障害の有無などに関わりなくその尊厳を保ちながら，安心安全な場所で生活する権利，そして自分のことは自分で決定することができる権利（自己決定権）を有しています。高齢になって判断能

力に衰えが生じても，それまで自分なりの人生を歩んできた1人の人間として，その人の価値観，人生観に基づいて自分なりの生き方を選択できるように，その人の意思を尊重することが重要です（成年後見制度の利用の促進に関する法律3条1項参照）。

　高齢者虐待防止法が目的としている高齢者の権利擁護とは，高齢者が個人の尊厳を保持しながら，安心安全な場所で，その人らしく最期まで生活することができるように，高齢者本人の意思（自己決定権）を十分尊重し，その人の最善の利益を実現するために支援すること，といってよいでしょう。

　もっとも，実際のケースでは，何が本人の最善の利益なのかの判断に迷うこともあります。「児童虐待」のケースでは，子ども本人の意思よりも客観的な立場でその子どもの福祉を図ることを重視して，子どもの最善の利益を考えます。一方，「高齢者虐待」の場合には，本人の意思（希望や好み・好悪の感情，判断能力を喪失している場合には判断能力喪失前の意思も含む）を尊重して本人の最善の利益を考える必要があります。したがって，高齢者自身の意思の表出を支援することが重要ですが，高齢者は，家族等に対して「お世話になっている」という思いが強いため，自分の希望・本意を表すことが難しい場合があるという点を理解しておく必要があります。

　高齢者虐待防止法は，高齢者を援助すべき立場にある者（養護者と養介護施設従事者など）による虐待が高齢者の尊厳を著しく害する人権侵害であり，高齢者虐待を防止し高齢者の権利を擁護するためには，養護者への支援もまた必要かつ重要であることを明らかにしています。

(2) 高齢者虐待とは何か

法の定める高齢者虐待とは

　高齢者虐待防止法は，① 養護者による高齢者の虐待と，② 施設・介護サービスを受ける高齢者に対する養介護施設従事者等による虐待，の2種類の虐待について，章を分けて規定しています。

高齢者虐待 ─┬─ 養護者による高齢者虐待（2条4項，第2章）
　　　　　　└─ 養介護施設従事者等による高齢者虐待（2条5項，第3章）

第1節で説明したように，高齢者虐待防止法の対象となる高齢者とは65歳以上の人を指します（2条1項）が，もちろん65歳未満の人に対する虐待が許されるわけではありません。

　「養護者による高齢者虐待」における養護者とは，高齢者を現に養護する者（2条2項）と定義されていますので，親族である必要はなく，同居の有無も問いません。食事や介護，金銭の管理や自宅の鍵の管理などその高齢者の日常生活において何らかの世話をしていれば，同居していなくても養護者に該当します。ただし，養介護施設従事者等は「養介護施設従事者等による高齢者虐待」の対象となるので養護者には該当しません。

　一方，「養介護施設従事者等による高齢者虐待」とは，老人福祉法及び介護保険法上の養介護施設（老人福祉施設，老人ホーム，地域包括支援センターなど），または養介護事業（老人居宅生活支援事業，居宅サービス事業，地域密着型サービス事業など）の業務に従事する者による虐待のことです。

虐待の類型

　高齢者虐待には，①身体的虐待，②介護・世話の放棄・放任（ネグレクト），③心理的虐待，④性的虐待，⑤経済的虐待，の5類型があり，その具体例は表4-2のとおりです。

虐待の判断基準

　高齢者虐待に該当するか否かは客観的事実に基づいて判断します。養護者に虐待を行っているという自覚があるか否か，高齢者本人に虐待されているという認識があるか否かは，虐待か否かの判断に影響しません。

　例えば，養護者に介護に必要な知識や体力，時間，経済力などがないため，結果として十分な介護ができていないようなケースで，「養護者は一所懸命介護しているから虐待とまではいえない」と判断してはいけません。虐待の有無は飽くまで客観的に，不適切な取扱いにより高齢者の権利利益が侵害されているか，高齢者の生命・健康・生活が損なわれるような状態に置かれているか，という観点から判断しなければなりません。虐待と判断することは，養護者に何らかのペナルティを与えるためのものではなく，高齢者と養護者の双方を支援するためのきっかけとなるものだからです。

　虐待に該当するか否かの判断は，最終的に市町村の責任において行います。

表 4-2 ■虐待の類型の定義と具体例

	定 義	具体例
身体的虐待	暴力的行為で，痛みを与えたり，身体にあざや外傷を与える行為。 本人に向けられた危険な行為や本人の利益にならないのに苦痛を与える行為を強制したり，敢えて乱暴に取り扱う行為。 外部との接触を意図的，継続的に遮断する行為。	医学的判断に基づかない痛みを伴うようなリハビリを強要する。 無理やり食事を口に入れる，など。[1]
介護・世話の放棄・放任（ネグレクト）[2]	意図的であるか，結果的であるかを問わず，介護や生活の世話を行っている者が，その提供を放棄または放任し，高齢者の生活環境や，高齢者自身の身体・精神的状態を悪化させていること。 専門的診断や治療，ケアが必要にもかかわらず，高齢者が必要とする医療・介護保険サービスなどを，周囲が納得できる理由なく制限したり使わせないこと。 同居人等による高齢者虐待と同様の行為を放置すること。	入浴しておらず異臭がする，髪や爪が伸び放題だったり，皮膚や衣服，寝具が汚れている。 室内にごみを放置する，冷暖房を使わせないなど，劣悪な住環境の中で生活させる，など。
心理的虐待	脅しや侮辱などの言語や威圧的な態度，無視，嫌がらせ等によって，精神的苦痛を与えること。	老化現象やそれに伴う言動などを嘲笑したり，それを人前で話すなどにより高齢者に恥をかかせる，怒鳴る，ののしる，悪口を言う。 排泄交換をしやすいという目的で，本人の尊厳を無視してトイレに行けるのにおむつをあてる，など。
性的虐待	本人との間で合意が形成されていない，あらゆる形態の性的な行為またはその強要。	排泄や着替えの介助がしやすいという目的で，下半身を裸にしたり，下着のままで放置する，など。
経済的虐待[3]	本人の合意なしに財産や金銭を使用すること，本人の希望する金銭の使用を理由なく制限すること。	日常生活に必要な金銭を渡さない，使わせない，年金や預貯金を無断で使用する，入院や受診，介護保険サービスなどに必要な費用を支払わない，など。

(注) 1) 徘徊しないようにベッドにひもで縛る，自分の意思で開けることができない居室等に隔離するなどの身体拘束も，以下の3要件がすべて認められる緊急やむを得ない場合以外は身体的虐待に該当します。切迫性（本人または他の者の生命身体が危険にさらされる可能性が著しく高く，身体拘束しなければならない切迫性がある）。非代替性（身体拘束以外にこれを防ぐ方法がない）。一時性（身体拘束が一時的なものであること）。
2) 判断能力の衰えた高齢者が本来必要な支援を拒否しているためその人自身の人権が侵害されている場合，「セルフネグレクト（自己放任）」と呼ばれています。高齢者虐待防止法の対象外ですが，法の趣旨に則った対応が必要と解されています。
3) 経済的虐待の場合に限って，養護者ではない親族が行う行為も高齢者虐待に該当します（高齢者虐待防止法2条4項2号）。

(出典) 厚生労働省「高齢者虐待・擁護者支援への対応について」2006年4月，社団法人日本社会福祉士会「市町村・地域包括支援センター・都道府県のための養護者による高齢者虐待対応の手引き」2011年3月，などを参照して筆者・中川作成。

事例Hのケースは，養護者である忠男において，愛子に対する食事や入浴その他生活全般にわたって十分な援助ができておらず，ネグレクトに該当する疑いがありますし，愛子に対する暴言は心理的虐待に該当します。したがって後述する虐待通報の対象となります。

2 高齢者虐待に対する法的対応

以下では，主として養護者による高齢者虐待について述べます。

(1) 早期発見と通報義務

高齢者の福祉に業務上関係のある団体（養介護施設，病院など）や高齢者の福祉に職務上関係のある個人（養介護施設従事者，医師，民生委員など）は，高齢者虐待を早期に発見するよう努力する義務を負っています（高齢者虐待防止法5条1項）。

そして，誰でも，高齢者虐待を受けたと思われる高齢者を発見した者には，その高齢者の生命または身体に重大な危険が生じている場合は，速やかに市町村（特別区を含む。地方自治法283条。以下同じ）に通報する義務があり（高齢者虐待防止法7条1項），生命・身体への重大な危険が生じていない場合でも，市町村への通報努力義務が課せられています（高齢者虐待防止法7条2項）。法が，「虐待を受けた高齢者」ではなく，あえて「受けたと思われる高齢者」と定めたのは，虐待か否かの判断が必ずしも容易ではなく，早期発見の重要性にかんがみ，通報するに際して虐待であると断定できる証拠などは不要とする趣旨です。したがって，虐待通報をしたものの，結果として虐待ではなかった場合でも，通報者が責任を問われることはありません。

虐待の通報義務は，医師，公認心理師，民生委員などに課せられている守秘義務より優先します（高齢者虐待防止法7条3項）。虐待通報により高齢者や養護者に関する個人情報を提供することは，個人情報保護法にも違反しません。

また通報を受けた市町村の職員は，通報者を保護するため，通報者が特定できるような情報を漏らしてはいけないと定められています（高齢者虐待防止法8条）。

通報先は市町村と規定されていますが，地域包括支援センターに通報してもかまいません。

(2) 虐待への対応

初期対応

　市町村および地域包括支援センターは，虐待の通報を受理すると，初期対応として速やかに協働して情報収集，安全確認と事実確認を行い，ケース会議（コアメンバー会議と呼ばれることがあります）を開いて，虐待の有無と緊急性の有無を判断します（高齢者虐待防止法9条1項）。

　虐待が認められ，緊急性が高く養護者から分離して保護する必要性が高いと判断された場合などでは，市町村の権限で施設入所させたり（高齢者虐待防止法9条2項，老人福祉法11条1項。「やむを得ない事由による措置」といいます），入院させることになります。

　なお，高齢者の身体または生命に重大な危険が生じているおそれがある場合，市町村は，高齢者の自宅等に立入調査をすることができ（高齢者虐待防止法11条），もし養護者や同居者などが立入調査を拒否したり，質問に答えない場合には刑事罰の対象となります（高齢者虐待防止法30条）。

　事例Hのケースでも，通報を受けた市の担当部局は，自宅を訪問して愛子の安全確認を行い，忠男だけでなく愛子本人から直接話を聞くなどしました。

高齢者と養護者への支援

　虐待が認められる場合，市町村・地域包括支援センターが中心となり，ケアマネジャー，養介護サービス事業者，医療機関，民生委員など関係機関等（高齢者虐待対応協力者）がチームを組んで，高齢者と養護者に必要な支援を検討し，実施します（高齢者虐待防止法9条，14条など）。

　ところで，養護者による高齢者虐待が起きる背景・原因には，養護者の介護疲れやストレス，養護者自身の障がいや疾病，養護者の知識や情報の不足，経済的困窮，長年蓄積された高齢者と養護者との人間関係と力関係の変化（母子関係の密着性，嫁・姑間の感情のもつれ，夫婦間のDV）など多くの要因が関係しています。したがって虐待への対応には，福祉，医療，心理，法律などの専門家の協力が必要です。

　市町村は，関係機関と協働して，それぞれのケースごとに必要な情報を収集し，高齢者本人と養護者の話も十分聞いて，虐待の背景・原因を考慮に入れながら高

齢者が安心安全な生活を送ることができるように支援計画・虐待対応計画を立て，介護負担の軽減，養護者の就労支援，病識のない養護者に受診を促すなどの養護者支援を行います。高齢者本人の支援に際しては，高齢者の意思の表出・自己決定を支援するという視点が極めて重要です。法テラスに連絡することによって，弁護士が本人のもとに出張して本人からの法律相談に応じる制度もあります。

事例Hのケースでは，忠男の認知症に対する理解の不足や介護保険サービスに対する認識不足が原因であれば，医療や介護保険サービスの提供につなげ，介護負担を軽減することになります。また愛子と忠男の過去の人間関係に問題がある場合，カウンセリングが必要となることもあるでしょう。そして，愛子自身がどこでどのような生活を送りたいと考えているのか，愛子の意見・希望を十分くみ取り，支援計画を策定します。

(3) 成年後見制度の活用

成年後見制度とは

高齢者の権利擁護のためには，成年後見制度を利用することも重要です（高齢者虐待防止法28条および成年後見制度の利用の促進に関する法律）。

成年後見制度とは，認知症や知的障害，精神障害などによって物事を判断する能力が十分でない人（本人）について，本人の権利を守る援助者を選ぶことによって，本人を法律的に支援する制度です。

成年後見制度には，本人自身や配偶者，四親等内の親族（親兄弟や甥・姪，従兄弟など）（民法7条，11条，15条1項），および市町村長（老人福祉法32条）の申立てによって家庭裁判所が援助者を選任する「法定後見制度」と，本人が十分な判断能力があるうちにあらかじめ自分で援助者（「任意後見人」）を選んでおく「任意後見制度」（任意後見契約に関する法律）の2種類があります。

現在主に利用されているのは法定後見制度で，これには本人の判断能力の程度に応じて，「後見」「保佐」「補助」の3類型があります（民法7～19条）。

表 4-3 ■法定成年後見制度の類型

類型	本人の状態と援助者の権限等	本人	援助者
後見	ほぼ常に判断能力が欠けている場合（家族の名前や自分の居場所など，ごく日常的な事柄がわからなくなっているなど）。 後見人は，本人の財産を管理し，また本人に代わって（本人を代理して）売買や介護サービスに関する契約を結ぶことができる。本人が不利益な契約をした場合には，これを取り消すこともできる。	被後見人	後見人
保佐	判断能力が著しく不十分な場合（日常の買い物程度は自分でできるが，高価な物の売買など重要な財産行為を適切に行うことができないなど）。 不動産の売買や借金など民法が定める一定の重要な行為については，保佐人の同意が必要。代理権・取消権を保佐人に与えることもできる。	被保佐人	保佐人
補助	判断能力が不十分な場合（軽度の認知症の人や，重要な財産行為について自分でできるかもしれないが適切にできるかどうか不安があるなど）。 補助人の権限は，被補助人一人ひとりについて家庭裁判所が定める。	被補助人	補助人

家庭裁判所は援助者に対する監督人として弁護士を選任することがあります。

任意後見の場合は，あらかじめ本人が任意後見人との契約により，療養看護や財産管理に関する事務について代理権を与える範囲を決めておきます。

なお，自ら契約を締結する判断能力はあるが，1人では不安があり頼りないため，日常的な金銭管理や福祉サービスの利用手続きに関して援助を受けたい，という人は，市町村の社会福祉協議会が行っている「日常生活自立支援事業」を利用することができます。

成年後見人等の役割

成年後見人等，援助者の役割は，本人の意思を尊重し，かつ本人の心身の状態や生活状況に配慮しながら，介護サービスを受ける契約を結ぶなど本人の生活や療養看護に関する事務を行い（これを「身上の保護」とか「身上監護」といいます），また財産を管理することによって本人を保護・支援することです（民法858条）。実際の介護や家事の援助などをすることは成年後見人等の職務ではありません。

家庭裁判所は，成年後見人等に最も適任と思われる親族を選任する場合もありますし，弁護士，司法書士などの専門家を選任する場合もあります。

事例Hでは，愛子の判断能力が不十分で，適切な介護サービス契約を締結することができない場合や忠男が愛子の預金や年金を浪費するなど経済的虐待がある場合には，愛子の長女の幸子または市長からの家庭裁判所への申立てにより，弁護士などを愛子の成年後見人等に選任してもらい，各種介護保険サービス契約の締結及び年金や預金の管理などを行ってもらうほうがよいでしょう。

第3節 臨床的視点と援助的アプローチ

1 高齢者虐待と介護問題

厚生労働省によると，高齢者虐待と認められた件数は，要介護施設従事者等によるものが2016年度で452件であり，前年度より44件（10.8％）増加したのに対し，養護者によるものは16,384件であり，前年度より408件（2.6％）増加しました。被虐待高齢者は，総数870人のうち，女性が614人（70.6％）を占め，年齢は85～89歳が208人（23.9％），80～84歳が175人（20.1％）でした。要介護度は3以上が637人（73.2％）を占めました。また，「認知症高齢者の日常生活自立度Ⅱ以上」は683人（78.5％），「要介護認定者のうち障害高齢者の日常生活自立度（寝たきり度）A以上」は565人（64.9％）でした。

被虐待高齢者から見た虐待者の続柄は図4-2のとおりで，4割が息子，2割が夫によるものです。虐待の発生要因は「虐待者の介護疲れ・介護ストレス」が27.4％，「虐待者の障害・疾病」が21.3％，「経済的困窮（経済的問題）」が14.8％でした。

この統計データから，養護者による介護に伴う高齢者虐待についていえることは，女性や認知症，障害者の高齢者が介護を要する状態になると，息子や夫がその介護による疲れとストレスから虐待に至ることが多いということです。

今までの高齢者の介護は主に家族によって担われてきました。戦前までの家制度のもとでは，老親の介護は「嫁」が行うべきであるとされ，戦後も高度経済成

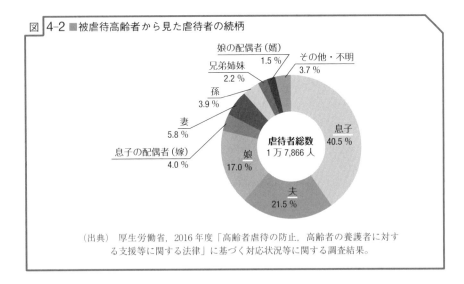

図 4-2 ■被虐待高齢者から見た虐待者の続柄

(出典) 厚生労働省，2016年度「高齢者虐待の防止，高齢者の養護者に対する支援等に関する法律」に基づく対応状況等に関する調査結果。

長期には「男は仕事，女は家庭」という性別役割分業において，女性の役割として持ち越されました。それほど高齢者の介護は家族，それも主に女性によって支えられてきたのです。

ところが，2014年には，高齢者の夫婦のみ世帯が『高齢社会白書』では30.7％に上るなど，家族の1世帯人員は減少し，共働きと家庭生活との両立という現代家族のライフスタイルの変化によって，老人，幼児，病人，障害者など弱者を抱える家族機能が著しく低下しています。

このような家族の変化からすると，ひとたび女性の高齢者が介護を要する状態になると，息子や夫などの男性の場合は不慣れな家事労働に加えて，母親や妻の排泄などの介助によるストレスが虐待を引き起こす要因になると考えられます。

2 扶養と介護

ここまで述べたように，介護問題は高齢者虐待につながりかねないのですが，民法では，高齢者の食事，入浴，排泄，などの介助をする介護について何も規定していません。その代わりに老親の「扶養義務」を以下のように定めています。高齢者の問題や虐待に関わる対人援助者は，実際の相談や援助につながりますので，扶養と介護の違いについて十分に理解しておかなければなりません。

まず,「扶養」とは基本的に生活費を負担をすることです。
　扶養について定めた民法によれば,直系血族（親と子,祖父母と孫）および兄弟姉妹はお互いに扶養する義務を負っています（民法877条1項）。それ以外の三親等内の親族間（舅・姑と嫁・婿,兄弟姉妹とその配偶者）では,家庭裁判所が特別の事情があると認めて扶養義務があることを決定して,ようやく扶養義務者となるにすぎません（同条2項）。例えば,夫の妻は夫の老親の扶養義務者ではありません。
　さらに,扶養義務者でも必ずしも老親を扶養しなければならないとはいえません。民法は,各人の妻と子どもとの生活を犠牲にしないで,余力があれば老親を扶養せよ,と言っているのです。つまり老親の扶養よりも妻と子どもの扶養を優先しなければならないということです。
　この扶養の説明には,パンの喩えがよく使われます。親の子ども（未成熟子）に対する扶養や夫婦間の扶養では,扶養する者は,自分のパンを半分にしても,子どもや妻（夫）に半分のパンを分けなければなりません（生活保持の義務）。これは,離婚後の養育費や,別居中の生活費の分担にもあてはまります。一方,老親の扶養など（直系血族と兄弟姉妹及び三親等内の親族間の扶養）では,夫婦と子どもでパンを食べてから,余ったパンを分けるということになります（生活扶助の義務）。
　したがって,老親の介護について民法に従えば,扶養義務者に経済力があれば,老親の介護費用を負担して介護サービスなどを依頼するということになります。このようにいうと,法律は老親に何と冷たい仕打ちをするものだと思われるかもしれません。
　しかしこのように法が規定するのは,「家」や老親を守るために女性など個人が犠牲になることを防いでいるのです。また,織りなす絆で成り立っている家族は,自然な情愛による日常生活で老親の扶養や介護を行うため,ともすると家族が老親を抱える限界を超えてしまい,家族自体が壊れてしまいかねないからです。
　以上のことからすれば,高齢者虐待の防止や対応の基本は,高齢者の扶養や介護は基本的に家族がすべて担うものではなく,公的扶助の利用や地域や社会と連携することがその要点になります。その例として,高齢者の介護を社会全体で支えようという趣旨で2000年に介護保険制度が実施されたり,新しい成年後見制

度が始まったりしました。

3 高齢者の心

　実際，老親の扶養や介護をめぐる問題が家族の紛争に拡大してしまうと，結局，老親は公的扶助による一人暮らしをするか，施設に入所するということが多くなります。高齢者も自らの扶養で子どもたちに負担をかけたくないとして，老人ホームなどで生活をすることを希望する人も多くなっています（内閣府「平成26年度　一人暮らし高齢者に関する意識調査」）。

　すると，老親の扶養や介護をめぐる家族の紛争では，民法の規定通りに解決すれば事足りて，臨床的なアプローチなど必要がないように思われるかもしれませんが，そうではありません。

　老親が結果的に一人暮らしをしたり老人ホームで生活をすることになったとしても，老親の「居場所」は家族との「心の絆」にあるからです。したがって，臨床的な視点からすれば，老親のケアとは，決して金銭や介護だけのことではなく，むしろ，「家族とのつながり」を援助することだといえます。そうすることで，老親は孤独や疎外感に陥らずに暮らすことができるのです。

　高齢者の介護問題に戻っていえば，家族の誰かを犠牲にする介護は，真の介護とはいえません。そこにはお互いを尊重し合う家族関係が成り立っておらず，介護問題によって家族の紛争に至る素地が潜んでいるからです。介護とは，身体的なケアと同時に心のケアが伴わなくてはなりません。家族による介護の重要性は，老親の心のケアにこそあるといえるでしょう。

第2部

学校における法と臨床的対応

第5章　いじめ
第6章　少年非行
第7章　体　　罰
第8章　保護者対応

第5章 いじめ

第1節 いじめの理解と対応の基本

1 子どもの攻撃性の変容といじめ

　いじめの理解と対応のために，まず戦後から現代にかけての青少年の犯罪の変遷を見ましょう。そこでは，現代のいじめにつながる攻撃性の変容が浮き彫りになります。図5-1は，刑法犯少年（犯罪少年のうち刑法犯で警察に検挙された14歳以上20未満の少年。ただし，交通事故に係る業務上過失致死傷罪，危険運転致死傷罪などは含まれない）の人員と人口比（14歳以上20未満の少年人口1,000人当たりの刑法犯少年の検挙人員）を示したものです。子どもたちの攻撃性の変容をあえて年代で区切れば，その転換点は1983年と2000年です。

　攻撃性の第1の変容が見られる1983年は，中学生の校内暴力（対教師暴力）が全国で頻発した年であり，戦後最大の非行の多発年です。非行少年は親や教師にあからさまに反発や反抗をしたり，様々な問題を起こしたりすることで，息苦しさや生きにくさを訴えるという救助信号を発していました。

　1970年代までのいじめは基本的には個人対個人によるもので，少年非行と同様に表面化しやすく，いじめの内容もそれほど陰湿ではなく，いじめる子といじめられる子が特定しやすいものでした。1980年代になると1人の子どもを複数

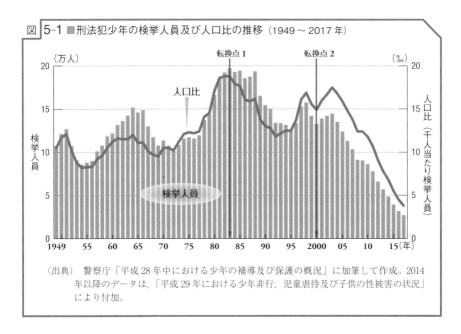

図 5-1 ■刑法犯少年の検挙人員及び人口比の推移（1949〜2017年）

（出典）警察庁「平成28年中における少年の補導及び保護の概況」に加筆して作成。2014年以降のデータは、「平成29年における少年非行，児童虐待及び子供の性被害の状況」により付加。

でいじめる個人対集団のいじめに変化していきます。そして1983年前後に校内暴力などの問題行動を力で抑えつけた結果，非行の数は減りましたが，子どもたちの攻撃性は歪み，陰湿ないじめが多くなっていきます。

　第2の変容が見られる2000年は，夫婦，親子などの家族関係の問題，男女の人間関係の歪みが一挙に露呈し，児童虐待防止法とストーカー規制法が施行された年です。

　家族は少子高齢化，離婚率の上昇に拍車がかかり，社会は先の見えない構造的不況に陥り，失業率は急増し，自殺者が3万人を超えました（1998年）。本来，社会の歪みに対して子どもを守る緩衝地帯となるべき家族が機能不全に陥った結果，子どもは社会と家族の歪みをダイレクトに被ることになったのです。

　2000年は高度情報化時代からネット社会化時代に移行した年でもあります。人々の生活の営みと感情のやりとりによって成り立つ社会が，無機質な記号の交換にすぎないネット空間に変質しました。子どもたちに携帯・スマホが行きわたり，彼らのコミュニケーションを大きく変えました。他者と直接向き合って体感できる，人の温もりや息遣いという生身の人間関係を失わせたのです。

その結果,いじめの質が大きく変化しました。ネットを媒体にしたいじめは,現実の生身の相手と向き合うことなく,匿名のまま相手を攻撃することができます。そのため,いじめられる子の心身の痛みもわからないまま徹底的に攻撃することにもなりかねません。また,表面化しにくいため初期対応などが困難になります。そのため攻撃行動の自己と他者による制御がきかず,いじめによる自殺や他殺につながっています。

以上のような子どもの攻撃性の変容が,現代のいじめ事件に表れています。

2 現代型いじめの特徴

現代型いじめには,ここまで述べたような攻撃性をもとにして,次のような特徴があります。

文部科学省国立教育政策研究所は,2010年から2012年までの3年間に,小学生を対象に追跡調査を行いました。その結果,いじめ加害といじめ被害の経験のある小学生は約90%でした(文部科学省国立教育政策研究所「いじめに備える基礎知識」2013年)。

2007年に公立高校生756人を対象にしたいじめ調査では,「いじめられたことがあるから,いじめた」「いじめられないために,いじめた」という,いじめの被害経験がいじめの加害の直接的原因だと回答した子どもが2割以上いました(坂田,2012)。

また,表5-1は,2014年に筆者の廣井が行った,大学生が小中高校時代に経験したいじめに関する実態調査の結果のデータです。

表 5-1 ■大学生の小中高時代のいじめ経験(155名対象)

- 加害のみ:25名　　被害のみ:31名　　傍観のみ:37名　　仲裁のみ:2名
- 加害と被害:22名　被害と傍観:7名　加害と傍観:6名　被害と仲裁:3名
  加害と仲裁:1名　傍観と仲裁:1名
- 加害と被害と傍観:10名　加害と被害と仲裁:3名　被害と傍観と仲裁:2名
- いじめ経験なし:5名

(出典) 2014年の筆者・廣井調査(未発表)。

このような調査結果から見て取れるように，いじめる子といじめられる子が固定するいじめを古典的いじめとすれば，現代型いじめは，いじめる子－いじめられる子－傍観者－仲裁者が入れ替わって，いつでも誰でもがいじめの加害児，被害児になることが特徴です。まさに，子どもたち同士が傷つけ合うという「子ども集団の関係性の歪み」を顕著に示しています。

これは現代の子どもたちが置かれている，社会，学校，家族からの様々な抑圧によるストレス反応だと見ることができます。すると，いじめる子に罰を与えたり排除しようとするだけの対応は，いじめ問題をさらに根深くすることにもなりかねません。したがって，子ども集団の関係性の歪みを修正するという観点から，いじめられる子どもを守りケアすることはもちろんのこと，いじめる子どものケアも同時に行うことがいじめの対応の基本だといえるでしょう。

第2節 法の視点と対応の原則

事例1

中学2年生の大介は，成績はクラスの中くらいで，性格は比較的明るく，小学生の頃は複数の友達とよく遊んでおり，いじめを受けることもなかった。中学1年生になり，小学校で仲が良かったA君，B君と同じクラスになり，更に他の小学校出身のC君，D君とも親しくなった。学校では休憩時間など，仲良し5人組で集まって楽しく話をすることが多かったし，休日はA君やC君の家に集まってテレビゲームを楽しんだり，公園でサッカーをして遊んだり，1年間，特にこれといった問題もなく通学していた。

大介は2年に進級し，A君，D君とは別のクラスになったが，B君，C君とは同じクラスになり，休日には1年生の時と変わらず5人で集まって遊んでいた。

ある日C君が，教室内で，大介に「お前，小学校のときに，学校でションベンちびったことがあるんだってなぁ。AとBから聞いたぞ」と言い出した。どうやら，A君とB君が，何気なく小学校1年生のときのエピソードをC君に話したのだった。大介にとっては全く忘れていた嫌なエピソードだったが，突然のこと

で何も言えず，ただ，顔を真っ赤にして，薄笑いを浮かべるだけだった。

　それ以来，C君は，ふざけて話をするときなど，時々ではあるが大介のことを「ションベン大介」と呼ぶことがあった。大介は，いやでいやでしょうがなかったものの，言い返したりむきになって止めてくれなどと言うと，却って自分が気にしていることを悟られて，余計にはやし立てられるのではないかと思い，C君からそう呼ばれても，気にしていない素振りを見せて普通に返事をしていた。そのうちに，クラスの他の男子の中にも大介を「ションベン大介」と言う者が出てきたが，クラスの誰も，その言い方を止めるように言わなかったし，大介も，自分からいやとは言い出せなかった。

　大介の両親は，元気だった大介が食欲をなくし，家で塞ぎ込むことが多くなったことから，「どこか体の具合が悪いのではないか」「学校で何かあったのではないか」と大介に問い質したが，大介は体のどこも悪くないし，学校でも特に何も変わったことはない，と答えるだけであった。母親は，担任に大介の様子の変化を伝えたが，担任は，大介の変化には気付いておらず，クラスでもB君やC君とは仲良しでよくふざけ合って遊んでいるし気になることはないが，教科担任にもこのことは伝え，しばらく注意して様子を見てみる，と話した。

　ある日，いつもの5人組で集まりテレビゲームで遊んでいる時，C君と大介が些細なことから口げんかになり，C君が大介に「小便たれのくせに！」などと言ったことから，大介は，C君から借りて使っていたゲームソフトをC君に投げつけ，そのまま家に帰ってしまった。翌日から，C君だけでなく4人全員が大介をシカトし，いっさい口をきかなくなった。やがて，大介の筆箱が壊されたり体育館シューズをごみ箱に捨てられるなどの嫌がらせを受けるようになった。

　大介は，両親には，嫌がらせを受けていることは言えないまま，頭やおなかが痛いなどと言って，登校を渋るようになった。

1 いじめとは何か

(1) いじめは重大な人権侵害

いじめが大きな社会問題になるのは1980年代以降であり，文部省（現在の文部

科学省）がいじめの実態や指導状況について全国調査を開始したのは 1985 年です。そして 1986 年，東京都中野区富士見中学の 2 年生が，日常的にいじめを受け続けていたことを苦にして，「突然姿を消して申し訳ありません。俺だってまだ死にたくない。だけどこのままじゃ『生きジゴク』になっちゃうよ」という遺書を残して自殺する痛ましい事件が起きました。自殺の 2 カ月余り前には，クラスでこの中学生が死んだことにして葬式ごっこが行われ，この際に書かれた色紙に，担任ら教師 4 人も署名していたことが大きな問題になりました。

　1994 年には愛知県西尾市の中学 2 年生が，小学 6 年生のときから継続して恐喝や暴力を含む激しいいじめを受け続けた結果，「家族のみんなへ　14 年間本当にありがとうございました。僕は旅立ちます。でもいつか必ずあえる日が来ます。その時には，また，楽しくくらしましょう」という遺書を残し，自殺しました。

　その後，2005 年北海道滝川市の小学 6 年生が教室内で自殺を図り，翌 2006 年に死亡する事件が起き，再び大きな社会問題となりました。同じ 2006 年には福岡県筑前町で中学 2 年生がいじめを苦にして自殺する事件が起きましたが，中学 1 年時の担任がいじめを誘発するような発言をしていたことが問題にされました。

　そして 2011 年，滋賀県大津市でいじめが原因で中学 2 年生が自殺する事件が起きます。この事件では，当初学校や教育委員会が，いじめが原因であることを否定し，他に原因があるかのような発言も見られましたが，その後，担任ら複数の教師がいじめの事実を把握していたことが明らかになりました。この事件を 1 つの契機として，2013 年，「いじめ防止対策推進法」が制定されたのです（以下，「いじめ防止法」）。この法律が制定されるまでは，いじめに関して定めた法律はありませんでした。

　いじめ防止法 1 条は，「いじめが，いじめを受けた児童等の教育を受ける権利を著しく侵害し，その心身の健全な成長及び人格の形成に重大な影響を与えるのみならず，その生命又は身体に重大な危険を生じさせるおそれがある」と規定しています。いじめは教育を受ける権利だけでなく，子どもが安全安心に生活する権利，成長発達する権利を奪うものであり，子どもの生存権にも影響を与える著しい人権侵害である，ということをまず理解する必要があります。

▶ いじめ防止対策推進法

第1条（目的）　この法律は，いじめが，いじめを受けた児童等の教育を受ける権利を著しく侵害し，その心身の健全な成長及び人格の形成に重大な影響を与えるのみならず，その生命又は身体に重大な危険を生じさせるおそれがあるものであることに鑑み，児童等の尊厳を保持するため，いじめの防止等（いじめの防止，いじめの早期発見及びいじめへの対処をいう。以下同じ。）のための対策に関し，基本理念を定め，国及び地方公共団体等の責務を明らかにし，並びにいじめの防止等のための対策に関する基本的な方針の策定について定めるとともに，いじめの防止等のための対策の基本となる事項を定めることにより，いじめの防止等のための対策を総合的かつ効果的に推進することを目的とする。

　第2条（定義）　この法律において「いじめ」とは，児童等に対して，当該児童等が在籍する学校に在籍している等当該児童等と一定の人的関係にある他の児童等が行う心理的又は物理的な影響を与える行為（インターネットを通じて行われるものを含む。）であって，当該行為の対象となった児童等が心身の苦痛を感じているものをいう。

2　この法律において「学校」とは，学校教育法（昭和22年法律第26号）第1条に規定する小学校，中学校，義務教育学校，高等学校，中等教育学校及び特別支援学校（幼稚部を除く。）をいう。

3　この法律において「児童等」とは，学校に在籍する児童又は生徒をいう。

4　この法律において「保護者」とは，親権を行う者（親権を行う者のないときは，未成年後見人）をいう。

(2)　いじめの定義

いじめ防止法2条は，いじめを次のように定義しています。

① 児童等に対して，
② 当該児童等が在籍する学校に在籍している等当該児童等と一定の人的関係にある他の児童等が行う，
③ 心理的又は物理的な影響を与える行為（インターネットを通じて行われるものを含む。）であって，
④ 当該行為の対象となった児童等が心身の苦痛を感じているもの。

この定義を理解するうえで，この法律ができる以前のいじめの定義を見てみることが参考になります。文部省が毎年行っている「児童生徒の問題行動・不登校等生徒指導上の諸課題に関する調査」において，1985年にいじめの調査を開始した際には，いじめとは，

 a) 自分よりも弱いものに対して一方的に，
 b) 身体的・心理的な攻撃を継続的に加え，
 c) 相手方が深刻な苦痛を感じているものであって，
 d) 学校としてその事実（関係児童生徒，いじめの内容等）を把握しているもの，
 e) なお起こった場所は学校の内外を問わないものとする，

としていました。

しかし愛知県西尾市事件が起き，いじめによる自殺など重大な事態が続いたこともあり，1995年，文部省は平成6年度の調査に際し，定義からd)を削除し，代わって，調査に当たっては，「個々の行為が『いじめ』に当たるか否かの判断を表面的・形式的に行うことなく，いじめられている児童生徒の立場に立って行う」としました。

しかしその後もいじめによる自殺を防げなかったこともあり，2007年，文部科学省は平成18年度の調査からふたたび定義を変更し，いじめとは「当該児童生徒が，一定の人間関係のある者から，心理的，物理的な攻撃を受けたことにより，精神的な苦痛を感じているもの。なお，起こった場所は学校の内外を問わない」としました。つまり，いじめは必ずしも，「弱いものに対して一方的に行われる」とは限らないことからa)を削除し，また，物を壊す場合などの行為も含まれるように，「身体的（攻撃）」を「物理的な攻撃」に変更しました。そして，いじめか否かを判断する際に微妙となる「継続的に」「深刻な」という要件もなくしたのです。

法は，さらにこれを上記①〜④のように改めたのです。では，法の定めるいじめの定義を順に見ていきましょう。

まず，①「児童等に対して」，②「当該児童等が在籍する学校に在籍している等当該児童等と一定の人的関係にある他の児童等が行う」という要件は，この法律の対象となるいじめを，児童等（この法律で「児童等」というのは「児童又は生徒」のことをいいます）と一定の人的関係にある他の児童等の行為に限定する趣旨です。

したがって，教師を含め大人による児童等への行為はこの法律の対象外です。児童等の間には一定の人的関係があればよいので，同じ学校に在籍している場合に限らず，塾やスポーツクラブなどでつながりがある場合も含みます。

次に，いじめとなるのは，③「心理的又は物理的な影響を与える行為」です。それまでの定義に含まれていた「攻撃」という語を使わなかったのは，従来から，いじめに含まれると理解されていた無視，仲間はずれ，陰口，差別的な取扱いなども広く含むことを明確にしたものです。わざわざ「インターネットを通じて行われるものを含む」と明記していますので，インターネットの掲示板などでの誹謗中傷やLINEのグループからはずす行為も，心理的な影響を与える行為に該当します。物理的な影響を与える行為には，暴力のほか本人が嫌がることを強いる，物を壊す・隠すなどが含まれます。

そしていじめと判断する基準は，いじめを受けた子どもが，「心身の苦痛を感じている」ことです。このように子ども本人の主観を判断基準とすると，第三者が客観的に判断して到底いじめとは思えないような行為も，本人が苦痛を受けていればいじめに該当してしまうため，いじめの範囲が広がってしまうとか，不明確になってしまうという意見もありました。しかし，今まで数多くのいじめが，「冗談，悪ふざけにすぎず，いじめではない」「傷つけるつもりは全くなかった」「単なるけんか」などの言い訳で見過ごされてきたことや，客観的な判断基準にすると，いじめの認定が厳格になったり，また基準に該当しないため苦痛を感じているにもかかわらず救済されない子どもが出てくることなどを考慮して，④「当該行為の対象となった児童等が心身の苦痛を感じているもの」という基準にしたのです。けんかやふざけ合いであっても，いじめに該当する場合があるので，背景にある事情の調査を行い，本人の感じる被害性に着目して，いじめか否かを判断する必要があります（文部科学省「いじめ防止等のための基本的な方針」。以下，「基本方針」）。

なお，本人の悪口，陰口を本人がいっさい知らない場合，例えば本人はスマートフォンを持っておらず，同級生たちがインターネットやLINE上で本人の悪口を書いても本人が全く知らない場合などには，④「当該行為の対象となった児童等が心身の苦痛を感じている」という要件には該当しないため，法の定める「いじめ」ではないことになりますが，だからといって容認できることではなく，学

校など関係者は，いじめに該当する場合と同様に，適切に対応する必要があります。

さて事例Iでは，大介は，同じ中学校の生徒から，「ションベン大介」と呼ばれていますが，このような言い方で呼ばれることについて大介自身が精神的苦痛を感じているのですから，このような呼び方をすること自体がいじめに該当します。その後に起きた，無視や持ち物を壊したり隠したり捨てる行為も，むろんいじめです。

基本方針には，いじめの具体的な態様として次の例が挙げられています。
・冷やかしやからかい，悪口や脅し文句，嫌なことを言われる
・仲間はずれ，集団による無視をされる
・軽くぶつかられたり，遊ぶふりをして叩かれたり，蹴られたりする
・ひどくぶつかられたり，叩かれたり，蹴られたりする
・金品をたかられる
・金品を隠されたり，盗まれたり，壊されたり，捨てられたりする
・嫌なことや恥ずかしいこと，危険なことをされたり，させられたりする
・パソコンや携帯電話等で，誹謗中傷や嫌なことをされる　等。

(3) **いじめか否かを判断する際の注意点**

ここでは，いじめか否かを判断するに際して重要な点についてふれたいと思います。

まず，「いじめの定義」でも説明したとおり，いじめか否かの判断は，あくまで，いじめられた子ども自身の立場に立って行うことが必要です。

いじめられている子どもは，多くの場合，いじめを誰かに話すことで，よりいじめがひどくなることを恐れたり，家族に心配をさせたくないという思いがあったり，自分がみじめになるという思いがあったりして，いじめをなかなか告白しません。事例Iの大介の場合もそうでした。暴力を受けてけがをした場合でさえ，自分で転んだと嘘をつくことがあります。

むしろ，いじめの被害を受けている本人はいじめを否定することが多い，という前提に立って対応する必要があります。本人の発言だけで，いじめではない，と即断することは禁物です。

他方,いじめを行っている側や,いじめ行為をはやし立てるなどいじめの「観衆」になっている子どもたちの中には,自分が相手をいじめている,という認識が全くないか,非常に希薄なケースが少なくありません。先ほども述べたように,単なる冗談や悪ふざけだからいじめではないと考えていたり,大したことではないと考えていたり,相手が拒否していないから構わないと考えている例が多いのです。また,例えば約束を破った相手を仲間外れにした場合など,相手に原因があるからやむをえないなどと考えている事例もよく見受けられます。

 事例Ⅰでも,最初に「ションベン大介」と言ったC君は,決して大介をいじめてやろうと思っていた訳ではありません。A君やB君から聞いたエピソードを,むしろ面白い話題として,軽い気持ちで出したにすぎません。その後,大介が嫌がっていることに気づかないまま,他の子どもたちの間にあだ名が広がり,やがて,5人で遊んでいるときの大介の言動に腹を立てて,(それを正当化の根拠にして)4人で結束して大介を無視するようになったのです。

 つまり,いじめている認識,加害の意識の有無は,いじめか否かを判断する際の要件ではないのです。

(4) いじめの特徴

 いじめに関してよく陥りがちな誤りですが,いじめは,いじめを受ける子どもにも何らかの要因があるとか,「いじめられっ子」にはタイプがある,という誤解をしている人がいまだに少なくありません。

 しかし,「いじめは,どの子供にも,どの学校でも,起こりうる」(基本方針)というのは,決して単なるスローガンではありません。これは,国立教育政策研究所のいじめ追跡調査などの調査研究によって裏付けられていることなのです(国立教育政策研究所生徒指導・進路指導研究センター「いじめに備える基礎知識」2017年。同「生徒指導リーフ いじめの理解」2015年。滝充「連載 いじめから子どもを守る」『児童心理』2013年2月号~5月号)。どの学校,どの学年でもいじめは起こりうるし,「いじめ被害にあいやすい子ども」や「特定のいじめっ子」がいるわけではなく,(暴力行為を伴ういじめを別として,日常問題になるいじめに関しては)むしろ多くの子どもたちがいじめ被害を経験していますし,いじめの加害体験も持っているのです。

 事例Ⅰでも,たまたま大介がいじめ被害者になりましたが,決して大介がいじ

められっ子タイプだったわけではありません。ですから，「特定の子どもの動静を気に掛けていればいじめは防げる」とか，「この子に限って大丈夫」，などという考えをもたず，すべての子どもを対象にした「いじめ未然防止」の取組みが重要なのです。

また，**事例1**のように，多くの場合，いじめは些細なきっかけやちょっとした悪ふざけから始まり，徐々にエスカレートしていきます。日常的によくある子どもたちの間のトラブルや些細な変化に気を配ることが重要です。

いじめを発見して的確な対応をするためには，以上のようないじめの特徴を十分理解しておく必要があります。

2　いじめに対する法的対応

いじめ防止法は，いじめ防止等の基本理念（3条）を明らかにし，国や地方自治体，そして学校や保護者の責務等（5～10条）を示すとともに，いじめ防止のための基本的施策（15～21条）などを定めています。

その対策として，学校についても，以下のように，いじめ防止基本方針の策定（いじめ防止法13条），いじめ防止の措置（15条），いじめの早期発見（16条），複

▶いじめ防止対策推進法

第3条（基本理念）　いじめの防止等のための対策は，いじめが全ての児童等に関係する問題であることに鑑み，児童等が安心して学習その他の活動に取り組むことができるよう，学校の内外を問わずいじめが行われなくなるようにすることを旨として行われなければならない。

2　いじめの防止等のための対策は，全ての児童等がいじめを行わず，及び他の児童等に対して行われるいじめを認識しながらこれを放置することがないようにするため，いじめが児童等の心身に及ぼす影響その他のいじめの問題に関する児童等の理解を深めることを旨として行われなければならない。

3　いじめの防止等のための対策は，いじめを受けた児童等の生命及び心身を保護することが特に重要であることを認識しつつ，国，地方公共団体，学校，地域住民，家庭その他の関係者の連携の下，いじめの問題を克服することを目指して行われなければならない。

数の教職員及びスクールカウンセラーやスクールソーシャルワーカーなど専門職を含むいじめ防止対策組織の設置（22条），などについて規定しています。

(1) 学校いじめ対策組織

このうち，いじめ防止法22条に基づきあらかじめ設置しておくことが必要な「学校いじめ対策組織」は，いじめの相談・通報を受ける窓口となるほか，いじめの未然防止・早期発見・対処のため，いじめの情報共有，被害者支援などの役割を担います。そして学校は，いじめの早期発見のため，スクールカウンセラーによる相談日を案内するなど，いじめに関する通報・相談体制を積極的に知らせる必要があります。スクールカウンセラーやスクールソーシャルワーカーは，自分が学校いじめ対策組織の構成員になっている場合には，自ら積極的にこのことを子どもや保護者に伝える必要があります。

(2) いじめに対する措置

また，いじめ防止法23条は，「いじめに対する措置」として，以下のように定めています。

通報などの適切な措置を講じること＝情報共有の重要性

保護者や教職員，スクールカウンセラーなどが，いじめがあると思った場合には，すぐに学校に通報するなど適切な措置を講じる義務があります（いじめ防止法23条1項）。「いじめの事実を知った場合」に限定せず，いじめが「あると思われる場合」にはこの義務が生じます。

子どもに関する1つひとつの様子や変化は大したことではないように見えても，集めてみると，それらがいじめの兆候を示しているということはよくあります。事実関係の把握やいじめか否かの判断は，教職員個々人が行うのではなく組織的に行う必要があります。学校の特定の教職員がいじめに関わる情報を抱え込むことなく，すべて学校いじめ対策組織に持ち寄って，情報を共有することでいじめの見落しを防ぎ，早期に適切な対応を取ることができるのです（日本弁護士連合会子どもの権利委員会，2015，105頁）。

Note
1　基本方針では「学校いじめ対策組織」と呼び，その役割について詳しく説明しています。

第2部 学校における法と臨床的対応

▶いじめ防止対策推進法

第23条（いじめに対する措置）　学校の教職員，地方公共団体の職員その他の児童等からの相談に応じる者及び児童等の保護者は，児童等からいじめに係る相談を受けた場合において，いじめの事実があると思われるときは，いじめを受けたと思われる児童等が在籍する学校への通報その他の適切な措置をとるものとする。

2　学校は，前項の規定による通報を受けたときその他当該学校に在籍する児童等がいじめを受けていると思われるときは，速やかに，当該児童等に係るいじめの事実の有無の確認を行うための措置を講ずるとともに，その結果を当該学校の設置者に報告するものとする。

3　学校は，前項の規定による事実の確認によりいじめがあったことが確認された場合には，いじめをやめさせ，及びその再発を防止するため，当該学校の複数の教職員によって，心理，福祉等に関する専門的な知識を有する者の協力を得つつ，いじめを受けた児童等又はその保護者に対する支援及びいじめを行った児童等に対する指導又はその保護者に対する助言を継続的に行うものとする。

4　学校は，前項の場合において必要があると認めるときは，いじめを行った児童等についていじめを受けた児童等が使用する教室以外の場所において学習を行わせる等いじめを受けた児童等その他の児童等が安心して教育を受けられるようにするために必要な措置を講ずるものとする。

5　学校は，当該学校の教職員が第3項の規定による支援又は指導若しくは助言を行うに当たっては，いじめを受けた児童等の保護者といじめを行った児童等の保護者との間で争いが起きることのないよう，いじめの事案に係る情報をこれらの保護者と共有するための措置その他の必要な措置を講ずるものとする。

6　学校は，いじめが犯罪行為として取り扱われるべきものであると認めるときは所轄警察署と連携してこれに対処するものとし，当該学校に在籍する児童等の生命，身体又は財産に重大な被害が生じるおそれがあるときは直ちに所轄警察署に通報し，適切に，援助を求めなければならない。

ところでこの23条1項は，虐待を発見した場合の通告義務（児童虐待防止法6条3項，高齢者虐待防止法7条3項）とは異なり，どのような場合でも，いじめに関する通報が法律上の守秘義務に優先するとは定めていません。そこで，スクールカウンセラーが，いじめ被害を受けている子どもやその保護者から，学校には

言わないでほしいという条件でいじめの相談を受けた場合は，学校いじめ対策組織のこと，どのような場合でもいじめ被害者を守り抜くことなどを十分説明し，相談者の了解を得たうえで情報共有を行うことが必要です。むろん，子どもの心身の安全に関わる場合には，同意がなくても速やかに通報する必要があります（前掲書，107頁。）。

いじめの確認・報告義務

学校は，通報があった場合を含め，いじめの可能性があることを知った場合，学校いじめ対策組織の緊急会議を開催するなど速やかに組織としての対応を開始しなければなりません（いじめ防止法23条2項）が，まずは，いじめられているとされる子どもの安全・安心を確保する方法を講じます。

その上で，事実確認をして，いじめの有無や状況を把握します。子どもたちや保護者からの事情聴取，アンケート，全教職員やスクールカウンセラーからの聞き取りなどの方法が考えられます。いじめを受けたと考える子どもや保護者は，もし学校が動かない場合には，この規定を根拠に，学校に事実調査を要求することができます。調査結果は，学校の設置者（地方自治体や学校法人）に報告しなければなりません。

支援，指導・助言義務

学校は，いじめがあったことが認められた場合には，いじめをやめさせ，その再発を防止するため，当該学校の複数の教職員によって，スクールカウンセラーやスクールソーシャルワーカーなど専門職の協力を得つつ，いじめを受けた児童等とその保護者に対する支援，そして，いじめを行った児童等に対する指導やその保護者に対する助言を継続的に行うものとされています（いじめ防止法23条3項）。

安心して教育を受けられる措置を講じる義務

学校は，いじめを受けた子どもの教育権を確保するために必要な措置を講じなければなりません（いじめ防止法23条4項）。その例として，いじめを行った子どもの別室での学習を挙げていますが，この点は後述するように，慎重な配慮が求められます。

情報提供義務

いじめを受けた子ども・保護者といじめを行っていた子ども・保護者との間で

争いが起きることを防止するため，学校に，いじめに関する情報を保護者と共有することを義務付けた規定です（いじめ防止法23条5項）。

警察との連携義務

(4)で説明するとおり，いじめの中には犯罪行為に該当するものもあります。そこで，学校が，いじめ行為について，犯罪として取り扱われるべきものであると認めるときは，所轄警察署と連携して対処するものとし，児童等の生命，身体または財産に重大な被害が生じるおそれがあるときは，直ちに所轄警察署へ通報すべきであるとしています（いじめ防止法23条6項）。

(3) 重大事態への対処

いじめ防止法は，①子どもが自殺しようとしたり，金品をとられるなど，いじめにより子どもの生命，心身または財産に重大な被害が生じた疑いがあると認められるとき，②いじめにより，子どもが相当な期間（年間30日が1つの目安とされています）学校を欠席することを余儀なくされている疑いがあると認められるとき，を「重大事態」と定義しています[2]（28条1項）。

重大事態が発生した場合，学校や学校の設置者は，調査組織を設置し，事実関係を明確にするための調査を行い，いじめを受けた子ども及びその保護者に対し，調査結果等の情報を提供するなどの特別な対応を行うこととされています（115頁も参照）。

(4) いじめと犯罪

よく，「いじめと犯罪はどう違うのか？」とか「いじめは犯罪になるのか？」などの質問を受けることがあります。答えは，「いじめの中には犯罪に該当するものもあれば，犯罪には該当しない（が，法の定義するいじめに該当する）ものもある」ということになります。

いじめ行為のうち，犯罪に該当するものについて表5-2にまとめてみました。**事例1**でも，筆箱を壊す行為は，明らかに刑法上の器物損壊罪に該当する行為で

Note

[2] 「重大事態」の定義や重大事態が発生した場合の対応などについては，文部科学省「いじめの重大事態の調査に関するガイドライン」（2017年3月）を参照して下さい。

表 5-2 ■犯罪とみなされるいじめの例

いじめ行為	刑罰法規
たたく，殴る，ける，わざとぶつかるなどの暴力行為	刑法208条　暴行罪
暴行により相手がけがをした場合	刑法204条　傷害罪
金品を盗む	刑法235条　窃盗罪
脅かして金品を取る	刑法249条　恐喝罪
インターネットやLINEで相手を誹謗中傷する	刑法230条　名誉毀損罪
相手の持ち物を壊したり，捨てる	刑法261条　器物損壊罪
相手の嫌がることを強要する	刑法223条　強要罪

す。ところが，いじめを行っている子どもたちにも，周囲の子どもたちにも，犯罪にあたるかもしれない（それほど重大な問題である），という認識が希薄なことが多いように思います。このケースでも，やっている子どもたちに，犯罪にあたる行為をしているという認識はなかったでしょう。

　このような犯罪に該当する可能性がある行為については，当然ですが，発見すればその場で，直ちにやめさせなければなりません。単なるけんか，悪ふざけなどと軽く考えるべきではありません。

　他方，いじめの多くは，からかい，いたずら，無視，仲間はずれといったもので，必ずしも犯罪行為には該当しません。しかし，決してこれも軽く考えてはいけません。**事例 I** の場合も，最初はからかいから始まり，徐々にエスカレートしていきました。そしてこのような暴力を伴わないいじめは，被害が見えにくいこともあって保護者や教職員も気づきにくく，また見過ごしやすいものです。しかし，いじめ被害を受けている子どもに与える精神的苦痛は大きく，またその苦しみをなかなかわかってもらえない，という悩みも深刻です。発見しにくいだけに，未然防止への取組みが重要です。いじめが重大な人権侵害であるという視点から，弁護士による「いじめ予防授業」を行う学校もあります。

(5) いじめている子どもへの対応

　基本方針と同時に文部科学省が公表した「学校における『いじめの防止』『早期発見』『いじめに対する措置』のポイント」(以下「文部科学省ポイント」)には，「被害児童生徒を守り通すとともに，教育的配慮の下，毅然とした態度で加害児童生徒を指導する。その際，謝罪や責任を形式的に問うことに主眼を置くのではなく，社会性の向上等，児童生徒の人格の成長に主眼を置いた指導を行うことが大切である」とされています。

　いじめる側に立つ子どもは，勉強や教師など学校生活，家庭（児童虐待など），友人関係において強いストレスを感じており，いじめ行為でそれを発散させていることが多いのです。また，自らいじめられた体験をもつためにいじめる側に回る，というケースも少なくありません。いじめを行った子どもに，その行為はいじめだから許されない，と言っても効果は薄く，反発を招くだけということもあります。相手の立場に立つとどう思うか，相手は嫌な思いをするのではないか，というところから入り，自分も相手もすべての子どもが大切な存在であることを理解できるように指導・教育していくことが求められます。

　まして，いじめをしたから懲戒すればよい，ペナルティを与えれば再発は防げる，などと考えるのは間違いです。

　ところで，学校教育法には「出席停止命令」という制度があります。これは，市町村の教育委員会が，性行不良であって他の子どもの教育の妨げになると認める子どもがあるときは，その保護者に対して，子どもの出席停止を命じることができる，という制度です（学校教育法35条1項，49条）。決して，何か悪いことをした子どもに対する懲戒として認められている制度ではなく，他の子どもの義務教育を受ける権利を保障するために，市町村の教育委員会に認められた権限です。

　いじめ防止法26条は，市町村の教育員会に対し，いじめを行っていた子どもへの出席停止を命ずるなど，いじめを受けた子どもの教育を受ける権利を確保するための措置を講ずるよう求めています。

　しかし，そもそも小中学校では懲戒処分としての停学が禁止されていますから，停学と実質的に同様の効果をもたらす出席停止を安易に用いることは避けるべきでしょう。

> ▶いじめ防止対策推進法
>
> 第26条（出席停止制度の適切な運用等）　市町村の教育委員会は、いじめを行った児童等の保護者に対して学校教育法第35条第1項（同法第49条において準用する場合を含む。）の規定に基づき当該児童等の出席停止を命ずる等、いじめを受けた児童等その他の児童等が安心して教育を受けられるようにするために必要な措置を速やかに講ずるものとする。

「文部科学省ポイント」にも「いじめた児童生徒への指導に当たっては、いじめは人格を傷つけ、生命、身体又は財産を脅かす行為であることを理解させ、自らの行為の責任を自覚させる。なお、いじめた児童生徒が抱える問題など、いじめの背景にも目を向け、当該児童生徒の安心・安全、健全な人格の発達に配慮する」と記載されています。

ただし、いじめを受けた子どもたちの教育を受ける権利を確保するために、出席停止命令が必要であると判断される場合には、適切にその措置をとることになります。また学校内での対応が困難な暴力を伴ういじめについては、警察に相談することも検討する必要があります。

(6) いじめ被害者のとりうる法的措置

それでは、いじめの被害にあった子どもは、いじめの加害者や学校に対しどのような法的対応をとることができるのでしょうか。いじめ被害を受けた子どもや保護者は、事実関係を把握するため、前述のとおり、いじめ防止法23条2項に基づく調査を学校に求め、調査結果について23条5項に基づいて情報の提供を求めることができます。

そしていじめの事実が認められる場合には、いじめをした子ども自身やその保護者に対して損害賠償を請求できる可能性があります。また、学校（＝学校の設置者）に対する損害賠償請求の可否も問題になりますが、加害児童・生徒に対する請求よりも難しいことが多いといえます。次に、いじめが犯罪に該当するような行為である場合（表5-2）には、警察に相談することができます。

いじめの加害者や学校に対して、法的な対応をとるかどうか、どのような対応をとることができるのか、などについては、まず弁護士に相談するほうがよいで

しょう。

第3節 臨床的視点と援助的アプローチ

1 対人援助者の基本的スタンス

　第2節で述べたように，いじめの変化に伴っていじめの定義もそのつど変わり，2013年には「いじめ防止対策推進法」（いじめ防止法）が施行されました。第3節では，それをもとに対人援助者のいじめに対する基本的スタンスを考えてみます。

　いじめによる悲惨な事件が後を絶たず，いじめられる子を守るためにいじめ防止法が制定されたわけですから，対人援助者は法が定めるいじめの定義にしたがって対処しなければならないことはいうまでもありません。それを前提として，子どもの発達や子ども集団の修復機能の観点から，法の視点だけで子どもたちを「監視」したり，けんかやトラブルに大人が介入したりすることが子どもの発達を阻害するという問題性を指摘したいと思います。

　文部科学省は，2007年の通知でいじめの定義を変更しましたが，その注釈で「けんか等を除く」と明記していました。ところが2013年のいじめ防止法の制定後，文部科学省は「いじめの防止等のための基本的な方針」で，けんかは除くとしながらもけんかに注意することを付記しました。そして2017年のこの方針の最終改定では，「けんかやふざけ合いであっても，見えない所で被害が発生している場合もあるため，背景にある事情の調査を行い，児童生徒の感じる被害性に着目し，いじめに該当するか否かを判断するものとする」として，「けんかは除く」が削除され，けんかやふざけ合いもいじめ調査の対象にしたのです。

　子どもの発達にとって，学童期までのけんかは，相手の体温，息遣いを感じ，ひっかき合いなどで生身の人間関係を体感します。さらに，本来，子ども集団はさまざまなトラブルを起こしても，そのネガティブな関係を互いに徐々に修復していくことができます。そこに大人がすぐに介入すると，子どもはその修復機能を自ら学習して発達させることができなくなります。その結果，思春期以降に過激なトラブルを起こしたり，暴行や傷害といった非行につながったりしかねませ

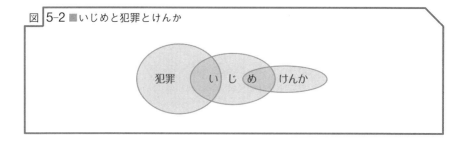

図 5-2 ■いじめと犯罪とけんか

ん。

　そうした意味で、子どものけんかや子ども集団でのトラブルは、ネガティブな関係性を適切に修復していくための大切な学習課題なのです。いじめの防止のために現代の子どもたちはその機会を失ったともいえます。

　そこで対人援助者は、「犯罪」と「いじめ」と「けんか」をどう理解し、どのように対処するか、ということが問われることになります。図5-2は、いじめ防止対策推進法から類推した、「いじめ」と「犯罪」と「けんか」の関係です。

　犯罪といじめの関係については、すでに表5-2で示しましたが、このような犯罪といじめの関係を見ると、子どもたちをはじめ対人援助者も、今までいじめだと思っていた行為の多くが犯罪行為であることに気づかされます。したがって、犯罪といじめのグレーゾーンは犯罪になりうる行為だと捉え、発見した場合は児童相談所などに知らせるなどの対処が必要です。

　犯罪に該当しないいじめで最も酷いものは、クラス集団全員による無視です。そのいじめを受けた子は精神的破綻をきたすこともありますので要注意です。また、いじめが見逃されやすい行為として、「いじる」(おもしろ半分にからかったりする)ことです。往々にしていじられる子は苦痛を感じていても笑っていたり、いじる子と行動を共にしている場合が多いのです。既述の2014年の調査(96頁の表5-1参照)のインタビューで、あるいじめ被害経験者は、「いじりが苦しかったのでそれを早く収めるために何でもないように明るく振る舞っていた」と語りました。いじりに抵抗を示したりすると、それがさらに酷いいじめを誘発する原因になるからだということです。

　いじめとけんかのグレーゾーンについては見極めが難しいのですが、1つの目安としてはけんかは一過性の出来事である場合が多く、その後に元の仲に戻るか

それ以上の仲良しになります。けんかが長く続いていたり，どちらかが元気がなくなったりした場合は，いじめにつながることがあるので注意が求められます。

2　いじめ防止対策推進法の現在

　いじめ防止対策推進法が施行されてから4年が経過しました。2017年の調査（警察庁「平成29年中における少年非行，児童虐待及び子供の性被害の状況」）によれば，いじめに絡む事件で警察が2017年に摘発・補導した小中高生は245人で，2016年は267人，2015年は331人でした。ただし，これは学校等が警察に通報し，暴行と傷害等で補導された人数（通報した事件の総数の約6割を占める）です。

　一方，文部科学省が行った「児童生徒の問題行動・不登校等生徒指導上の諸課題に関する調査」によると，学校が認知したいじめ件数は，2016年度は32万3,143件（児童生徒1,000人当たり23.8件），2015年度は22万5,132件（同16.5件），2014年度は18万8,072件（同13.7件），2013年度は18万5,803件（同13.4件）でした。

　またこれらの調査によれば，暴行や傷害という事件につながるようなあからさまないじめ（ひどくぶつかられたり，叩たたかれたり，蹴られたりする）は減少していますが（いじめ全体の6.3％），陰湿ないじめ（冷やかしやからかい，悪口や脅し文句，嫌なことを言われる）が，かなり増加しています（同62.5％）。

　このような統計からすれば，いじめ防止法がいじめの防止に奏功したとは必ずしもいえません。ただ，法律によっていじめの定義を明確にして，いじめが，いじめを受けた児童等の教育を受ける権利を著しく侵害し，その心身の健全な成長及び人格の形成に重大な影響を与えるのみならず，その生命または心身に重大な危険を生じさせるおそれがあり，犯罪につながりかねない行為であることを，教師や生徒児童に周知させたことは重要です。またこの法律は，深刻な被害が生じた場合「重大事態」として第三者委員会などで調査する必要があるとしています。そのような重大ないじめ事例を検証することで今後の防止につなげることができます。

　いじめ防止法がいう「重大事態」とは，2013年の文部科学省の「いじめ防止等のための基本的な方針」によると，例えば，①児童生徒が自殺を企図した場合，②身体に重大な傷害を負った場合，③金品等に重大な被害を被った場合，④精

神性の疾患を発症した場合，などのような児童生徒の状況に着目して判断するとしています。また，「いじめで欠席を余儀なくされた疑いのある期間が年30日」などと例示しています。

さらに，いじめ防止法は各自治体に「地方いじめ防止基本方針」を作成していじめ対策を推進することを努力義務として課しています（12条）。各自治体の取組みについては，NPO法人「ストップいじめ！ナビ」が調査をしました（『朝日新聞』2016年2月24日）。それによれば，評価の高い項目として，校内の対策組織の役割が具体的，学校の積極的な情報開示，外部の専門家の参加，などが挙げられています。

こうしたことからすれば，対人援助者が法律による詳細な定義によっていじめに該当するかどうかにこだわったり，重大事態として対処が必要かどうか迷ったりするなど，画一的な判断をすることは，適切だとはいえません。むしろ，一人ひとりの子どもたちの日ごろの状態，言葉や感情の変化，友達関係の作り方・保ち方などを把握しておくことが大切です。そうした日常の変化に注意することがいじめの防止につながります。悲惨な重大事態は突然起きるのではなく，一人ひとりの子どもたちの変化を見逃し続けた結果なのです。

以上を踏まえて，次に，いじめが最も起きやすい学校現場をもとに，法と臨床の協働によるアプローチについてまとめたいと思います。

3 法的アプローチと臨床的アプローチの協働

(1) 学校全体で対応する

いじめが起きたときにクラス担任や部活担当者は自らの力だけで何とか対応しようとする傾向がありますが，これはいじめの初期対応で陥りやすい誤りです。往々にしていじめの事態を深刻にしたり解決を困難にしかねません。いじめ事案の軽重にかかわらず，まず学校長に報告し，学校全体で組織的に対応することが必要です。いじめは，その子ども同士の問題だけではなく，クラスや部活という集団システムで起きる問題だからです。いじめる子，いじめられる子だけでなく，いじめを傍観する子，さらに担任や部活担当者を含めて解決するべき問題です。

同様に，学校全体で対応するときも，学校内だけで収めようとするのではなく，

いじめの解決とその後の予防に向けた外部の意見をできるだけ取り入れるようにすることです。そうした学校システム全体の修正が，クラスや部活といったサブシステムとその中の子どもの関係性の修復につながります。いじめ問題の対応においては，内々で対応するのではなくできるだけ外との"風通し"をよくすることがポイントになるといえるでしょう。

(2) "悪者探し"をせずに事実を把握する

いじめの相談があった場合，いじめられた子，周囲の子どもたち，保護者などから個別に聞き取りを行うなど，実態の把握に努めなければなりません。その際，いじめの調査では，悪者探しに陥りやすいことに注意しなければなりません。誰から聴取をするにしても，事実を調査する際には，4W1Hをニュートラルに正確に把握することです。そうした事実の調査と，いじめかどうかの評価は別段階のことです。

最初から，いじめの張本人を探り出そうとするような悪者探しをすると，子どもたちは口を閉ざしてしまいます。話の内容に悪質なことがあっても，説教を挟んだり，叱ったりせずに，最後まで真剣に聞くことが大切です。

いじめた子は事実をなかなか語らないのではないかと思われるかもしれませんが，子どもたちは教師など大人に対して信頼感と安心感をもつと，正直に話し出し，自分の内に溜まっていた様々な感情，気持ち，思いをはき出すように語ってくれます。その他，いじめの調査においては，スクールカウンセラーの協力を得るなど，適切な調査チームを構成し，正確な事実を把握するとともに，いじめの調査で子どもたちを傷つけないように配慮しなければなりません。

(3) いじめられる子といじめる子の同時ケア

いくら適切に調査して対応しても，いじめが続いたり，陰で行われたりすることがあります。いじめによる自殺という取り返しのつかない事態を招いている現状からすれば，いじめる子を出席停止させたり警察と連携した対応をとるなどの法的なアプローチをせざるをえないことがあります。

しかしその際，いじめる子をただ監視したり，懲戒として罰を与えるだけのような対応は，さらに執拗で陰湿な問題を引き起こすことになりかねません。いじ

めなどの問題を起こす子どもは必ずといっていいほど、それまでに被害的な経験をしています。そうした視点から、いじめた子は何らかのストレスにさらされていないか、本人や保護者の話を十分に聴き、特に家庭での生活状況に注意する必要があります。そして、出席停止や警察の関与といった強力な法的アプローチをするときには、それと同等な臨床的アプローチを十分に施さなければなりません。

臨床的アプローチの基本は一人ひとりの子どもを支えることにあります。「いじめた子－いじめられた子」に2分して、いじめられた子だけを守り、いじめた子のケアを疎かにするような対応は、問題の解決にはつながらず、早晩、より深刻ないじめが起きてしまいます。したがって、対人援助者に求められることは、いじめられた子をしっかりと守りながら、いじめた子も同時にケアすることで、子ども集団のシステムを修復することが重要になります。

(4) 関係機関との連携

学校が関係機関と連携する際に留意しなければならないのは、いじめた子を関係機関に引き渡して終りにするような対応はよくないということです。例えば、児童相談所との連携に失敗しやすい学校を見ると、いじめた子の指導を児童相談所に引き継いで済まそうとする傾向があります。

児童相談所と連携しながら、学校内でいじめた子を指導するときはもとより、その子が施設収容された場合でも、教師はそれ以前よりその子との関わりを緊密にしなければなりません。そうした学校の包容力が必要です。児童相談所であれば児童福祉司との、家庭裁判所に送致された場合であれば家裁調査官との連携を保ちながら、いじめた子に引き続き関与することが大切です。こうした対応は、結果的にいじめた子が施設に入所したり転校したとしても、その子の立ち直りによい影響を及ぼし、いじめ問題で歪んだ子ども集団と学校の再生にもつながります。

また、いじめに限らず、様々な子どもたちとその家族に対応する現場の教師自体が、悩み苦しむ逼迫した状態にあります。個々の教師も援助の対象者であるとさえいえます。もはや、個々の教師や学校だけでいじめ問題に対応することは困難で、共倒れになりかねない状況です。だからこそ、関係機関と連携して、協力しながら問題解決に臨む姿勢が重要なのです。

第6章 少年非行

第1節 少年非行の理解と対応の基本

1 対人援助のための少年法の理念

非行少年を援助するための基本的姿勢は，少年法1条に，まさに明記されています。

> ▶少年法
> 第1条（この法律の目的）　この法律は，少年の健全な育成を期し，非行のある少年に対して性格の矯正及び環境の調整に関する保護処分を行うとともに，少年の刑事事件について特別の措置を講ずることを目的とする。

詳細な法的解釈は第2節で解説しますが，ここでは本条文のうち，①「少年の健全な育成」，②「環境の調整」，③「少年の刑事事件について特別の措置」という3点に絞って説明します。

①　少年法1条の冒頭に明示されているように，まず非行少年を健全に育成することが求められています。非行少年に「罰を下せ」などとは記されていません。あくまでも未来を担う少年たちの立ち直りを図り，成長・発達を積極的に援助す

ることが求められているのです。このことは対人援助者に限らず，すべての大人たちが理解しなければならないことです。

② あえて「性格の矯正」ではなく「環境の調整」を強調したのは，「性格の矯正」という表現には，非行の原因を少年に内在する問題に見るという意味合いが含まれ，ともすると少年個人の責任の追及，つまり罰の論議に陥りやすくなるからです。そうではなく，「環境の調整」を強調することで，非行は少年を取り巻く劣悪な環境（家族関係など人間関係を含む）の反映であると捉えて，その関係性の歪みの修復をはかることのほうが，少年非行の本質を捉えた援助につながると考えます。

③ 少年の刑事事件（第2節4を参照）における「特別の措置」とは，少年の刑事裁判は成人と同じようにすればよいのではなく，あくまでも少年の更生を見据えた対応が必要だということです。刑事事件になるような少年非行が起きる度に，ネットで少年の実名や顔写真をばらまいたりすることが起きていますが，これは，少年法の理念に反することなのです。

以上のように，少年法の理念を最初に提示したのは，非行は法に関わる問題行動であるため，ともすれば彼らに対する罰の論議に巻き込まれてしまいかねないからです。対人援助者が非行少年を援助するためには，まず非行という問題行動を少年たちの救助信号として捉えることが必要です。そして，少年たちはどのような助けを求めているのかを理解しなければなりません。

心理臨床家の村瀬嘉代子は，心理臨床の基盤は「人が少しでも生きやすくなるように，『誰に対しても基本的に人として遇し，個人に寄り添う姿勢』でクライエントに出会うこと」だと述べています（村瀬，2011）。したがって，どのような事件を起こした非行少年に対してもしっかりと向き合い，なぜこのような事件を起こしてしまったのか，どうすれば少年は立ち直ることができるのかについて考えなければなりません。

2 非行少年とは

「非行少年」と「犯罪少年」の違いをおわかりでしょうか。毎日のようにメディアで非行や犯罪が報じられているにもかかわらず，「非行少年」や「犯罪少年」とは何者なのかがよく理解されないまま，それぞれについて論じているよう

に思います。そこで，最初に非行少年とはどのような少年のことをいうのかについて，簡単に説明しておきます（少年事件の手続については第2節で詳述します）。

「非行少年」についての学際的な定義は存在しませんが，わが国の少年法3条1項から類推すれば，非行少年とは，犯罪少年，触法少年，ぐ犯少年を指します（女子も「少年」といいます）。このことは「非行少年」の援助を考えるうえで重要になります。

非行少年
- 犯罪少年：14歳以上20歳未満で犯罪をした少年。
- 触法少年：14歳未満で刑罰法令に触れる行為をした少年。
- ぐ犯少年：20歳未満で将来，罪を犯し，刑罰法令に触れる行為をするおそれがある少年。

犯罪少年を14歳以上，触法少年を14歳未満と区別しているのは，行為の責任

▶少年法

第2条（少年，成人，保護者）　この法律で「少年」とは，20歳に満たない者をいい，「成人」とは，満20歳以上の者をいう。

2　この法律で「保護者」とは，少年に対して法律上監護教育の義務ある者及び少年を現に監護する者をいう。

第3条（審判に付すべき少年）　次に掲げる少年は，これを家庭裁判所の審判に付する。
　一　罪を犯した少年
　二　14歳に満たないで刑罰法令に触れる行為をした少年
　三　次に掲げる事由があって，その性格又は環境に照して，将来，罪を犯し，又は刑罰法令に触れる行為をする虞のある少年
　　イ　保護者の正当な監督に服しない性癖のあること。
　　ロ　正当の理由がなく家庭に寄り附かないこと。
　　ハ　犯罪性のある人若しくは不道徳な人と交際し，又はいかがわしい場所に出入すること。
　　ニ　自己又は他人の徳性を害する行為をする性癖のあること。

2　家庭裁判所は，前項第二号に掲げる少年及び同項第三号に掲げる少年で14歳に満たない者については，都道府県知事又は児童相談所長から送致を受けたときに限り，これを審判に付することができる。

が生じる年齢を14歳以上にしているためです。なぜ，14歳以上にしているかについては諸学説がありますが，発達心理学の観点によれば，人格が統合される年齢は14歳以上だといわれています。人格が統合された一人の人間の行為には責任が生じるということです。

したがって，14歳未満の触法少年が起こした非行は，「犯罪」ではなく「刑罰法令に触れる行為」ということになります。例えば，2004年に佐世保市の小学6年生（11歳）の女児が同級生を刺殺するという事件を起こしましたが，その女児に殺人罪は問えません。

犯罪少年と触法少年の違いは，少年の処遇の選択にも関わります。基本的には，14歳以上20歳未満の犯罪少年には家庭裁判所の審判による少年司法の処遇，14歳未満の触法少年は児童相談所の判断による児童福祉の処遇が行われます（第2節，図6-2参照）。

ぐ犯少年とは，簡単にいえば，まだ犯罪や触法行為をしていないが，将来そのおそれがある少年を指します。ぐ犯少年を非行少年にしている理由は，例えば家出を繰り返して暴力団事務所に出入りしている少年や，風俗で働いている女子少年などを保護するために適用することもあるからです。

なお，不良少年という言葉は少年法にはなく，少年警察活動規則に「不良行為少年」として，「飲酒，喫煙，家出を行って警察に補導された20歳未満の者」と記されています。非行防止や少年補導で用いられる警察用語です。

ともすれば，犯罪少年は凶悪な少年であり，非行少年は軽い悪さをする不良少年である，というイメージがあるのではないかと思われます。対人援助者が，「非行少年」「犯罪少年」「不良少年」の違いを理解することの意味は，彼らに対して抱いていたイメージを修正してぞれぞれに応じた適切な援助をするということにあります。

3 少年犯罪の現状

図6-1は，2016年度の犯罪少年の罪種別の構成比です。犯罪少年のうち，殺人や強盗などの凶悪事件の割合は，過去30数年間，1.5％前後で，万引きや自転車盗などの窃盗事件が約60％，放置自転車などの占有離脱物横領事件が約15％など，比較的軽微な事件が全体の7割程度で推移しています。

第2部　学校における法と臨床的対応

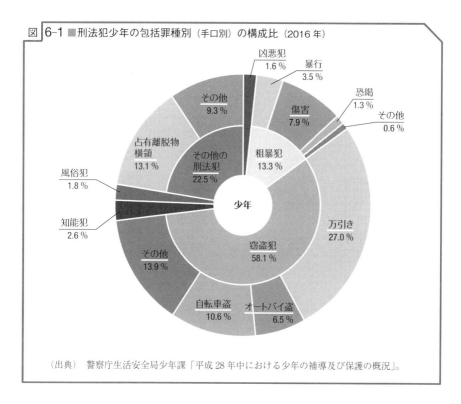

図 6-1 ■刑法犯少年の包括罪種別（手口別）の構成比（2016年）

（出典）　警察庁生活安全局少年課「平成28年中における少年の補導及び保護の概況」。

　このように，犯罪少年のほとんどが凶悪な少年ではないにもかかわらず，特異な少年犯罪に対するメディアの報道に煽られて私たちの犯罪少年のイメージが作られている傾向があります。対人援助者が犯罪少年を援助するにあたって，犯罪少年のほとんどが凶悪な少年ではないということに気づいてほしいと思います。

　対人援助者は，子どもたちの様々な症状や問題については「子どもたちのSOS」として捉えて関わることができても，非行という問題行動になるとその基本的な姿勢が維持できなくなることがあります。その理由は，非行は多くの場合被害者がいるということと，法に規定された問題行動であるということで，対人援助者が「善－悪」の価値観を刺激されやすくなるためです。

第1節　少年非行の理解と対応の基本　　123

第2節 法の視点と対応の原則

事例 J

① 明夫は中学3年生で，両親と小学6年生の妹との4人暮らしである。会社員であった父は2年余り前に失業し，その後はトラックの運転助手や工場の作業員など，短期のアルバイト勤務を繰り返しているが，収入は激減し不安定になった。母はパート職員として働いている。父はもともと厳格で，子どもたちが親の言うことを聞かないときなど体罰を振るうことがあったが，失業後は些細なことですぐに怒り出し，母にも手を出すようになったため，夫婦げんかが絶えなかった。

② 明夫は，このような父に反発し口答えすることが多く，そのたびに小遣いを減額されたり，父から平手で殴られたりした。中学2年になるころからコンビニやスーパーでお菓子やジュースなどを万引きするようなり，やがて同じように夜遅くまでコンビニやゲームセンターなどで群れている中高校生と付き合うようになった。中学2年の夏休み，仲間2人と書店で20冊くらいの本の万引きを実行したが，店員に見つかり警察に通報されて，両親にも明夫の非行が判明した。このときは，未遂に終わったこと，明夫は見張り役で，「事情がよくわからずついてきただけだ」と弁解したからか，警察署で詳しく事情聴取され厳しく説教されたものの，その後はどこからも呼び出しを受けることはなかった。

③ その後も明夫は，不良グループの中高校生との付き合いを深めていき，中学3年になってから，駅前に停めてあった自転車を盗んで二人乗りしているところを警察官に見つかり，窃盗容疑で警察署に連れて行かれ，両親も呼び出された。当日を含め，何回か取調べを受け，書類（供述調書）を作成されたほか，自転車を盗った現場で説明し再現写真を撮影される（実況見分）などした。その後，検察官からも事情を聞かれ，後日家庭裁判所から呼び出しがあるから必ず出頭するようにと言われた。

④ ところが，この事件から2週間余りたった後，まだ家庭裁判所から連絡が

来る前に，明夫は傷害事件を起こしてしまった。いつも一緒に群れている中高生らといるときに，リーダー格の高校生から，生意気な奴がいるから一緒に来てくれと言われ，夜，被害者となる高校生がクラブ活動を終えて帰るのを待ち伏せして，明夫を含め4人で殴る蹴るの暴行を加え，全治2週間のけがをさせたのである。被害者の親からの通報でリーダー格の高校生が翌日逮捕され，その2日後，明夫も自宅で警察官に逮捕された。

1 少年法と非行少年について

(1) 非行少年と少年法

「非行少年」とか「非行に走る」というように，私たちは日常的に「非行」という言葉を使っています。辞書をひくと非行とは，「不正な行為」とか「法律や社会規範に違反した行為」などとされていますが，第1節でも紹介したとおり，非行とは何か，は少年法で明確に定義されています。

まず，少年法が対象とする少年は何歳から何歳までを指すのかが問題になりますが，少年法では20歳未満の者を少年とし，20歳以上の者を成人としています（少年法2条）。少年審判（家庭裁判所で少年に対して行われる裁判のこと。後に詳しく説明します）が行われる時点で20歳に達した者は少年法に基づく手続の対象外になります。一方，年齢の下限は定められていませんが，実際の運用では，10歳程度以上の者が対象になると考えられているようです。

そして少年法3条1項は，第1節で見たように，「犯罪少年」「触法少年」「ぐ犯少年」の3種類の少年を，少年法が対象とする非行のある少年（非行少年）と定めています。

① 「犯罪少年」とは，14歳以上20歳未満で犯罪を行った少年のことです。刑法で14歳未満の者の行為は犯罪にはならず，処罰しない（刑事責任能力がない，あるいは刑事未成年などといいます）と定めているため，14歳以上の少年が犯罪行為を行った場合，犯罪少年となります。

どのような行為が犯罪にあたるかについては，成人と同じ法律が適用されます。例えば，**事例J**の明夫の行為は，窃盗罪（刑法235条）と傷害罪（刑

204条）にあたります。また，捜査機関（警察や検察）は，犯罪少年に対しては成人の場合と同様の手続で捜査を行うことができるため，後にも述べますが，逮捕や勾留を行うことができます。

② 次に，「触法少年」というのは，犯罪に該当する行為を行ったが，行為を行った時に14歳未満の少年のことです。14歳未満であるため「犯罪」ではないので，捜査機関は，逮捕や勾留などの身体拘束はできませんが，事実関係を明らかにするため必要な調査をすることはできます。明夫が，最初に万引きをしたのは中学2年生のときですが，もしその行為時に13歳であれば触法少年であり，14歳であれば窃盗罪を犯した犯罪少年ということになります。

③ ぐ犯少年というのは，次の(イ)，(ロ)，(ハ)，(ニ)のいずれかの事由（「ぐ犯事由」といいます）に該当し，かつ，「その性格又は環境に照らして，将来，罪を犯し，刑罰法令に触れる行為をする虞のある少年」のことです。やはり犯罪ではないため，逮捕や勾留はできません。

　(イ) 保護者の正当な監督に服しない性癖のあること。

　(ロ) 正当の理由がなく家庭に寄り付かないこと。

　(ハ) 犯罪性のある人もしくは不道徳な人と交際し，またはいかがわしい場所に出入りすること。

　(ニ) 自己または他人の徳性を害する行為をする性癖のあること。

(ニ)がややわかりにくいかもしれませんが，性的悪癖など社会・倫理的な通念に外れる行為のことを指します。ぐ犯少年は，まだ犯罪行為にあたることは行っていませんが，要保護性（後述）が高いことから少年法の対象になっているのです。

なお，第1節でもふれたように，不良少年（「不良行為少年」ともいいます）とは，非行少年には該当しないものの，飲酒，喫煙，深夜徘徊，その他自己または他人の徳性を害する行為をしている少年のことをいいます（例えば，20歳未満の飲酒や喫煙は法律で禁じられていますが，飲酒・喫煙した少年自身を罰する条文はなく，飲酒・喫煙したからといって，非行少年には該当しません）。したがって，少年法には不良少年とか不良行為という用語は出てきませんが，警察の非行予防活動により補導の対象となり（少年警察活動規則2条6号，7条），また，児童自立支援施設への入所対象となることがあります（児童福祉法44条）。

表 6-1 ■非行少年の年齢と裁判所・児童相談所の対応

	14歳未満	14歳～18歳未満	18歳～20歳未満
犯罪少年		家庭裁判所 （二次的に刑事裁判 ⇒死刑は不可，無期 懲役は減軽可能）	家庭裁判所 （二次的に刑事裁判 ⇒死刑も言渡し可能）
触法少年	児童相談所 （二次的に家庭裁判所）		
ぐ犯少年	児童相談所 （二次的に家庭裁判所）	児童相談所又は 家庭裁判所	家庭裁判所

（注） 14歳未満の少年については，まず児童相談所が扱い，児童相談所が家庭裁判所に事件を送致した場合に限って家庭裁判所における少年審判の対象となります。犯罪少年は家庭裁判所の少年審判の対象ですが，家庭裁判所が成人と同じ刑事裁判をすることが相当と判断したときには，刑事裁判の対象となります。

（出典） 裁判所職員総合研修所監修『少年法実務講義案（改訂版）』財団法人司法協会，2002年，28頁の表を修正。

(2) 少年法の理念

　少年法は，非行少年とは何か，非行少年はどのように処遇されるのか，について定めた法律です。それでは，なぜ，わざわざ少年についての特別な法律ができたのでしょうか。

　少年法はその1条に規定されている通り「少年の健全な育成を期し，非行のある少年に対して性格の矯正及び環境の調整に関する保護処分を行う……ことを目的とする」法律です。この「健全育成」という言葉は，児童福祉法2条1項の「全て国民は，児童が良好な環境において生まれ，……心身ともに健やかに育成されるよう努めなければならない」という趣旨と共通するものです。

　少年は1人の人間として尊重されるべき権利の主体ではありますが，大人への成長過程にあり心身共に未成熟で可塑性に富む存在であり，非行を行っても一過

Note

1　児童自立支援施設への入所対象となる児童について，児童福祉法44条には，「不良行為をなし，又はなすおそれのある児童」という規定がありますが，この場合の「不良行為」という用語は，少年法の非行少年を含みます。

性であることが多いと考えられています。非行少年の中には，幼児期から虐待を受けるなど保護者の十分な愛情を受けられずに育ったため自分の大切さがわからず，したがって他人の大切さもわからないため安易に他者を傷つけるなどの非行に及ぶ者も少なくありません。また家庭にも学校にも自分の居場所を見つけられず，SNSを通して見知らぬ人との人間関係を広げ，自覚しないまま非行に関与してしまったり，有害情報に触れ，薬物を入手するなどの非行に至る少年も増えています。

　少年非行の多くは，少年の成長発達過程から生じる現象の１つであり，心の傷を抱えた未熟なゆえの逸脱行動であることが多いのです。このような少年に刑罰を与えても効果はなく，却って少年の立ち直りを妨げるだけであり，社会にとっても良好な結果にはならないと考えられています。そこで，少年法は，家庭裁判所において非行の原因や背景を調査し，それぞれの少年と少年を取り巻く環境等の問題性に応じた適切な援助，教育を行うことによって，少年が主体的に非行性を克服・解消し，自主的精神に充ちた大人として健全な社会生活を送ることができるようにすることを目的としているのです。これを少年審判の福祉的機能といいます。

　すなわち，家庭裁判所は，少年が非行を行った場合に，少年の「要保護性」の有無，程度を調査し，要保護性を解消することを目指しています。少年法における要保護性とは，①その少年が将来再び非行を行う危険性，②保護処分による矯正教育を施すことによって再び非行を行う危険性を除去できること（保護処分については3で説明します），そして，③少年の処遇にとって保護処分が最も有効，適切な手段であること，の3要素から成るものです。

　このような少年法の理念に基づき，少年に対して，刑罰よりも保護処分を中心とした教育的措置を優先させることを保護処分優先主義といいます。そこで，少年法の手続は少年保護手続ともいわれています。行った犯罪の軽重に基づき，行為者を非難しその責任を追及する刑事裁判とは異なるものです。

(3) 非行少年に必要なもの

　少年法は，1948年の制定以来50年余りの間，目立った改正はなされませんでしたが，2000年以降，計4回の重要な改正がなされました。この中には，少年

事件が凶悪化，低年齢化しているという主張に基づく重罰化，厳罰化の方向での改正が含まれています。

しかし第1節でもふれたように，少年非行が凶悪化，低年齢化していることを裏付ける客観的な資料はありません。また重罰化，厳罰化によって少年事件を抑止できるという根拠もなく，むしろこれに反対する意見が少なくありません。

少年非行の原因は様々ですが，少年非行の背景には児童虐待や貧困など少年を取り巻く環境の劣悪さ，厳しさがあります。

非行を行った少年に必要なのは，厳しい責任追及でも刑罰による威嚇や少年刑務所への収容でもなく，一人ひとりの少年の成長過程や家族・交友関係に立ち入って，少年がそのように育っていったプロセスを辿りながら，事件の背景，要因をさぐり出し，環境調整を含め，少年が自分で立ち直り，成長発達していくために必要な援助・教育を行うことなのです。

2 非行少年に対する法的手続の流れ

(1) 捜査段階

事例Jの明夫が今回行った行為（③と④）は自転車の窃盗罪と傷害罪に該当します。すでに14歳になっていましたので，犯罪少年ということになります。犯罪少年については，図6-2のように，警察や検察による捜査段階では成人の場合と同じ刑事訴訟法という法律が適用されます。逃亡や証拠隠滅を防ぐために必要があるときには逮捕され（逮捕により身体を拘束できる時間は最大72時間です），その後10日間から最大20日間勾留（警察の留置場や法務省所轄の拘置所などに収容されること）されることがあります。

事例Jの④の場合，傷害事件は軽微な犯罪とはいえず，また関与している複数の少年の間で口裏合わせをする恐れがありますし，誰がどのような行為をしたかなど詳しく話を聞いて供述調書を作成する必要もあることから，明夫は警察によって逮捕され，その翌日から10日間勾留されました。この間，連日取調べを受け，供述調書が作成され，現場での実況見分も行われました。なお，勾留されると，少年であっても成人であっても，国選弁護人を選任することができます。明夫の場合も，警察署に面会に来てくれた弁護士に国選弁護人になってもらいま

図 6-2 ■少年保護事件の一般的な流れ

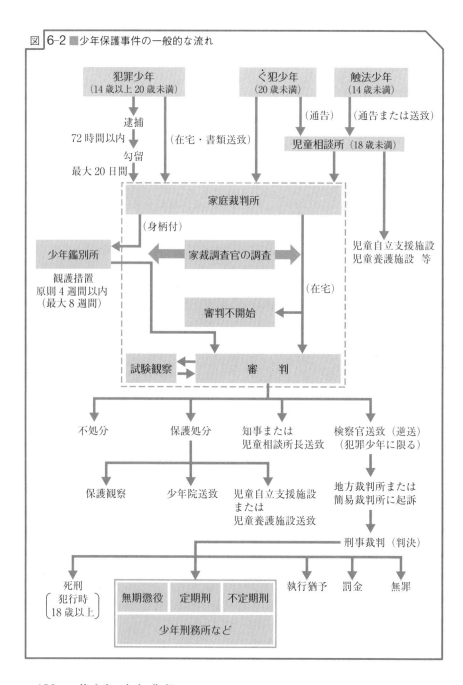

した。

　一方，もし明夫と一緒に傷害事件を起こした少年の中に14歳未満の者がいた場合，その少年は触法少年ということになります。この少年に関しては犯罪ではないため，刑事訴訟法は適用されず，したがって逮捕も勾留もされません。ただし警察官は，少年法に基づいて少年や保護者，参考人から任意で事情聴取するなどの調査をすることができますし，捜索や検証などを行うことができます。

(2) 家庭裁判所への送致——全件送致主義

　成人の場合，軽微な事件は微罪処分として警察限りで処理されることがあります。また検察官は，犯罪を行った被疑者を裁判所に起訴し，刑事裁判を開始するか否かの判断をする権限を有しています。犯罪行為が証拠上はっきりしている場合であっても，検察官は，反省の有無・程度，年齢，境遇，犯罪の軽重，被害弁償の有無など様々な事情を総合的に考慮し，裁判所に起訴するか起訴猶予（不起訴）処分にするかを決定することができるのです。

　これに対して少年の場合，14歳未満の場合を除き，非行少年の事件は全て家庭裁判所へ送致されます。これを全件送致主義といいます。これによって，仮に非行が軽微であっても必ず家庭裁判所が非行事実と要保護性について判断し，必要に応じ保護処分を行うことができるようになっています。犯罪少年で勾留されている場合には，身柄付送致といって，事件に関する書類とともに少年も家庭裁判所に連れてこられます。これに対し身体拘束されていない在宅事件の場合は，書類だけが家庭裁判所に届けられます。これは書類送致といいます。

　一方14歳未満の非行少年（触法少年と14歳未満のぐ犯少年）については，少年法による対応よりもまず福祉的な対応をとるべきであるとの考え方から，児童福祉法25条に定められている要保護児童として，捜査機関によって児童相談所に通告されます（これを「児童福祉機関先議主義」といいます）。なお，児童相談所は，必要があると判断した場合には，児童相談所の一時保護所に少年を入所させることができます（児童福祉法33条1項）。

　そして児童相談所が，家庭裁判所による審判を受けさせることが適当であると判断した場合に限り，児童相談所から家庭裁判所に送致され，家庭裁判所の少年保護手続が開始されます（児童福祉法27条1項4号）。

(3) 観護措置

事例Jの明夫は，10日間の勾留期間の最終日に，身体拘束されたまま家庭裁判所に連れてこられ（家庭裁判所への身柄付送致），裁判官から事情を聴かれた後，裁判官により観護措置の決定がなされました。

観護措置とは，通常，少年を強制的に少年鑑別所（法務省所管の施設で都道府県庁所在地など全国に52カ所設置されています）に収容することによって逃亡を防止し，少年の心情の安定を図りながら，心身の鑑別を行うことをいいます（少年法17条1項2号）。

本節の1(1)において，捜査段階では，犯罪少年は逮捕・勾留されることがあり，他方，触法少年とぐ犯少年については逮捕・勾留されることがないと述べましたが，家庭裁判所に送致された後の手続では非行少年の類型による区別はなく，触法少年やぐ犯少年でも，裁判官によって少年の心身の鑑別の必要があると判断されれば，家庭裁判所に呼び出して事情を聞いたうえで監護措置が決定され，少年鑑別所に収容されることがあります。

少年鑑別所では，鑑別技官が少年との面接や各種の心理テストを実施するほか，日頃の行動観察等を通じ，少年の知能・性格，問題点を詳しく分析し，処遇意見も記載した鑑別結果通知書を作成し，家庭裁判所に提出します。

少年が逮捕・勾留されている事件では，家庭裁判所に送致された日に観護措置決定が行われることが多いといえます。また，在宅事件においても，多くはありませんが，家庭裁判所に事件が送致された後に，調査や審判のために家庭裁判所に呼び出されて出頭した際に観護措置決定がなされ，そのまま鑑別所に収容されることがあります。

観護措置の期間は原則4週間以内と定められていますが，非行事実の有無を確定するために多人数の証人尋問が必要であるような特別なケースに限り，例外的に最長8週間まで延長できるようになっています（少年法17条3項，4項）。

(4) 家庭裁判所調査官による調査

家庭裁判所が受理した事件は，観護措置を決定した事件も在宅事件も，必ず家庭裁判所調査官（以下，「家裁調査官」）が裁判官の調査命令に基づき社会調査（少

年の要保護性に関する調査のこと）を行います（少年法8条1項，9条）。家裁調査官の多くは大学で心理学や教育学，社会学などを専攻した者であり，最高裁判所に採用された後，研修所で法律や心理学の研修を受けます。

　家裁調査官は，捜査機関から送られてきた供述調書などの証拠を検討し，被害者など事件の関係者や学校など関係機関に少年のことを照会するほか，少年と保護者に何回か面接を行います。必要に応じて，家庭，学校，職場を訪問し，担任教師や雇用主等に面接することもあります。

　そして非行事実の有無，その背景にある事情や要保護性等について詳しく分析し，処遇についての意見を記載した報告書を裁判官に提出します。裁判官が少年や保護者に会うのは原則として審判期日のときだけですし，少年事件を担当する裁判官の多くは実状として少年事件担当の経験が多いとはいえ，そもそも子どもの発達や心理についての専門家ではありません。したがって，裁判官が少年の要保護性を判断し処遇を決定するに際しては，家裁調査官の報告と意見が大きな役割を果たします。

　なお，極めて軽微な事件で，少年にも家庭環境にも問題性が少なく，一過性で要保護性が低いと判断される事件については，少年や保護者との面接も行わず，審判不開始（後述します）として終了する場合があります。他方，これ以外の事件では，家裁調査官による面接などの保護的措置[2]により要保護性が解消されるケースも少なくありません。これを家庭裁判所のケースワーク機能といいます。

(5) 付 添 人

　捜査段階で被疑者となった少年の弁護のために活動する弁護士を「弁護人」といいますが，少年事件が家庭裁判所に送致された後に少年のために活動する弁護士は「付添人」と呼ばれます。観護措置がとられた事件では，90％以上で弁護士の付添人が選任されています。その大部分は，少年が弁護士費用を負担する必要のない法テラスの法律援助制度または少年法の国選付添人制度によるものです。付添人は，少年との面会を重ねる中で少年の話をじっくり聴き，少年自身に非行

Note

[2] 保護的措置とは，調査・審判の過程で，再非行防止のために，少年・保護者の同意のもとに行われる非強制的で短期間の援助活動のこと。家裁調査官による少年や保護者との面接，少年による地域での清掃活動や老人福祉施設における介護などの社会奉仕活動，反省文の提出など。

や今後の生き方について自分の力で考えさせるように援助します。そして保護者とも何度か面談して（家庭訪問することもよくあります）家族関係の調整をするほか，就業先の確保や学校との協議その他の環境調整を行い，少年の要保護性の解消に向けた活動を行います。他方，被害者の気持ちを少年に伝えたり，被害弁償することも付添人の重要な役割です。

　付添人は，家裁調査官とは早い段階から何度か面談し情報交換及び意見交換をします。そして審判期日までに詳しい意見書を提出し，裁判官とも直接会って，少年の考え，および付添人の意見を述べ，理解が得られるように努力します。むろん，審判期日にも出席し，少年が裁判官に自分の気持ちを述べられるようにします。

　事例 J の明夫の場合も，国選弁護人と同一の弁護士が法律援助制度により付添人に就任し，両親の依頼により被害弁償を行ったほか，家裁調査官とも協議して家庭環境の調整などを行いました。

3　少年審判と保護処分

(1) 少年審判とは

　少年審判とは，家庭裁判所の少年審判廷（民事裁判や刑事裁判の法廷とは異なります）において，裁判官が少年から直接，非行事実の有無を確認したうえで，要保護性に関し少年や保護者に質問して事情や考え方・意見などを聴き，最終的に少年の処遇を決定し，言い渡す手続のことです。少年，保護者，家裁調査官のほか付添人がいる場合には付添人も出席します。ケースによっては，学校関係者や雇用主が出席し，少年の今までの言動や今後の受入れなどについて発言することもあります。

　審判の進め方について少年法は「懇切を旨として，和やかに行うとともに，非行のある少年に対し自己の非行について内省を促すものとしなければならない」（少年法22条1項）と規定しています。少年審判では，非行事実だけでなく要保護性も審判の対象となりますから，少年や家族に関する高度にプライベートな事柄も明らかにされる場合があります。また少年は，第三者がいるところでは，言いたいことも自由に喋れない場合が少なくありません。さらに，少年の立直り，社

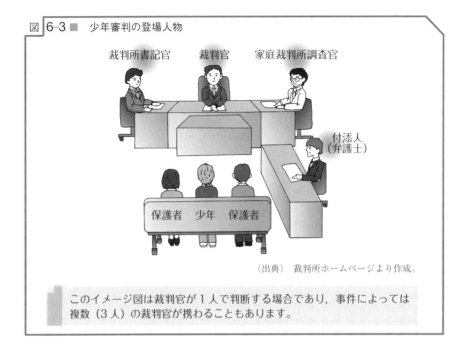

図 6-3 ■ 少年審判の登場人物

（出典）裁判所ホームページより作成。

このイメージ図は裁判官が1人で判断する場合であり，事件によっては複数（3人）の裁判官が携わることもあります。

会復帰のためには少年審判に関する情報が外部に出ない方がよいと考えられます。そのため，少年審判は非公開とされていますが，例外的に一定の事件に限り，裁判官が許可すれば被害者の傍聴が認められます。

なお観護措置がとられている事件では，観護措置の期間（原則4週間）内に審判期日が開かれるのが通例です。

(2) **試 験 観 察**

試験観察とは，家庭裁判所が少年に対する最終的な決定（終局決定）をいったん留保し，少年の生活態度を相当の期間，家裁調査官の観察に付すという中間処分（決定）のことをいいます（少年法25条1項）。

試験観察制度の趣旨には，大きく以下の2点があります。
① 十分な調査や環境調整をしたうえで，最も適した処分を決定する。
観護措置がとられている場合など，審判期日までの調査や環境調整では不十分であり，少年にとって最も適した処分を選択するため，さらに調査や環境調整が

必要となる場合に，試験観察が利用されます。

② 少年に心理的強制を加えつつ，社会内更生に向けて努力する機会を与える。

少年の側から見ると，試験観察というのは，例えば終局決定が保護観察になるか少年院送致になるか，この期間の自分の態度が運命を決める，という状況ですから，少年にとっては，自分の生活態度の改善等に真剣に取り組もうとする心理的強制力が働きます。

試験観察決定では，あわせて，①裁判官が定める遵守事項の履行を命じたり，②条件つきで保護者に引き渡したり，③適当な施設，団体，個人に補導を委託したりする措置をとることができます（少年法25条2項）。このうち③は「補導委託」と呼ばれます。この補導委託には「在宅補導委託」と「身柄付補導委託」があります。前者は，在宅のまま社会福祉施設等に宿泊・通所させるなどして補導を委託するものです。後者の身柄付補導委託は，民間の篤志家の方の自宅や会社等の社員寮などに住み込んで，篤志家の家族や他の従業員と共同生活をしながら，補導委託先の営んでいる事業（農業，サービス業など種類は様々です）に従事するものです。

試験観察期間は，少年の状況を把握した家裁調査官の報告・意見を受けて裁判官が決定しますが，通例2～3カ月から数カ月程度です。

(3) 終局決定

家庭裁判所が少年保護事件について判断し，最終的な少年の処分を決定することを終局決定といいます。すでに述べたように，少年法の理念に基づいて，要保護性の解消，少年の立直りにとって必要かつ相当な処遇を選択することになります。

終局決定には次の5種類があります。

① 審判不開始

審判を開始しない，という決定です（少年法19条1項）。少年を審判に付することができない場合（非行事実の不存在など）のほか，下記③～⑤のいずれの処分も相当ではなく，かつ裁判官による審理（審判）すら必要がない場合や，保護的措置で十分な場合，および事案が極めて軽微な場合などです。

② 不　処　分

審判の結果，少年を保護処分に付することができない場合（非行事実の不存在など），および保護処分に付す必要がない場合（保護的措置で十分な場合や事案が軽微な場合など。少年法23条2項）。

③ 保護処分

保護処分は以下の3つの種類に分けられます。

(ア)　保護観察（少年法24条1項1号）　通常の社会生活を営みながら，保護観察所の保護観察官と保護司による指導監督と補導援助によって，少年の改善，更生を図るものです。

(イ)　児童自立支援施設または児童養護施設への送致（少年法24条1項2号）児童自立支援施設（旧教護院）とは，不良行為をなし，またはなす恐れのある児童に対し，主としてその個性に着目して不良行為をなくすために生活指導，教育，自立支援を行う施設のことです（児童福祉法44条）。児童養護施設とは，保護者のない児童，虐待されている児童，その他環境上養護を要する児童を入所させて，これを養護し，またその自立援助を行う施設です（児童福祉法41条）。

(ウ)　少年院送致（少年法24条1項3号）　少年院送致は，少年院（少年院法）に少年を収容して，矯正教育を行うものです。少年院は，少年の年齢や心身の状況により，第1種少年院から第4種少年院まで4つの種類に分けて設置されており，どの種類の少年院に送致するかは，家庭裁判所が決定します。矯正教育の内容は，少年の必要性等に応じた特色のある様々な教育活動を含み，生活指導，職業指導，教科指導，体育指導および特別活動指導から成り立っています。

保護処分決定に対しては，少年，その法定代理人または付添人から，2週間以内に不服申立て（抗告といいます）をすることができます（少年法32条）。

④ 検察官送致

家庭裁判所の裁判官が，少年について，保護処分ではなく刑事裁判を受けることが相当であると判断した場合には，検察官に送致されます（少年法20条）。これを「逆送」といいます。刑事裁判を受けることが相当である場合とは，非行の重大性，悪質性，社会感情，被害感情等から，保護処分を行うことが社会的に許

容されない場合などのことです。[3]

なお，年齢超過（少年が20歳に達した場合）のときも検察官に送致されます（少年法19条2項，23条1項3号）。

送致を受けた検察官は，刑事裁判を受けさせるため，原則として少年を地方裁判所または簡易裁判所に起訴しなければなりません（刑事裁判での「特別の措置」については後述します）。

⑤ **知事または児童相談所長送致**

児童福祉司による指導など，児童福祉法に基づく措置をとることが相当な場合には，知事または児童相談所長に送致されます（少年法18条，23条1項）。

4 刑事裁判における特別の措置

家庭裁判所の審判によって検察官送致の決定がなされた場合，検察官は，その少年を成人の刑事事件と同様に地方裁判所または簡易裁判所に起訴しなければなりません（起訴された者は，少年も成人も「被告人」と呼ばれます）。刑事裁判の手続自体は，成人の場合と同様に，刑事訴訟法に基づいて公開の法廷で行われます。少年審判が非公開とされているのとは対照的です。成人の場合と同様に，殺人，強盗致傷，傷害致死など一定の重大な事件については少年についても裁判員裁判が行われます。

しかし第1節1で述べたように，少年法の理念は少年の刑事裁判にも及び，審理においては懇切を旨とし（刑事訴訟規則277条），心理学や教育学などの専門的知識および少年鑑別所の結果を活用することとされています（少年法50条，9条）。

そして判決については，少年の可塑性および教育可能性の高さ，できる限り社会復帰の機会を与えること，などの観点から，以下のように刑罰が減軽されてい

Note

3 　再非行を繰り返し，保護観察や少年院送致などの保護処分では矯正改善の見込みがないと判断される場合や，道路交通法違反事件などで保護観察とするより刑事裁判の場で本人の責任を明確にし，罰金刑などの刑罰を科す方が改善更生に役立つと判断される場合も，逆送されることがあります。なお，2000年の少年法改正により，故意の犯罪行為により被害者を死亡させた罪（殺人，傷害致死など）の事件で，少年が犯罪行為時に16歳以上であった場合には原則として逆送しなければならないという規定が置かれましたが（少年法20条2項本文），健全育成という少年法の理念に反するという批判が少なくありません。実際の運用では，この規定による原則逆送事件のうち3割程度は逆送されずに保護処分になっています。

ます。

　まず犯罪行為の時点で18歳未満の者に対しては死刑を言い渡すことができず，死刑を科すべき場合には無期懲役が言い渡されます。そして無期懲役を科すべき場合には有期懲役に減軽することができます（少年法51条）。また，成人の場合の定期刑とは異なり，長期と短期を定めた不定期刑を言い渡すことになっています。長期の上限は15年で短期の上限は10年です（例えば「2年以上5年以下の懲役」など。少年法52条）。これは少年が可塑性に富み，成人よりも教育による改善・更生が期待できることから，服役により改善の効果があったと認められれば，成人の場合よりも早く刑を終了させることができるようにしているのです。

第3節　臨床的視点と援助的アプローチ

1　非行少年の特徴

　対人援助者が通常，援助の対象にしている人々は，何らかの悩みを抱えて援助を求めてくることが多いと思います。ところが，非行少年はそのような対象者とは少し違うため，対人援助者は戸惑うことがあります。

　非行少年の定義で説明したように，非行少年とは犯罪や触法行為をして法の俎上に載せられた少年たちです。非行少年たちの立場からすれば，警察や家庭裁判所がいくら少年たちの健全育成を目的にして関わったとしても，彼らの当初の認識は異なり，罰せられることへの怖れと警戒心，敵意などで自らの殻を固く閉ざしています。それだけに彼らとの援助関係を築くことが難しくなります。

　そして，非行という行為自体は少年たちに苦痛を及ぼすものではなく，むしろ快感や利得を与えています。例えば，麻薬や覚せい剤は快の刺激を与え，暴走行為はスリルやギャラリーからの注目をもたらしています。窃盗（万引など）はまさに財物の利得や遊びを目的にしたものです。

　そのため，少年たちが非行という問題行動を改善したり自ら援助を求めようとしたりすることは，当初はありません。もちろん彼らも息苦しさや困難さを奥深くに潜ませているのですが，それを自覚して援助を求めようとはしません。した

がって，非行少年へのアプローチにおいて困難になることは，援助的関係が形成し難いということです。

さらに，非行少年は，彼らの内にある憎悪，恨み，激しい攻撃性，といった極めてネガティブな感情で自らを破滅させないために，非行という問題行動でネガティブな感情を発散しようとすることがあります。そうした行動化に対処するためには，「行動」を「言葉」に置き換えていくアプローチが有効な場合が多いのですが，非行少年の多くは言葉による表現能力が乏しいため，結局非行という行動を繰り返してしまいやすいのです。

2 非行少年にどう向き合うか

では，このような非行少年に対人援助者はどのようにアプローチすればよいのでしょうか。その要点は以下の3点です。

非行の悪質性，問題性について善悪の評価をいったん保留する

非行は悪い行為ですが，対人援助者がその行為の悪質性や問題性を初めから指摘すると，非行少年は殻を閉ざしてしまい，彼らとの関係が形成できなくなってしまいます。そこで，まず非行行為の善悪の評価をいったん保留することです。非行をしたことを不問に付すのではなく，犯した罪に少年が向き合えるようになるまで保留するということです。

非行の意味を救助を求めるメッセージ＝SOSとして受けとめる

非行を起こしたことの意味を，非行少年が対人援助者に向けて「助けて」「苦しいよ」と救助信号を発したものとして受けとめてください。非行少年が不貞腐れたり反抗的な態度をとったりしても，高圧的に抑えつけたり罰をちらつかせたりして叱責するような対応は効果がありません。少年をそのまま受容しながら，彼らが対人援助者に何を伝えようとしているのかを理解してください。すると，徐々に少年との援助関係が形成されてきます。最初はそのように受けとめることが難しいと思いますが，対人援助者が非行少年に関わるためのトレーニングにもなります。

非行少年の語りを「徹底傾聴」する

非行少年たちの語りに真剣に耳を傾けると，彼らは一様に堰を切るように自分の思いや抑えていた感情を吐き出します。警察や検察で供述できなかったこと，

供述しなかったことが語られることもあります。もっとも彼らなりのものの見方の偏りや，屁理屈，不合理な言い訳もたくさん出てきます。しかしそれを否定したり修正したり，もちろん肯定したりするのではなく，とにかく最後まで徹底的に傾聴してください。非行少年は自分の話をしっかりと受けとめて聴いてもらった経験に乏しく，ましてや事件を起こしてからは怒鳴られ叱責され非難され続けてきたといっても過言ではないからです。

「傾聴」とはカウンセリングなど心理臨床の基本であり，すべての援助にも通じる共感的なコミュニケーションの方法です。ここで「傾聴」をあえて「徹底傾聴」と表現したのは，非行は悪い行為であるため，私たちはそれをすぐに否定したり間違いを正そうとしたりします。そうした対応は非行少年の口を閉ざしてしまいます。その結果，彼らは吐き出すことができなかった陰性の感情をさらに屈折させて，攻撃行動に転化してしまいかねないからです。

3 少年犯罪と犯罪被害者

非行少年の更生のための援助と犯罪被害者との関係を理解しておくことは，対人援助が非行や犯罪に関わるときに重要なことです。

犯罪被害者の心情（苦しみ，傷つき）を理解することは，少年保護の理念といささかも矛盾しないばかりか，非行少年の更生と被害者のケアに同時に貢献するものです。それと同様に，被害者支援においても，非行少年を理解し更生に導くことは何ら被害者を軽視するものではなく，むしろ加害行為によって人間の尊厳を傷つけられた被害者の回復と，加害者に対する贖罪においてその責任を真に請け負わせるという，非行臨床の本質につながるものです。

「非行少年に厳罰を下せ，それが被害者のためになる」という現在の世間の風潮に対人援助者が煽られると，非行少年への適切な援助が困難になります。少年の処分については，家庭裁判所で家裁調査官の処遇意見をもとに，裁判官が罪の軽重や被害者感情などを重視して決定しています。したがって，対人援助者は本章の冒頭で述べたように，少年法1条の理念に基づいて，少年の立直りに全力を尽くすことが援助の基本になります。

また，非行少年を援助することは，その少年が成人の犯罪者にならないようにするという大きな意味があります。成人の重大事件の犯罪者には，少年時代に

様々な問題行動や事件を起こしている場合があります。精神疾患との関係が強い場合もありますが，少年時代にしっかりと援助とケアをして立ち直らせれば後の重大事件に及ばずに済んだかもしれません。つまり，少年が非行を起こしたときに十分な援助を施して更生させることは，将来新たな犯罪被害者を生まないことにつながるのです。

4 非行少年と贖罪

　対人援助者の非行少年への関わりは，被害者への贖罪につながるという重要な意味があります。非行少年の中には，法でいくら厳罰を下しても自らの責任を自覚して罪を償おうとせず，再犯を繰り返して新たな被害者を生んでしまう者がいます。それは自らが犯した「罪の真の意味」を理解していないため「反省」をしていないからです。問題性が根深い非行少年ほど，罪の重さをいくら指摘して糾弾しても，罪を償うための反省などしません。

　犯罪の真の意味は，少年が罪を犯すまでのライフストーリーをたどることで浮かび上がってきます。少年のライフストーリーをたどるということは，少年の家族関係，友人関係を通して生きてきた経験がどのように彼の人生に編み込まれてきたのかということを，少年と援助者の相互関係の中で紡ぎだしていくプロセスです。

　このようなプロセスによって，少年が自分の考え方や他者との関係のとり方がどのようにして作られたのかに気づいていきます。そうした生き方の結果として犯罪に至ったことを知ることが，罪の意味を理解し自らの生き方に責任を請け負うことにつながるのです。そのようにして初めて，少年は犯した罪を反省して被害者への贖罪をしていきます。

　ある非行少年は，犯罪の原因は自分が悪いのではなく被害者のせいであると言い続けてきましたが，その言い訳や不合理な語りを徹底傾聴し続けたことで，少年の言い訳が徐々によどみ，最後の最後に自分にも非があったことを自ら語りはじめました。おまえが悪い，おまえのせいだ，反省しろ，と責任を追及するのではなく，少年の生き方に寄り添いながらありのままに受容していくと，少年の贖罪の芽が徐々に育っていくのです。

　ともすれば，法による罰を強化することが，犯罪の重大さを認識して犯罪者や

非行少年の更生につながると,私たちは思い込んでいるところがあります。しかし,加害者臨床の実践経験からすれば,犯罪や非行性の根深い者には,罰を介在させたアプローチは逆効果になりかねないということに留意しなければなりません。「人は個人的な自由を侵害されたと感じると,『問題』行動に心惹かれ,その行動を行う頻度が上がる」(Miller & Rollnick, 2002, 松島・後藤訳 2007, 23頁) のです。法的圧力・罰・社会的圧力(非難)などによって,強制的に問題行動を抑え込もうとすればするほど,その問題行動を増幅させてしまいかねないという逆説を招くのです。

5 家庭裁判所の手続にそった対人援助者の援助の方法

　少年が非行を起こした場合,警察の取り調べから始まり検察庁を経て,家庭裁判所で調査と審判が行われて処分が決定されます。事件によっては少年鑑別所での少年の心身鑑別が実施されます(図6-2参照)。
　家庭裁判所における少年事件の手続については第2節に詳述しましたが,以下では,対人援助者はその手続のプロセスでどのように関与したらよいかを説明します。

(1) 捜査段階で

　事例Jの明夫の場合は逮捕後10日間勾留されましたが,その後自宅に戻り,家庭裁判所の調査を受けることになります。
　その場合,作成された事件の記録が検察庁から家庭裁判所に送られてきます。その後,家裁調査官が少年と保護者を家庭裁判所に呼び出して面接調査を行います。これを「在宅事件」といいます。必要に応じて,学校や職場に少年に関する照会書を送付します。後で述べる「身柄付事件」は調査期間が限られているため,どうしても身柄付事件の処理を優先することになります。そのため,在宅事件は事件発生から家裁調査官が調査するまでに数カ月間のタイムラグを生じてしまうことが多くなります。その間に,対人援助者はどのような援助をすればよいのでしょうか。具体的にシミュレーションしてみましょう。

(2) 家庭裁判所に送致されるまでに

在宅事件の連携でネックになるのは，先に見たように，事件の発生から家裁調査官が事件に着手するまでに数カ月のタイムラグが生じることですが，在宅事件の連携のポイントはこのタイムラグを活かすことなのです。

まず，少年が事件を起こして警察で取り調べを受けた場合，対人援助者は少年と保護者に，これからの少年司法の手続を，次のようにわかりやすく説明してください（以下，〔　〕内は筆者注）。

▷「警察の取り調べを受けて，君が罪を犯したことが明らかになれば，大人と違って少年の事件は万引きでも必ず家庭裁判所に送致されます。」〔これを少年事件の「全件送致主義」といいます〕

▷「その後，A君とご両親は家裁調査官から呼び出されて，事件のこと〔非行事実といいます〕だけでなく，事件後の家庭や学校での生活や様子〔「要保護性」に関連〕を詳しく調査されることになります。A君が事件を反省してどのように生活をしているか，ということが処分を決めるために重要になるからです。」〔処分決定の概要説明〕

▷「家裁調査官はA君がどのようにすれば立ち直ることができるのかについて専門的に考えてくれます。だから，学校での様子や普段の生活について，家裁調査官にありのままにこたえてください。それはA君の良い面やがんばっていることも，家裁調査官にわかってもらうためです。」〔家裁調査官の役割の説明〕

▷「A君が家庭裁判所に呼ばれるまでに，家庭と学校での生活を立て直してください。どんなに小さなことでもいいから今日からできることをやり遂げてください。」〔小目標の設定〕

どのような少年であれ，家庭裁判所に呼ばれることは不安です。そのようなときに，対人援助者が家庭裁判所の手続と家裁調査官の役割についてわかりやすく説明をしてあげることはとても大切なことです。家庭裁判所を単なる脅しに使うことは逆効果になりかねません。

(3) 家庭裁判所に係属後

　一概にいえませんが，対人援助者が直接，家裁調査官に会うことは困難かもしれません。その際，少年が中学生であれば担任教師や校長に，就業していれば雇用主等を介して対人援助者の意見を伝えてください。

　重大事件以外のほとんどの事件は，1つの事件を1人の家裁調査官が担当して，少年と保護者だけでなく，中学校や就業先などの連絡や調査を行い，担当の家裁調査官が少年の処遇意見を提出して，それをもとに審判が行われます。

　したがって，事件を担当する家裁調査官にアプローチすることがポイントになります。対人援助者が家裁調査官に会うためには，スクールカウンセラーであれば学校長の紹介や，その他の対人援助者であれば少年の保護者とともに，家庭裁判所に出向いたうえで許可を得ることが必要になると思います。

　家裁調査官に会えた場合，対人援助者はどんなに些細なことでもよいので事件後の少年の改善点やがんばっている点などを伝えてください。ほめられた経験がほとんどない非行少年にとって，対人援助者が家裁調査官に自分の良いところを伝えてくれることだけでも少年の更生のきっかけになります。

(4) 身柄付事件の場合

　凶悪重大事件や再犯が続く場合，少年の身柄を拘束したまま家庭裁判所に事件が送致され，少年は心身鑑別のため最大4週間（証拠調べが必要な事件は8週間まで延長できます）少年鑑別所に入所することになります。これを「身柄付事件」といいます。実務上，通常約3週間程度で，家裁調査官が，少年，保護者，学校や職場等のすべての調査を行い，裁判官に処遇意見を提出して審判が行われます。このように極めて短期集中的に調査がなされることが特徴です。

　少年が逮捕されて少年鑑別所で心身鑑別を受ける身柄付事件の件数はそれほど多くありませんが，それだけに事件は重大です。しかもほとんどの対人援助者が身柄付事件での対応を経験したことがありません。その上さらに約3週間程度で家庭裁判所の調査と審判が行われるため，その間の対人援助者の援助も困難を極めます。

　少年鑑別所で少年と面会できるのは，保護者，近親者，付添人（弁護士など）

に限られている場合が多いので，対人援助者の援助は保護者など家族への援助が主になります。保護者への援助は，これからの少年司法の手続，家庭裁判所と家裁調査官の役割のわかりやすい説明など，基本的には在宅事件の場合と同じです。少年の心身鑑別後，審判で少年が保護観察などの処分で帰宅することができた場合は，継続して少年と保護者の援助をしてください。

　少年が少年院送致された場合に少年と面会できるのは，原則として三親等内の親族や保護司，在籍中の学校の先生などです。対人援助者は，少年が仮退院するまでに家族との面談を行い，少年が帰宅してからの関わり方や少年の在籍校や仕事先との連携を確保するように援助してください。

第7章 体罰

第1節 体罰の理解と対応の基本——体罰と懲戒

　家庭では「子どものしつけ」，学校では「児童生徒の指導」，と称して体罰が横行しています。体罰とは，端的にいえば，子どもに対する教育のためと称して，親や教師が子どもに暴力をふるうなど身体的苦痛を与える行為ですが，それには精神的苦痛も伴います。

　現代の子どもたちの問題行動として暴力行為が指摘されていますが，それは家庭や学校における虐待や体罰問題と相通じています。学校の体罰⇨家族の虐待⇨子どもの暴力行為，という暴力の連鎖が起きているということです。そうであれば，親や教師が子どもに体罰を行わないことが，子どもの暴力行為という問題行動を解決するための手立てにもなります。

　体罰は明確に禁止されていますが，体罰と区別がつき難い「懲戒」が許容されています。その法的な違いは第2節で詳述しますが，体罰問題の理解のために体罰と懲戒の相違について要点を記しておきます。

　学校教育法は，体罰と懲戒について次のように規定しています。

> ▶学校教育法
> 第11条　校長及び教員は，教育上必要があると認めるときは，文部科学大臣の定めるところにより，児童，生徒及び学生に懲戒を加えることができる。ただし，体罰を加えることはできない。

　この条文からすれば，教育上の必要があろうとなかろうと体罰は明確に禁止されています。したがって，体罰はどのような場合にどの程度許容されるかという議論が認められる余地はありません。ところが未だに，運動部活動などで体罰肯定論がなされ体罰が繰り返し行われているのが現状です。主義，主張に関係なく体罰は犯罪であり，絶対に許される行為ではないということをまず明確にしなければなりません。

　学校の体罰問題は，虐待する親が子のしつけだとして体罰を振るうことに似ています。2011（平成23）年の民法改正で，児童虐待防止のために，子に対する懲戒を定めた822条全体を削除すべきだという意見もありましたが，結局，「親権を行う者は，〔子の利益のために行われる子の〕監護及び教育に必要な範囲内でその子を懲戒することができる」とするに留まりました。

　つまり，家族でも学校でも，それぞれの教育に必要であれば子どもを懲戒してもよい，と法が認めているわけです。ここに体罰と懲戒の混乱が生じ，懲戒が体罰につながりかねない素地があると思われます。

　懲戒とは，「不正または不当な行為に対し，制裁を加えること」です。制裁とは，「懲らしめのために罰を加えること」（広辞苑第7版）です。家庭でのしつけや学校での指導に懲戒が認められている背景には，罰で懲らしめることが子どものしつけや児童生徒の問題行動の防止や指導のためになるという，旧態依然とした短絡的な解決ムードがあります。親や教師は，子育てや指導がうまくいかなかったり思うようにならないときに，罰をちらつかせたり用いたりしてしまいます。そうした対応は子どもの変化に即効性を求めているのですが，その変化はうわべだけのものです。

　体罰も懲戒も，広義の「罰」の効果を背後に有していることに注意しなければなりません。罰を下された者は，恐怖心や屈辱感を抱きながら無理やり従属させ

られる経験をして，自主性や自尊心を失ったり，権力や腕力で対人関係を支配したりすることを学習します。また否定的自己像を形成し，その自己像どおりの行動をとるようになるなど，人格を萎縮させ歪ませる危険性を伴うものです。

したがって，体罰と懲戒の法的な違いがあるにしても，家庭での子育てや学校での教育において体罰はもちろんのこと懲戒も一切行使しない，多様な方法を工夫してみることが重要になります。

本章では，以上を前提として学校における教師の児童生徒への指導を想定して，第2節で法の視点と対応の原則を紹介したうえで，第3節で体罰に陥らないための対応のポイント，適切なアプローチの仕方と留意点を解説します。

第2節 法の視点と対応の原則

事例K

① 小学3年生の光太は，普段から落ち着きがなく授業中も私語が多い上に，ふざけていることが多いので，担任の田中先生からしょっちゅう注意されていた。

ある日，休憩時間中に廊下で，田中先生のクラスの児童3〜4人の口げんかがあり，栄子が泣き出したため，田中先生は廊下でしゃがみこんで栄子に声をかけていた。すると，これを見た光太が，ふざけて背後から田中先生の背中に覆いかぶさるようにしたため，田中先生は太郎の手を振りほどき，「今は栄子ちゃんの話を聞いているのだから，あっちへ行っていなさい」と強い口調で注意し，また栄子の方を向いて，しゃがんだまま栄子に話し掛けようとした。すると光太は，「わかったよ！」と言いながら，田中先生のお尻を蹴り上げ，廊下を走って逃げて行こうとした。田中先生は腹を立て，光太を追いかけて捕まえると，光太の洋服の胸元を右手でつかんで，廊下の壁に押し当てて「ふざけてやって，いいことと悪いことがある。もう二度とするなよ！」と叱った。

② 別のある日，給食当番だった光太は，配膳の際ふざけながら作業していたので，他の児童が困っていた。見かねた田中先生が光太に注意しようと近づいたところ，ちょうど光太が汁物の入った食器を手に持って動き回ったため，食器

が田中先生の体に当たり,こぼれた汁が田中先生の着ていた洋服にかかってしまった。

田中先生は怒って,「何べん言ったらわかるんだ。まじめにやれ！」と怒鳴って光太を突き飛ばした。光太は倒れて,机の角に体を打ちつけてしまった。

1 学校における懲戒について

先に見たように,学校教育法11条は「校長及び教員は,教育上必要があると認めるときは,文部科学大臣の定めるところにより,児童,生徒及び学生に懲戒を加えることができる。ただし,体罰を加えることはできない」と規定しています。

懲戒とは,子どもの監護教育を行うべき立場にある者が,その目的を達するために子どもに加える制裁のことです。法律で,子どもに対する懲戒が認められている例としては,この学校教育法11条の他に,民法822条（親権者が親権に服する子に対して行うもの）や少年院法113条（少年院の長が在院者に対して行うもの）などがあります。学校教育法では,児童生徒に対する懲戒のみが認められており,保育の対象である幼稚園児に対して懲戒を加えることはできません。

懲戒には,叱る,一定時間立たせる,掃除をさせるなどの事実行為としての懲戒と,退学処分（公立の小中学校,特別支援学校ではできない）や停学処分（国公私立を問わず小中学校,特別支援学校ではできない）など,子どもの権利に法律的な影響を及ぼす懲戒処分,の2種類があります。事実行為としての懲戒は,教員も行うことができますが,後者の懲戒を行うことができるのは校長だけです。

2 体罰とは何か

学校教育法11条は,教員による事実行為としての懲戒を認めながら,体罰を禁止しています。では,禁止されている体罰とはどのようなものでしょうか。

体罰については,1948年12月22日付の法務庁「法務調査意見長官回答」の中で,以下のように定義されていました。

「学校教育法第11条にいう『体罰』とは,懲戒の内容が身体的性質のものである場合を意味する。すなわち,(1)身体に対する侵害を内容とする懲戒——

なぐる・けるの類——がこれに該当することはいうまでもないが，さらに，(2)被罰者に肉体的苦痛を与えるような懲戒もまたこれに該当する。たとえば端坐・直立等，特定の姿勢を長時間にわたって保持させるというような懲戒は体罰の一種と解せられなければならない。

　しかし，特定の場合が右の(2)の意味の『体罰』に該当するかどうかは，機械的に判定することはできない。たとえば，同じ時間直立させるにしても，教室内の場合と炎天下または寒風中の場合とでは被罰者の身体に対する影響が全く違うからである。それ故に，当該児童の年齢・健康・場所的および時間的環境等，種々の条件を考え合わせて肉体的苦痛の有無を判定しなければならない。」

文部科学省の体罰についての考え方は，基本的に，現在もこれと同様と解してよいでしょう。

2007年2月5日，文部科学省から初等中等教育局長通知「問題行動を起こす児童生徒に対する指導について」が発せられましたが，その別紙として発表された「学校教育法第11条に規定する児童生徒の懲戒・体罰に関する考え方」では，次のように説明されています。

① 懲戒の行為が体罰に該当するかどうかは，児童生徒の年齢，健康，心身の発達状況，当該行為が行われた場所的・時間的環境，懲戒の態様等の諸条件を総合的に考え，個々の事案ごとに判断する必要がある。

② 殴る・蹴る等の懲戒，肉体的苦痛を与えるような懲戒（長時間にわたる正座・直立等）は体罰に該当する。

③ 個々の懲戒が体罰にあたるか否かは，懲戒を受けた児童生徒や保護者の主観的な言動により判断されるのではなく，上記①で示す諸条件を客観的に考慮して判断する。

④ 有形力（目に見える物理的な力）の行使以外の方法により行われた懲戒については，児童・生徒に肉体的苦痛を与えるものでない限り，通常体罰にはあたらない。例えば，放課後等に教室に残留させる（ただし，用便のためにも室外に出ることを許さない，食事時間を過ぎても長く留め置く等，肉体的苦痛を与えるものは体罰に該当する）。授業中，教室内に起立させる。学習課題や清掃活動を課す。学校当番を多く割り当てる。立ち歩きの多い児童・生徒を叱って席

につかせる。

他方，有形力を行使した場合であっても，次のような場合には体罰にはあたらないと解されています。
① 児童生徒からの教員等に対する暴力行為に対して，教員等が防衛のためにやむをえずした有形力の行使。
② 他の児童生徒に被害を及ぼすような暴力行為に対して，これを制止したり，目前の危険を回避したりするためにやむをえずした有形力の行使。

なお，「暴言や行き過ぎた指導」は，上記の定義では体罰には含まれないことになりますが，東京都教育委員会は，「体罰と同様に，教育上不適切な行為であり許されないものである」として，「体罰の定義・体罰関連行為のガイドライン」(2014年)を発表しており，参考になります。

3 体罰の実態と問題点

文部科学省は，2012年12月に大阪市立桜宮高等学校の運動部主将（2年生）が，顧問教諭の体罰により自殺した事件を受け，全国の小・中・高等学校・中等教育学校・特別支援学校すべてを対象に体罰の実態調査を行いました。2013～16年度の調査の結果，当該年度中に体罰が発生して処分等が行われた学校の全体に占める割合は表7-1のとおりです。

学校教育法は1947年に制定されたものですが，実は，学校における体罰禁止規定はすでに明治時代からありました（明治12〔1879〕年教育令46条「凡学校ニ於テハ生徒ニ体罰ヲ加フヘカラス」）。しかし現実には，戦前は無論のこと，現在でも保護者や一部の教職員，特に運動部の指導者の間に「体罰＝愛のむち」であるという体罰肯定論が根強く存在しています。その理由・背景として指摘されているのは次のような点です。体罰は教育的に効果がある，体罰を用いなければ暴力的な児童生徒やルールを守らない児童生徒を抑止できない（荒れる学校，学級崩壊に対する管理教育的対応），生活指導・しつけのためには親代わりとして多少の体罰も許される，体罰は熱心さの表れである，などです。

しかし，子どもも大人と同じ人格をもつ人権の享有主体であり，体罰は，子どもに対する重大な人権侵害です。それは子どもの尊厳を著しく損なう行為であり，どのような事情があろうとも決して許されない違法行為です。教育的な効果，影

表 7-1 ■体罰の発生した学校数とその割合

	発生率（体罰の発生学校数÷学校数×100）			
	2013年度	2014年度	2015年度	2016年度
小学校	4.07% (859校)	1.24% (258校)	0.95% (195校)	0.93% (188校)
中学校	12.29% (1,306校)	3.88% (410校)	3.21% (337校)	2.51% (261校)
高等学校	16.28% (826校)	6.03% (305校)	5.36% (270校)	5.55% (279校)

（出典）文部科学省「体罰の実態把握について」より作成。

響という面から考えても，体罰は，子どもに恐怖感・屈辱感を与え，教員や学校への強い不信感・拒否感を植え付けることになります。また，体罰は，暴力の肯定＝力による支配を正当化するものであり，子どもによる暴力やいじめにもつながります。教育と体罰（暴力）は相容れません。

4 体罰をなくすために

そもそも，体罰は，言葉により適切な指導助言を行うことができない教員が，暴力で子どもを屈服させようとするものであり，また多くの場合，子どもの言動に対し，教員側の理性が働かず，自身の怒りの感情を暴力という形で子どもにぶつけているものにすぎません。

また部活動において見られる体罰は，学校の部活動の本来の目的を忘れ，勝利至上主義・成績第一主義に陥るとともに，体で覚えさせることが効果的な指導方法であるという誤った指導論に立ち，絶対的な支配・服従の関係にあるから子どもは体罰も受け入れる，という思い込みによる場合も少なくありません。

体罰をなくすためには，教員一人ひとりが，体罰は重大な人権侵害であることを自覚するだけではなく，子どもの年齢や状況に応じた的確な指導を行うことができるように学校全体として取り組むことが必要です。[1]

Note

[1] 詳しくは，文部科学省の2013年3月13日付「体罰の禁止及び児童生徒理解に基づく指導の徹底について（通知）」及び2013年8月9日付「体罰根絶に向けた取組の徹底について（通知）」を参照してください。

しかし，もう一歩踏み込んで考えれば，学校教育法11条が認めている「事実行為としての懲戒」の必要性，相当性を問い直す必要があるのではないでしょうか。
　本来，教育は，児童生徒に対する助言，言葉による指導によって，児童生徒の自由意思に訴えることで，児童生徒の成長・発達を促すものであるはずです。しかし，懲戒はあくまで罰であり，批難と強制を伴うものです。教員の指導に従わない，授業中に騒ぐ，校則を守らないなどの行為に対し，一定時間立たせるとか掃除をさせるなどの罰を与えて批難することによって児童生徒が学ぶことは，納得したからではなく罰せられるから教員の指導に従う，校則の理由や必要性を理解したからではなく批難されるから校則に従うという，力の論理ではないでしょうか。
　学校内で他の児童生徒の人権を守るために，懲戒が必要な場合もあるでしょうが，しかし子どもの人権を考えた場合，安易に懲戒に頼らない生徒指導のあり方を考えるべきでしょう。

5　体罰が行われた場合の法的責任

　体罰が行われた場合，民事責任と刑事責任，そして行政上の責任が問題になります（**コラム②**参照）。
　まず，民事上は，被害を受けた児童生徒やその保護者に対する損害賠償が問題になります。国公立の学校の場合，行為を行った教員個人や校長などの責任者個人が，直接被害者に対し損害賠償責任を負うことはありません。国家賠償法1条1項により，学校を設置している国や地方自治体が被害者に対する損害賠償義務を負います。
　これに対し私立の場合は，民法が適用されるため，体罰を行った教員個人も民法709条により直接被害者に対し損害賠償義務を負いますし，学校法人も民法715条1項により被害者に対し損害賠償義務を負います（私立の場合，被害者は，教員と学校法人の両者を同時に訴えることもできますし，いずれか一方だけを訴えることもできます）。
　次に，刑事上，体罰（児童生徒に対する有形力の行使）は刑法上の暴行罪（刑法208条）に該当することが多いでしょう。そして体罰により相手がけがをした場

合は，傷害罪（刑法 204 条）に該当する可能性があります。

また，体罰を行った教員は，地方公務員法 29 条により懲戒処分を受けることがありますし，学校長も監督責任（学校教育法 37 条 4 項など）を問われることになります。

6 有形力の行使と体罰

事例 K の①は，実際に裁判になった事件をもとにしたものです。体罰を受けたと主張する児童が市に損害賠償を請求した事件です。実際の事件では，小学 2 年生の児童が他の児童を蹴ったため，教員がこれを注意して職員室に向かおうとしたところ，教員のお尻付近を 2 回にわたって蹴って逃げ出したため，教員は，その児童を追い掛けて捕まえ，その胸元を右手でつかんで壁に押し当て，大声で「もう，すんなよ」と叱ったというものです。

地方裁判所と高等裁判所では，いずれも「学校教育法 11 条ただし書により全面的に禁止されている『体罰』に該当する行為である」として，市に対する損害賠償が認められました。しかし，最高裁判所は，

「教員の本件行為は，児童の身体に対する有形力の行使ではあるが，他人を蹴るという児童の一連の悪ふざけについて，これからはそのような悪ふざけをしないように児童を指導するために行われたものであり，悪ふざけの罰として児童に肉体的苦痛を与えるために行われたものではないことが明らかである。教員は，自分自身も児童による悪ふざけの対象となったことに立腹して本件行為を行っており，本件行為にやや穏当を欠くところがなかったとはいえないとしても，本件行為は，その目的，態様，継続時間等から判断して，教員が児童に対して行うことが許される教育的指導の範囲を逸脱するものではなく，学校教育法 11 条ただし書にいう体罰に該当するものではない。」

と判断して，損害賠償請求を認めませんでした（最高裁判所平成 21〔2009〕年 4 月 28 日判決）。

しかし，この教員の行為は，教員への暴力行為に対する防衛のためにやむをえずした行為ではありませんし，他の児童生徒に対する危害を回避するためにやむをえずした行為でもありません。最高裁判所も結論として損害賠償を認めなかったにすぎず，この教員の行為そのものについては「やや穏当を欠く」と述べてい

ます。何より，地方裁判所と高等裁判所では違法であると判断されたのですから，この程度なら許される，と安易に考えない方がよいでしょう。

一方，**事例K**の②は，教員が悪ふざけをした児童を注意する際，ついかっとなって手が出てしまった，という体罰の1つの典型例であり，明らかに違法なものです。

第3節 臨床的視点と援助的アプローチ

ここまで述べたように体罰は明らかな違法行為ですが，懲戒は認められています。実際の子育てや荒れる学校現場の実情を見れば，懲戒も一切行使しないということは現実にそぐわないかもしれません。そうであれば，懲戒に付随する罰的対応が子どものしつけや児童生徒の指導に有効に作用するためにはどうしたらよいのか，どのようなことに注意すればよいのかを考えてみたいと思います。

1 懲戒行為が体罰にならないために

体罰と懲戒の区別は非常に曖昧です。第2節の2で説明したように，身体に対する侵害を内容とするもの，肉体的苦痛を与えるようなものは体罰に該当しますが，それ以外は懲戒である，とされています。

殴る，蹴るなど身体の侵害は体罰であることが明らかですが，肉体的苦痛を与えるか与えないかということについて，次の場合どのように判断したらよいでしょうか。例えば，放課後に教室に残すことは懲戒として認められていますが，長く留め置いて肉体的苦痛を与えるものは体罰になります。では，授業中に教室内に立たせることは懲戒ですが，どの程度立たせておくと体罰になるのでしょうか。

第2節でも述べたように，懲戒行為がどの程度まで認められるかについての具体的な基準は示されていません。また，懲戒には児童生徒の精神的苦痛を考慮していないことも問題です。結局は，当該児童生徒の年齢，健康，心身の発達状況，当該行為が行われた場所的及び時間的環境，懲戒の態様等の諸条件を総合的に考えて，個々の事案ごとに判断せざるをえません。この点に，懲戒が一線を越えて体罰になるおそれが出てくる理由があります。

そこで，懲戒行為が体罰にならず，児童生徒の指導に有効に作用するためのポイントを列記します。

様々な子どもへの手立てをもつこと

児童生徒が，問題行為を言葉で注意してもやめないと，教師は感情的になり手が出たり物を投げつけたりしかねません。児童生徒が問題行為をしているときに「それはやめさい」と注意してやめるのであれば，学校で体罰問題など起きないでしょう。

言葉による注意ではやめない児童生徒など，様々な子どもたちがいます。教師は，それに対応する対人援助の専門家でもあることをまず自覚してください。単なる禁止や阻止ではない，指導のための手立てをもたなくてはなりません。全国の学校で毎日のように起きている事例を集めて検討することによって，学校現場に則した指導手立てが見出されます。

例えば，問題児といわれる非行少年の立場から，その対応を考えてみます。彼らが一番嫌うことで，教師の言うこときかず反抗的になる場面は，他の児童生徒のいる教室などで，名指しで注意されたり叱られたりすることです。彼らは何を注意されたかではなく，皆の前で名指しにされたことに反発します。そこで必要なことは，まず彼らを教室などからいったん離すことです。

感情的にならないこと

教室から出ない場合は，「出ろ」「出ない」でもめてはいけません。その場合，とりあえず彼に「～はいけないことだ」と感情を抑えて行為の事実だけをシンプルに伝えておくことです。このような対応で教師自身も感情的にならず落ち着くことができます。問題行為をした児童生徒はその行為が問題だということはだいたいわかっています。指示に従わないからといってさらに追及したり強引な対応をすると，彼らは言い訳をしたり屁理屈を言ったり暴れたりしかねません。そうなると教師の対応もヒートアップしてしまいます。

つまり，教師も注意された児童生徒も，双方とも感情的になって行動化し暴力などに及ばないように，その場を収めていくことが適切な対応です。ただし，児童生徒が暴れ続けたり他の児童生徒に危害を加えかねないようなときは，その児童生徒を抑えなければなりません。その際できるだけ複数の教職員で対応できるように，危機的状況における教職員間の連携方法など，体制を整えておくことも

必要です。

2 適切な懲戒とは

それでは，体罰に該当さえしなければどのように懲戒をしてもよいかというと，そうではありません。すでに指摘したように，懲戒とは不正な行為を懲らしめるために「罰」を与えることであり，罰は児童生徒の人格を歪ませる危険性を伴うからです。

それを前提に，どうしても懲戒をせざるをえない場合に注意しなければならないこと，適切な懲戒的対応について説明します。その要点は，懲戒の内容が一人ひとりの児童生徒にとって有益な課題になっているか，また精神的苦痛を与えていないかどうかです。

文部科学省は懲戒の例として，放課後等に教室に残留させる，授業中に教室内に起立させる，清掃活動を課す，などを挙げていますが，それだけでは懲戒をする際の適切な対応だとは思われません。一人ひとりの児童生徒に則して与えられた課題ではなく，一律に与えられる単なる懲らしめにすぎないからです。

家族療法家のヘイリー（J. Haley）は，オーディール（試練）を治療的に展開したオーディールセラピー（ordeal therapy）を提唱しました。オーディールによるアプローチとは，症状や問題行動を抱えた患者に試練としての課題を与えることによって，症状や問題行動を改善するように治療状況を設定するものです。

例えば夜尿症に悩む子どもに，「君の体力が余って熟睡できないことが夜尿につながっているから，夜尿をしたら必ず数マイルの散歩に出かけること」や，不眠症の女性に「不眠の時間を有効に活用するため，眠らないでディケンズ全集を読破すること」などをオーディールとしての課題にしています。これらの課題をやり遂げることは，患者にとってはやや厳しいことですが，やり遂げることが可能でその人に適した有益な課題です。

ヘイリーは，治療的な意味のあるオーディールと単なる「罰」とを厳密に区別しておく必要があると述べています。「盗人を入牢させることはオーディールのカテゴリーには入らず，社会からのコントロールを実行する手段にすぎない。すべての治療者は，治療の名のもとに人々を迫害しないように注意しなくてはならない」(Haley, 1984, 14頁)，と指摘しています。この点は，懲戒行為を行使すると

きに特に留意しなければならないことです。ただ苦痛となるような懲戒を与えても，それは単なる懲らしめにすぎず，教育や臨床としての展開は望めないということです。

3 運動部活動の体罰問題

　運動部活動についても，文部科学省は前掲の2013年3月15日の通知で，「指導と称し，部活動顧問の独善的な目的をもって，特定の生徒たちに対して，執拗かつ過度に肉体的・精神的負荷を与える指導は教育的指導とは言えない」と厳しく明言しました。

　それにもかかわらず，高校野球の指導者の約1割が「指導する上で体罰は必要」と考えています（『朝日新聞』関西版，2013年7月2日）。これほど，運動部活動においては，体罰を容認する考えが未だに根深く残っています。体罰に愛があろうが，よい効果が生じようが，児童生徒が納得しようが，いかなる事情や理由を問わず，体罰は法的に禁止されており，暴行，傷害罪にもつながりかねない犯罪なのです。

　健康度の高い子どもにごく単純な訓練を行う場合には，罰的対応がある程度の効果をもたらすことがあります。そうしたことが，高校野球など運動部活動の指導者が体罰を是認することつながっているのかもしれません。ところが運動部活動の児童生徒は，教師の体罰や否定的評価の言動によって肉体的苦痛以上の精神的苦痛を被っています。「バカ，そんな簡単なこともできないのか」「そんな失敗をするからお前はダメなのだ」という罵倒や叱責は精神的苦痛をもたらす心理的虐待にも相当することに注意しなければなりません。

　運動部活動の児童生徒への対応においても，体罰はもとより否定的な言葉は使わずに，児童生徒が達成した1つひとつの行動に肯定的評価を繰り返すことのほうが効果は大きくなります。

第8章 保護者対応

第1節 保護者対応の理解と対応の基本

　学校や教師に対して非常識な要求を繰り返す保護者がいます。そうした保護者に対して，教師は「本音を言えば，子どもたちのことは何とかやっていけるのですが，一番たいへんなのは何かとクレームをつける親御さんへの対応なのです」と語ることがあります。

　理不尽な要求をする保護者を「モンスターペアレント」と称して，腫れものに触るような対応をしたり強圧的対応をしたりしても，それは児童生徒の親としての保護者に対応していることには全くなりません。もしかすると，クレームをつける保護者の要求に込められていたのは，子どもの友人関係や学級における悩み，親と教師との関係などの問題が含まれているのかもしれません。そうしたことを受けとめてもらえなかった親の不満の矛先は，家庭内の子どもに向けられるかもしれません。

　本章では，対人援助者や教師が様々な保護者に関わるときの対応の仕方について考えてみたいと思います。

(1) 保護者対応の基本——傾聴

　保護者対応の基本は「傾聴」です。途中で意見や言い訳をはさまず，とにかく

相手の話を最後までしっかりと聞いて，相手が何を主張しようとしているのか，何を伝えようとしているのかを理解することです。「主張」とは具体的な要求（メッセージ）であり，「伝える」とはその要求に付随した感情や思い（メタメッセージ）です。

傾聴とは，メッセージとメタメッセージの両方を受けとめることであり，相手との交渉の成否を左右します。メタメッセージを受けとめているかどうかは，対応する者（対人援助者や教師）の表情や態度によっても相手に伝わるので，対応しているときの自分の表情や声のトーンや態度にも注意しなければなりません。例えば，苦虫をかみつぶしたような表情で腕組みすれば，それだけで相手は態度を硬化させてしまいかねません。

(2) 事実の調査・確認

こうした傾聴を基本にしながら，まず事実をきちんと聴きとることです。事実がはっきりしないのに，相手の言い分を否定したり逆に迎合したりするようなことがあってはなりません。何が事実かについてはっきりさせることが，次にとるべき行動の基本になるのですが，それが意外にも難しいのです。

事実調査は，4W1H（いつ，どこで，だれが，なにを，どうした）を，時間の順序に従ってニュートラルに確認することです。事実を調査するということは，確定できる事実と確定できない事実（あいまいな事実）を区別するということです。保護者が述べることと教職員が述べることとが一致しない場合は，事実関係に争いがある点として保留しておくのです。あいまいな事実を一方的に確定させたり評価を加えたりしてはいけません。こうした点は，保護者と学校との信頼関係を維持するためにも重要なことです。

そのうえで，明らかな事実として学校側の対応に非がある場合は，弁解せずに率直に事実を認めて謝罪すべき点は謝罪することです。その際，「一所懸命やったのですが……」などと弁解すると，かえって話をこじらせてしまうことになりかねません。他方，事実かどうか明らかでないことや事実ではないことを認めたりしてはなりません。また，できないことはできないと明確に伝えることも必要です。その場を収めるつもりで，「検討しておきます」「善処します」などと答えると，後でさらにもめることになりかねません。

事実確認後の対応については第2節の2(5)で詳述しますが，保護者に事実を明確に伝えるということは「言うは易く行うは難し」です。「ダメなことはダメ」と突っぱねるだけでは対立関係を激化させてしまうし，「お気持ちはわかりますが」とやわらげると「では誠意を示せ」とつけ込まれてしまいます。

テクニックやマニュアルに頼るような対応が事態をこじらせてしまうということも忘れてはなりません。対応の基本は，「誠実で毅然とした態度で向き合うこと」に尽きます。ではどのように対応したらよいのでしょうか。

第2節　法の視点と対応の原則

事例 L

　小学校の昼休憩中，5年生の陽太が泣きながら職員室に入ってきて，担任の山田先生に，「校庭で遊んでいたら6年生の子にお尻を蹴られた」と訴えた。山田先生は陽太を保健室に連れて行き養護教諭に事情を話したうえで，校庭でドッジボールをしていた6年生男子数人に，5年生の男児が蹴られたと言って泣いているが何かあったのかと聞いた。すると6年生の一男が陽太を蹴ったことを認め，二郎もその場にいたと言うので，山田先生は2人を職員室に呼んで，6年生のクラス担任の橋本先生と一緒に話を聞いた。

　2人の話によると，一男と二郎が脇にそれたボールを追いかけて行ったところ，陽太がボールをわざと一男たちとは反対の方向に蹴ったので，一男が陽太に「いじわるなことをするな」と注意した。ところが陽太は，謝るどころか一男に向って「下手くそ！　追いかけて行けよ」などとからかったので，怒った一男が，1～2回陽太のお尻か太腿の付近を蹴った，ということであった。橋本先生と山田先生は一男に対し，陽太を蹴ったことを厳しく注意した。

　この間に養護教諭は，念のためにということで，陽太を連れて近くの校医を受診したが，診察の結果，蹴られたところが少し赤くなっている程度の軽い打撲で，治療も不要とのことであった。

　養護教諭から診察結果の報告を受けた山田先生は，陽太から詳しく話を聞いたが，一男と二郎の話とほぼ一致した。その後山田先生は，陽太を自宅まで送り届

け，家にいた母親に事情を説明した。

橋本先生は，一男の保護者に上記の事実関係を電話で説明した。その際，一男の保護者から，陽太宅に謝罪に行きたいから自宅を教えてほしいと頼まれたので，陽太宅の住所を一男の保護者に教えた。一男の保護者はその日の夜，一男を連れ陽太宅を訪問し陽太とその母親に謝罪した。

ところがその翌日，陽太の父親から学校長宛に電話があり，次のような主張をしてきた。

① 陽太は，一男が怖くて学校に行けないと言っている。すぐに暴力をふるう一男を学校においておくのは危険だから転校させろ。それまで陽太を登校させない。転校させないなら今回のことをSNSに書き込むぞ。

② 一男とその親は当日謝罪に来ただけであるが，知り合いの弁護士にも相談したところ，暴行があったのだから慰謝料を請求できると聞いた。学校から一男の保護者に謝罪だけでは済まないと伝えてくれ。場合によっては警察に届ける。

③ 二郎もその場にいて，一男の暴行を止めなかったのだから，二郎とその保護者にも謝罪に来るように指導をしろ。

④ 学校から医者に連れて行ったのだから，学校としては診断書を添えて保護者に報告すべきではなかったのか。

⑤ 今後，すぐに連絡をとれるように，校長の携帯電話番号を教えて欲しい。

1 保護者対応の難しさ

消費者からのクレームへの対応に関する本が何冊も出版されるなど，メーカー・小売店を問わず消費者と接する事業者にとってクレーム対応は重大関心事になりました。客が，店員の応対を非難し，土下座して謝罪させた行為が「強要罪」にあたるとして処罰されたケースもあります。

学校現場も例外ではなく，第1節で述べたとおり，学校に対して理不尽な要求を行う保護者への対応に苦悩しています。しかし，本書で取り上げている学校現場の諸問題のうち，「いじめ」はいじめ防止対策推進法で，また「体罰」については文部科学省の通達や裁判所の判例によって，何が「いじめ」や「体罰」に

該当するのかが定義されています。それでも実際には，果たしてこれが「いじめ」に該当するのか，「体罰」にあたるのかが問題となります。

それらに比べると保護者対応の問題はより複雑です。保護者の学校に対する要求・要望には様々なものがあり，だれが考えても明らかに不当な要求だと判断できるものよりも，むしろその判断に迷う場合のほうが多いのではないでしょうか。**事例L**の陽太の父親の要求のうち，①は理不尽な要求だといえそうですが，②〜④について，父親の要求が正当なものか，それとも不当なものとして拒否してよいのか（あるいは拒否すべきなのか）を，即座に判断できるでしょうか。また，最初は正当な理由に基づくまっとうな要求がなされていたのに，徐々に要求する内容が過剰になっていくケースや，要求の手段・方法だけが理不尽あるいは不当だという場合もあります。いずれにしても，法を適用して一刀両断できないところに，保護者対応の難しさがあります。

2 保護者対応の基本

(1) まず傾聴する

保護者対応の第一歩は第1節で述べたとおり，まず傾聴することです。途中で話を挟まず，必要に応じメモを取りながら，とにかく最後まで保護者の話を聞きます。ところがこれが案外難しいものです。理路整然と話をしてくれる保護者ばかりではありませんし，事実（実際にあったこと）と自分の推測と意見・主張が話の中に混在していることが多いため，最後まで話を聞く前に，しびれを切らして相手に結論を求めたり，一方的に非難されると言い訳したくなったりして，つい口を挟んでしまいがちになります。しかし，じっと我慢して，まずは相手の主張を理解するよう努めます。

相手が興奮していたり，途中で大声を張り上げるなどしても，こちらは冷静に相手の話をきちんと聞く姿勢をもつことが重要です。

(2) 安易な受け答えをしない

この段階で重要なことは，事実がはっきりしないのに，相手の言い分を否定したり，逆に相手の主張を前提として相手に迎合するような話をしないことです。

例えば、A教師に対するクレームが持ち込まれた際に、事実を確認しないで「A教師に限ってそのようなことをするはずがないと思いますが、……」などと相手に反論すべきではありません。また、「ご迷惑をおかけしたようですね」「善処します」などと非を認めるかのような発言もしてはいけません。

　保護者によっては、自分の認識していることや考え方を一方的に主張したうえで、学校側に対してまず謝罪するよう要求することがありますし、その場ですぐに何らかの回答をするよう強く迫る場合もあります。これに対し、長時間にわたって保護者から一方的に責め立てられた場合など、なんとかその場を収めようとして、相手の意に沿う回答をしてしまうケースも見受けられますが、相手に対し、いったん非を認めたと受け取られてしまうと、その後に保護者の主張が事実と異なっていることがわかって反論を試みても、「学校側は都合が悪くなって事実を隠ぺいしようとしている、嘘を言い出した」などと言われることになります。

　また、「謝罪さえしてくれればそれで納得するから」という言葉を信じて、学校側に非がないのに謝罪してしまうと、それを前提に次々と過剰な要求がなされる恐れもあります。クレームを受けた者が事実関係を詳しく把握していない場合は、まず、事実関係を確認したいと保護者に伝え、安易に非を認めることがないようにすることが大切です。仮に、「事実を確認したければあとですればよいが、もし、私の言うとおりだったらどう思うか？」などと言われても、例えば「今初めてそのお話をお聞きしたところですから、まず、事情を確認させてください」とか「責任者と相談の上お答えさせてください」などと述べ、即答は避けるべきです。

(3) **組織で対応する**

　保護者からのクレームを受けた場合、その後は学校として組織で対応すべきです。この点は学校の危機管理全般にいえることですが、誰が最初にクレームを受けたかにかかわりなく、1人で抱え込んでしまわずに管理職に報告を上げ、その指示のもとで動く必要があります。もし、いきなり保護者が学校に来たため、1人で話を聞き始めたところ、どうやらクレームだとわかった場合にはその段階で、「お話をきちんと記録しておきたいので」と言って、もう1人立ち合わせてもいいでしょう。

(4) 事実関係を確認する

　クレームを受けたら，次にすべきことは事実関係の確認です。

　この点で法律家は，法的判断を下す前提として，当事者を含む関係者から話を聞き，証拠資料を収集して，いつ，どこで，だれが，何をしたか，何があったか，という事実を認定するという作業に慣れていますが，法律家以外の対人援助者は，このプロセスを飛ばしてしまうことがあります。しかし，学校としてどのような対応をするべきか，という判断の前提となるのは，果たしてどのような事実があったのか，保護者の主張するような事実があったのか，という点ですから，このプロセスをあいまいに済ませるべきではありません。

　もちろん，子どもの場合，年齢等によっては話を聞いても事実がはっきりしないことがありますし，常に正直に話すとも限りません。子どもを問い詰めて調査する必要まではありませんが，その場合でも，どこまでが間違いのない事実でどの点は事実関係に争いがあるのかを，はっきりさせておくことが重要です。

(5) 事実確認後の対応

事実を伝える

　事実関係を確認した結果，教師・学校側の対応に問題や不十分な点がある場合は，弁解せずに率直に事実を認め，謝罪すべき点は謝罪します。下手に取り繕ったり，言い訳したりしないことが簡要です。

　そして，なぜそのような間違いや不適切なことが生じたのか，今後二度と間違いを犯さないためにどのような対策を講じたか（講じる予定か），について説明します。

　この際，重要なことは，決して事実を隠ぺいしないということです。こちらに何らかの非がある場合，ともすれば責任を軽く見せるために，問題になる事実をありのままに伝えない，というケースがあります。しかしほとんどの場合，これは逆効果にしかなりません。問い詰められて話の辻褄が合わなくなったり，後日，関係者から事情が漏れるなどして事実が明らかになることが多く，その場合，事実を隠ぺいしたことの責任が厳しく問われ，クレームの発端となった当初の出来事よりも大きな責任問題になります。また，学校側の信頼は完全に失墜しますか

ら，ほかにも事実の隠ぺいがあるはずだと保護者に疑われ，その後は正直に説明しても信用してもらえない，という泥沼状態に陥ります。

　隠ぺいや責任回避の意図の有無にかかわらず，事実と異なる説明をしたり，事実かどうか明らかでないこと，事実ではないことを認めたりしては絶対にいけません。

あいまいな対応をしない

　仮に学校側に非があって謝罪する場合であっても，保護者の要求に対し，出来ないことは出来ないとはっきり伝えることが必要です。その場を収めるつもりで，「検討します」などと答えてしまうと，相手は，前向きな対応を期待してしまいますから，必ず検討結果の報告を求められ，後で余計苦しくなります。

　保護者の主張する事実が確認できない場合や，事実関係には争いがないが，学校側の対応に不適切な点がなかった場合には，その旨をていねいに，しかしはっきりと保護者に伝えます。

　これに対し，保護者が理不尽な要求を続ける場合や，学校への非難をやめない場合，あるいは話し合いを続けても堂々巡りになるような場合には，学校だけで抱え込んでしまわないで，場合によって，弁護士など外部機関に相談することも必要になります。いくら時間をかけてていねいに説明しても理解してもらえない保護者もいますから，どこかで見切りを付けなければなりません。

　仮に保護者が，裁判に訴える，弁護士に相談するなどの法的手続を主張したり，SNSに書き込みすると主張した場合であっても，決して脅しに屈して不当な要求に応ずることがないようにすることが肝要です。学校の回答に保護者が納得しなくてもやむをえません。「訴えるぞ」という決まり文句をしばしば聞きますが，実際に訴訟提起されるケースは極めて稀ですから気にする必要はありません。「それは残念ですが，学校の判断は変わりません」と，脅しには屈しないことをはっきり言えばよいのです。むしろ保護者が実際に弁護士のところに相談に行って，法的な見解を聞いてもらうほうがよい場合が多いし，仮に弁護士が代理人に就任すれば，学校も教育委員会を通じて弁護士に相談すればよいのです。クレームをつける保護者に対してだけ他と異なる対応をすることはいけません。いずれにしても，保護者の要求に応じたという情報は，すぐに広まるものだと考えておくべきです。

3 保護者対応の「実際」

　事例Lのケースでは，陽太の父親から話を聞いた学校長としては，複数対応の原則に則り，自分1人だけではなく，教頭や学年主任などと一緒に山田先生，橋本先生そして養護教諭からも話を聞いて，事実関係を確認することになります。
　そのうえで，陽太の父親に学校に来てもらって話をするか，自宅を訪問して，学校側の見解を説明することになります。
　まず学校が把握している事実関係を説明したうえで，要求の①については，一男を転校させることはできないしその必要もないこと，今回は突発的なできごとで，一男も反省しており，今後二度としないと約束していること，学校側としてもそのようなことが二度と起きないように十分注意するので，陽太のために登校させてほしい旨を伝えます。なお，もし陽太本人が登校を渋っているのであれば，山田先生が直接陽太に話をして，安心であることを伝え，登校を促すことになります。しかし，陽太の意思に関係なく親が子どもを登校させないならば，それは子どもの学習権の侵害であり児童虐待（ネグレクト）にもなりますから，父親に十分話をします。
　SNSへの書き込みや警察への届出は，好ましくありませんが，父親がすることを止めさせることはできません。もし，父親からその話を持ち出してくれば，「好ましいこととは思いません。避けていただきたいとは思いますが，最後は，お父さんのご判断です」と答えるくらいでしょう。決して，やめて欲しいと頼み，その脅しに屈するような形で父親の要求の一部にでも応じるようなことをしてはいけません。なお，もし実際に，父親がSNSに学校名や当事者の名前を出して非難するようなことがあると，名誉棄損などの法的問題が生じますから，弁護士に相談すればよいでしょう。
　要求の②については，陽太が，慰謝料を一男またはその親に請求できるかどうかは，純粋に両当事者間の民事上の法律問題であり，学校が関与できることではありませんし，また関与すべきことでもありません。父親の剣幕に押されて父親の要望を一男側に伝えたりすると，損害賠償請求権の有無という両当事者間の法的な問題について，学校が陽太側に立って関与したという批判を免れません。従って，②の要求はきっぱり断るべきです。

要求の③については，学校が把握している事実経過から，二郎は一男と一緒にボールを追いかけただけで暴行に一切関与していないので，注意する必要はないと考えていること，従って，陽太の父親の要求を二郎側に伝える必要はない，とはっきり言えばよいでしょう。

　要求②及び③については，上で述べたように，相対立する両者間の問題について学校側が一方の当事者のメッセンジャーになるような対応はすべきではありません。

　要求の④については，打撲の程度が軽く，診断書をとる必要までないと判断したと説明すればよいでしょう。本件で学校が診断書を取得する義務はなく，必要があれば，保護者自身が料金を払って診断書の作成を医師に依頼すればよいのです。

　⑤について，本件は，特に緊急の対応をしなければならないケースではないので，執務時間中に学校に連絡してもらえばすむ話ですから，個人の携帯番号を教える必要はありませんし，むしろ教えるべきではないと言うべきでしょう。もし万一，教えてしまった後でも，夜間など執務時間外の電話が何度も入るようであれば，「大事な話は学校で，時間をとって話したいので，今後連絡がある場合には執務時間中に学校に電話してほしい」旨伝えて，携帯への電話に出なくてもよいでしょう。

　ただ，**事例 L** においては，法的に学校側の対応で問題になる点があります。それは一男の保護者に，陽太の自宅や連絡先を伝える場合，個人情報保護の点から，原則として陽太の保護者の了解が必要だということです。本件では，陽太の父親が，後に了解したと考えてよいケースですが，安易に，個人の住所や電話番号を他に教えてはいけません。

第3節　臨床的視点と援助的アプローチ

1　理不尽な要求をする保護者の攻撃性

　第5章で，子どもたちの暴力の変質について，中学生の対教師暴力が多発した

1983年前後を境にして,「強者」にストレートに向けられた攻撃性が,いじめなど「弱者」に対する攻撃性になり,さらに2000年に歪んだ攻撃性に変質したことを指摘しました。

その子どもたちへの対応の困難さの特徴は,説得や指導がなかなか通用せず,強権的に対応すると一時的にはおさまりますが,また同じ問題を起こすことです。2000年以降の子どもたちの攻撃性の特徴は,理不尽な要求を続ける保護者のやり方に似ているところがあります。

教師はそうした保護者の対応に時間と労力を奪われ,最悪の場合は,うつ病や自殺につながりかねません。こうした保護者の対応には,その攻撃性の特徴を理解した臨床的対応と事実関係を踏まえた毅然とした法的対応が必要になります。

理不尽な要求やねじ込み方をする保護者は本来小心で,幼児が駄々をこねるような態度をとります。無理難題を突き付ける相手は主に学校や役所など公的機関で,自分の甘えをある程度受けとめてくれて,我がままを言い張れる対象です。

そして**事例L**のように,自分の思いどおりにならないときには居丈高になったり権威をもちだしたりすることもあります。例えば,警察はこう言った,弁護士からアドバイスされた,裁判所に相談した,要求に応じないならば訴えてやる,などです。しかしその多くは,嘘であったり誇張であったりすることが多いものです。警察や弁護士に相談したことがあるにしても,その回答は自分に都合よく作り変えている場合があります。

2 法と臨床の協働による対応

いうまでもなく,学校は教育の場であり,保護者の使い走りやトラブル解決の場ではありません。その対応の基本は,あくまで教育機関としての立場でどうすべきかを判断することです。

まずはどのような保護者であれ,第1節と第2節で詳しく述べたように,相手の話を傾聴して事実を確認したうえで,学校に非があれば謝罪をする,学校として対応可能なことと不可能なことについて,意を尽くして説明をする,といった誠実で毅然とした対応をすることです。

ところが,自分のことや権利ばかりを主張する保護者や子どもが多くなり,また学校での事故など法律を抜きにしては対処できないケースが増えていることも

事実です。

　もう一度**事例L**にそって検討してみたいと思います。事例では一男の保護者が一男を連れて陽太宅を訪問して謝罪をしたにもかかわらず，陽太の父親は①～⑤のような要求を学校長に主張しました。この父親の過剰な反応はやはり常軌を逸した態度だといわざるをえません。このような父親には保護者対応の基本を維持しつつも，臨床的理解に基づいた関わりが必要になります。

　その1つは，今回の陽太と一男の出来事だけでなく，陽太の学校での状況や陽太の保護者と他の保護者との関係（例えばPTA活動）など，周辺的事情が絡んでいる可能性があります。そのような場合には，今回の出来事の事実関係だけに焦点をあてて対応しても，父親は態度を硬化させたり過激な発言をしたりして解決につながりにくくなります。

　得てして，陽太の父親のような保護者は対人関係が未熟で，相手に適切に関わったり援助を求めたりすることが苦手です。そのため，本来なら当事者同士で解決すべきこと（要求の②など）や無理難題（要求の①など）を学校に要求したりすることになります。

　その場合の臨床的な関わりとしては，やや応用になりますが，対人援助者は陽太の父親の「気持ちに添いながら事実を聞く」ようにすると，父親は周辺事情を話してくれることがあります。そうなれば，今回の要求について学校としてできることとできないことを明確に伝えることが可能になります。併せて父親が語る周辺事情の相談にものることができます。

　それでも相手が収まらず，「誠意を示せ」などと抽象的な要求を繰り返したり，暗に金銭を求めたりして学校や教師への攻撃をやめない場合や，話を続けても堂々巡りになるような場合には，学校だけで抱え込まずに教育委員会に報告のうえ，弁護士の関与を求めることが必要になります。

　学校や教職員も今後，法的根拠に基づいて対応することがさらに求められるでしょう。学校問題などでトラブルが起きたとき，起きそうなときに，法律家である弁護士のアドバイスを受けながら対応をすることが必要になります。

第3部

職場における法と臨床的対応

第9章　過重労働とメンタルヘルス

第10章　ハラスメント

第9章 過重労働とメンタルヘルス

第1節 過重労働とメンタルヘルスの理解と対応の基本

　近年，日本の産業社会を取り巻く環境の著しい変化によって，職場におけるメンタルヘルスの問題が大きな課題となってきました。メンタルヘルスの問題は，いうまでもなく，労働者個人の心理的側面だけで捉えられるものではなく，その労働者が携わっている職務や職場のあり方と密接に関連しています。

　1990年代半ばより，特に，精神障害の労災申請件数の増加により，過重労働によるメンタルヘルス不調を伴う過労自殺等の深刻な事態を招いていることが注目され，社会的にも大きな問題となってきました（図9-1）。そのような中で国は，過重労働対策のための法の整備と，それらを含めた包括的なメンタルヘルス対策を推進するための施策の充実を図ってきました。そして，2014（平成26）年6月には「過労死等防止対策推進法」を制定して，次のように「働き方改革」にまで踏み込んだ方針を掲げています。

　「長時間労働は，健康の確保だけでなく，仕事と家庭生活との両立を困難にし，少子化の原因や，女性のキャリア形成を阻む原因，男性の家庭参加を阻む原因になっている。『過労死等ゼロ』を実現するとともに，マンアワー当たりの生産性を上げつつ，ワーク・ライフ・バランスを改善し，女性や高齢者が働きやすい社会に変えていくため，長時間労働の是正は喫緊の課題である」（労働

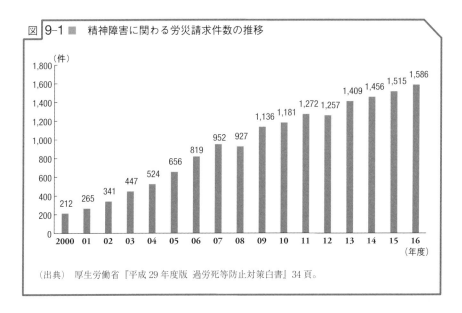

図 9-1 ■ 精神障害に関わる労災請求件数の推移

（出典）厚生労働省『平成 29 年度版 過労死等防止対策白書』34 頁。

政策審議会建議「時間外労働の上限規制等について」2017 年 6 月 5 日。）

したがって，産業場面における対人援助者には，これまで以上に，労働関連の法制度に関する理解とともに，労働者個人と職場の双方へのより積極的で現実的な関与が求められてきています。

そこで，本章では，まず，過重労働対策の基本となる「労働基準法」と「労働安全衛生法」を中心に，必要な法律の知識と対応について解説します。続いて，厚生労働省が職場におけるメンタルヘルス対策を具体的に示した「労働者の心の健康の保持増進のための指針」を詳しく紹介していきますが，これは，対人援助者が実際の活動を行ううえでも重要な観点を提供しています。このような法制度に基づいた対人援助の実際について，**事例 M** を通しながら理解を深めていくことにします。なお，この事例については「問題の発生と法的問題」に関わる前半部分と，「対人援助の実際」に関わる後半部分に分けて示します。特に，後半部分の心理学的コンサルテーションの理論に基づいた個人と職場の関係者双方をつなぐアプローチは，今後の産業メンタルヘルスを担う対人援助職にとって，より求められるスキルではないかと考えられます。

第 1 節　過重労働とメンタルヘルスの理解と対応の基本

第2節　法の視点と対応の原則

事例 M

　銀行員の秋山さんは，入行以来，持ち前の明るさと仕事に対する責任感の強さにより，行内での評価を高めていた。この間，経済状況の変化とともに，この銀行もさらなる営業展開の必要性に迫られていた。そこで，秋山さんは4月に新たに配属された支店で初めて法人営業業務を担当することになったが，多忙を極め，ほぼ毎日残業が続き，疲労が蓄積していった。

　配属から半年ほど過ぎた頃，妻から「顔色が悪いので少し休んだ方がいいのでは」といわれたが，病弱な妻に心配をかけまいと家庭ではできるだけ明るく振舞い，また，「休めば仕事が回らなくなり同僚に迷惑をかけるから」といって断り，出勤し続けた。慣れない支店での法人営業で，精神的な緊張も少なからずあった。上司も，秋山さんの業務遂行能力の低下に気付き，そのために時間外勤務が長くなりがちであったため，声がけはするものの，「大丈夫です」という言葉に，上司も見守りつつ励まし続けた。

* 時間外労働時間数（週40時間を超える労働時間数。つまり残業した時間）は，直前の1カ月間は110時間，直前3カ月間の平均でも月98時間であった。
* 秋山さんの会社の就業規則には，病気休職制度が定められている。それによると，1年6カ月間は健康保険の傷病手当金を受給しながら休職することが可能とされており，「1年6カ月間の病気休職期間が満了しても，病気が治癒せず職務に復帰できないときは退職とする」と規定されている。
* 秋山さんの会社には健康管理室が設けられており専任の保健師が常駐している。産業医が月2回，さらに，臨床心理士の資格をもつカウンセラーが週1回来所して援助活動を行っている。

1 過重労働に関する法制度の理解

過重労働とそれに伴うメンタルヘルス問題は，大きく以下のように分けられます。

① 過重労働や健康被害を「予防」するための労働基準法や労働安全衛生法による法規制。
② 不幸にも病気など健康被害が生じてしまった場合に事後的に「補償」をする労働者災害補償保険法（以下「労災保険法」）などの法制度。

まず，①「予防」（過重労働を抑止して労働者の健康を確保すること）を目的とする法規制として，労働基準法および労働安全衛生法の諸規定があります。これは，労働時間の上限規制，会社（「使用者」という言葉を使う場合もありますが，以下原則として「会社」といいます）が労働組合や労働者の代表と結ぶ36協定による時間外・休日労働の規制，医師による面談指導など，その詳しい説明は次の2で行いますが，現状では，過重労働の抑止策として必ずしも十分に機能していないという面もあります。

また，②の「補償」については，過重労働によって不幸にも病気になったり災害を被ったりした場合の事後的な法的保護・救済として，以下のように，いくつかの制度があります。

第1に，病気や災害が「労働災害」にあたると判断される場合には，労災保険法による国からの手厚い法的補償が与えられます。また，「労働災害」による病気・けがの療養のために休業している期間は，会社から解雇されないという保護

Note
1 労働組合とは，労働者が，会社との交渉により経済的な地位の向上を図ることを主な目的として，自主的に結成する団体のことをいいます。
2 36協定（「さぶろくきょうてい」）とは，これが労働基準法36条に基づく労使協定（会社と労働組合や労働者の代表等との間で結ばれるルール）であるためこのように呼ばれています。会社が法定労働時間（1日8時間，週40時間）を超えた時間外労働を命じる場合に必要となります。会社は，事業場に労働者の過半数を組織する労働組合がある場合にはその過半数組合，過半数組合がない場合には労働者の過半数を代表する者（本章ではこの2つを合わせて「過半数組合等」といいます）と労使協定を締結し，これを労働基準監督署に届け出た場合，その定めに従って時間外・休日労働をさせることができます（36条1項）。この過半数組合等との書面による協定は労働基準監督署長に届け出る必要があります。もし，届け出をしないで時間外労働をさせると，労働基準法違反となります。

（労働基準法19条）もあります（3参照）。この労災保険法による補償は，労働基準監督署での手続を経て国からなされるものです。

　第2に，会社に安全配慮義務違反があったことを理由として，直接，会社の責任を問う（会社に損害賠償を請求する）こともできます（本節5参照）。

　過重労働による病気等が，私的な疾患や出来事が原因となっていて「労働災害」にあたらない場合については，会社の就業規則上の病気休職（または傷病休職）制度によってその取扱いが定められていることが一般的です。病気休職の期間は，短いものでは1カ月，長いものでは3年間など，会社の就業規則によってさまざまですが，多くの就業規則では，この期間が満了しても病気が治癒せず職務に復帰できないときには退職（または解雇）とするとの定めとなっています。ただ，実際にこの期間が経過しても病気が完治せず，従前の職務に完全に復帰することが難しい場合，会社は期間満了によりその労働者を退職させる（または解雇する）ことができるのでしょうか。例えば，労働者が復職するときに，会社に対して病状に応じた一定の配慮（例えば負担の小さい短時間勤務など）を求めて何とか復職することができる場合もあります。これらの問題は，その会社の就業規則の規定や裁判所によるそのケースの解釈等によって判断されることになります（5参照）。

　対人援助者は，これらの法律問題について，その枠組みと内容を正確に理解したうえで，これらの法律知識を背景に，それぞれの状況にあったケアを適切に講じていくことが重要になってきます。以下，順序立てて説明します。

2　労働基準法と労働安全衛生法による法規制

(1) 労働基準法による労働時間規制

　過重労働は法的に制約なく行わせることができるわけではありません。その法的制約の代表的なものが，労働基準法（以下カッコ内は「労基法」）による労働時間規制です。これにより過重労働を防止しています。

　労働基準法によると，会社は，労働者に，1週40時間を超えて労働させてはならず，かつ，1日8時間（休憩時間は除く）を超えて労働させてはならない（労働時間の上限規制）とされています（労基法32条）。また，少なくとも週に1日の

休日を与えることが，原則として求められています（35条）。この時間を超える時間外労働，または休日とされる日の休日労働は，法律上の要件を満たさなければならず，かつ，割増賃金を支払わなければならないとされています。

　労働基準法は，時間外労働や休日労働をさせるためは，(a) 災害・公務による臨時の必要があること，または，(b) 労使協定が締結されていること，のいずれかの要件を満たさなければならないとしています。このうち，(a) 災害・公務による臨時の必要性については，突発的な機械の故障や急病の発生などで人命・公益を守るために必要がある場合（病院や公益事業など）にのみ認められるものとされているため，一般には，(b) 労使協定（36協定）の締結によって時間外・休日労働が認められています。この36協定の様式については，1年間の上限を適用する起算点を明確にするなどの改正がなされました。

　労使協定（36協定）には，以下の項目を書く必要があります（労基法36条2項）。
　① 時間外・休日労働の対象となる労働者の範囲。
　② 対象期間。
　③ 労働時間を延長し，または休日に労働させることができる場合。
　④ 1日，1カ月および1年についての時間外労働の上限または休日労働の日数。
　⑤ 時間外・休日労働を適切なものとするために必要な事項。
　⑥ ④を超える時間外労働を行う場合に関する事項（特別条項を付す場合）。

　このうち，④の時間外労働の上限時間については，法令でその限度を定めています（労基法36条4項，表9-1上段）。

　この厚生労働大臣が定める限度時間には，さらに例外が認められています。限度時間を超えて時間外労働を行わせなければならない特別の事情（通常予見することができない業務量の大幅な増加など）が生じる場合に備えて，労使の合意を経て，限度時間（例えば1カ月に45時間）を超える一定の時間まで労働時間を延長させることができることが認められているのです（労基法36条5項）。そのため，特に理由を明確にせず，業務多忙なときや使用者が必要と認めるときなどは，あてはまりません。

　しかし，今まで現場ではこの特別条項を用いて事実上，恒常的に長時間の時間外労働（残業）が行われていることも少なくありませんでした。そのため，2018

表 9-1 ■ 時間外労働の限度（労働基準法36条4項）

■36協定で定める延長時間は，最も長い場合でも下の限度時間を超えないものとしなければならない。

期　間	限度時間	対象期間が3カ月を超える1年単位の変形労働時間制の対象者の限度時間
1カ月	45時間	42時間
1年間	360時間	320時間

■特別条項発動時の上限（労基法36条5項・6項）

期　間	限度時間	備　考
1カ月	100時間	休日労働の時間を含む
2カ月～6カ月	月平均で80時間	休日労働の時間を含む
1年	720時間	休日労働は含まない

＊1カ月45時間を超えて特別条項を発動できるのは年6回まで。
＊特別条項を発動できる月数は最大6カ月以内。
＊現行規定の「時間外労働」には「休日労働時間数」を含みませんが，改正により月平均80時間，1カ月100時間を判定するうえでは「休日労働時間数」を含めることになりました。

（平成30）年の労働基準法改正で特別条項を発動する時でも超えてはならない上限が定められました（表9-1下段）。

対人援助者は，会社で長時間労働が行われている場合，まず，36協定が締結されているか，その内容はどのようなものか，労働基準法や36協定に基づいて適法に時間外労働が行われているか，を確認することが法的には重要なポイントになります。とくに2018（平成30）年の労基法改正で，特別条項発動時の上限時間に違反して労働させることが，新たに罰則の対象となりました（労基法119条）。

また，労働基準法は，時間外・休日労働に対して，割増賃金を支払うことを義務づけています（労基法37条）。この割増賃金の支払いは，長時間労働に対する補償を受ける労働者の権利であり，また，会社に対し長時間労働を抑制する効果をもつものでもあるため，これがきちんと全額労働者に支払われているかが法的には重要な意味をもちます。

(2) 労働安全衛生法による過重労働・メンタルヘルス対策

労働安全衛生法（労安法）は，職場における労働者の安全と健康を確保するこ

とを目的に，労働災害の発生を予防するための措置をとること等を会社（事業者）に義務づけている法律です。例えば，産業医の選任，安全衛生委員会の設置，年1回以上の一般健康診断の実施等が，会社に義務づけられています。また，同法は，過重労働・メンタルヘルス対策を充実させるために，会社は，時間外労働が月80時間を超えなおかつ疲労の蓄積が認められる労働者について，労働者の申し出により医師による面接指導を行わなければならないとしています。また，もし，その労働者について医師の意見を聞いた結果，過重労働だとなったときには，作業の転換，労働時間の短縮などの措置を講じなければならないとしています（労安法66条の8，労働安全衛生規則52条の2，52条の3）。さらに，2014（平成26）年の労働安全衛生法改正は，労働者の心理的な負担の程度を把握するために，医師・保健師等によるストレスチェックを実施することを，会社に義務づけることになり（従業員50人以上の会社に義務づけましたが，50人未満の会社については当分のあいだ努力義務です）[3]，2015（平成27）年12月より施行されています。

　労働安全衛生法によるこれらの措置は，過重労働等による健康被害の発生を予防するために重要な意味をもつものです。しかし，医師による面談指導の要件が月80時間を超える時間外労働とかなり長く設定されていたり，自ら労働者が申し出た場合に限られていたり，小規模の会社にはストレスチェックの実施等が努力義務にとどめられているなど，労働者の長時間労働の抑止や健康確保のために，今後，さらなる制度と運用面での改善が求められます。

　なお，会社側に課せられた安全配慮義務に対して，労働者側にも，それらの事項を守り，協力するよう努めることが求められています。

3　「労働災害」の補償と保護

(1)　労働者災害補償保険法による「労働災害」に対する補償

このような法律制度の下でも，過重労働により不幸にも労働者が病気になったり，最悪の場合，死亡するようなケースも後を絶ちません。このような被害に対

Note

[3] 努力義務について。日本の法律では「～するよう努めなければならない」などと書かれていて，仮にそれに違反しても罰金を払ったり，罰を受けることはありません。しかし，そのように行動することが社会的に望ましいと考えられており，政策的に助成の対象とされていることもあります。

し，事後的に保護・救済を与える法律制度として，労災保険法（労働者災害補償保険法）による労災補償制度があります。

労働災害が発生した場合には，被災した労働者またはその遺族が国に補償を請求することによって，労災保険法による保険給付が行われます（12条の8第2項参照）。[4]

保険給付の内容としては，代表的なものとして以下の6つがあります。

① 傷病の療養のための療養補償給付（治療費を出してもらえます）。
② 療養のための休業補償としての休業補償給付（休んでいる間の給料を補償してもらえます）。
③ 治癒しても障害が残った場合の補償としての障害補償給付（後遺症の程度・内容に応じて一定額の補償金が支払われます）。
④ 被災者が死亡した場合の遺族補償給付，葬祭費用としての葬祭料。
⑤ 1年6カ月を経過しても治癒していない場合の補償としての傷病補償年金。
⑥ ③の障害補償年金または⑤の傷病補償年金を受ける者の介護費用としての介護補償給付。

例えば，**事例M**（176頁）の秋山さんの病気が「労働災害」にあたるとすれば療養補償給付（①），その療養のために休業する場合には休業補償給付（②）などが，国から支給されることになります。

(2) 「労働災害」の認定

労災を認定され保険給付を受けるには？

このような労災保険法による保険給付を受けるためには，労働基準監督署長から「労働災害」との認定を受ける必要があります。[5] この認定を受けるためには，

Note

4　具体的には，被害を受けた労働者または遺族が労働基準監督署長に保険給付の申請を行い，これに対し労働基準監督署長が支給または不支給の決定を下します。もし，事業主が法定の手続や保険料の納付をしていなかった場合でも，労働災害が発生すれば労働者は保険給付を受けることができます。

5　「労働災害にあたる」というのは，法的には，「国からお金がもらえる（労災保険法に基づく給付の対象となる）」ということに限られます。会社からではなく国からもらえる制度です。ここには，「会社が悪いと認められる」といったニュアンスは法的には含まれていないと考えられていますが，これから説明するように，会社に損害賠償を別途請求することも可能です。

業務に起因して疾病にり患したこと（業務起因性）が証明されなければなりません。しかし，この証明には専門的な医学的知識を必要とすることが多いため，例えば，石綿（アスベスト）にさらされる業務で肺がん・中皮腫になった場合など，医学的に見て業務に起因して発生する可能性が高い疾病が，業務の種類ごとに，労働基準法上列挙されています。

この業務上の疾病か否か（業務起因性の有無）の判断が問題となる典型的なケースとして，長時間の業務等による脳・心臓疾患（死亡した場合「過労死」と呼ばれています）があります。脳・心臓疾患は，高血圧や動脈硬化など基礎疾患をもつ労働者に発症することが多いため，業務（過労）に起因して発症したのか，基礎疾患に起因して発症したのかが問題になることも少なくありません。

厚生労働省は，発症に近い時期の過重負荷のほか長期間にわたる疲労の蓄積も考慮されるとし，例えば，① 発症前1カ月間に時間外労働が100時間を超える，または，② 発症前2～6カ月間に，時間外労働が1カ月あたり80時間を超える場合には，業務と発症の関連性が強いとする行政認定基準を定めています（以下では単に「認定基準」と書きます）。この認定基準では，発症に近い時期の労働時間（時間外労働時間）の目安のほか，勤務の不規則性，交替制勤務・深夜勤務，作業環境，精神的緊張の程度なども合わせて，業務の過重性を総合的に判断するものとされています（実際の裁判例については，表9-2を参照）。

精神障害の業務起因性認定基準

また，過重な心理的負荷によるうつ病などの精神障害（過労による精神障害で自殺した場合「過労自殺」とよばれます）についても，業務上の疾病にあたるか否か（業務起因性の有無）が問題となります。**事例M**は，まさにこの点が問題となるケースです。精神障害の業務起因性に関する認定基準によると，① 対象疾病（精神障害）を発病し，② 発病前おおむね6カ月間に業務による強い心理的負荷が認

Note

6 起因とは，法律の用語として，「ものごとの起こる原因（≒きっかけ）となること」という意味です。

7 この「時間外労働時間数の算定」に関しては，班長に相当する職制の労働者の創意工夫提案の時間，サークル活動の時間，銀行のシステム統合のマニュアル習得のために自宅に持ち帰り学習をした時間，支店長からの指示を受けて受験した技術士試験のために自宅等で行った受験勉強の時間などについて，使用者の支配下における「業務」の時間として算入した裁判例もあります。

表 9-2 ■ 業務起因性が認められた（労災と認められた）裁判例

横浜南労基署長（東京海上横浜支店）事件*	業務による過重な負荷が，労働者の基礎疾患をその自然の経過を超えて増悪させ，発症に至ったと認められるときには，業務起因性が存在を肯定された。
国・国立循環器病センター（看護師・くも膜下出血死）事件**	発症前6カ月間の時間外労働時間数は月平均で約54時間であり指針が例示する80時間ないし100時間に達していないが，密度の高い勤務で変則的な夜勤・交代勤務に従事するなど質的に過重であったことを考慮して，業務（公務）起因性が肯定された。
松本労基署長（セイコーエプソン）事件***	発症前1カ月ないし6カ月の時間外労働時間数は1カ月あたりいずれも30時間未満であり土日の休日も確保されているが，発症前10カ月半の間に合計10回・183日間の海外出張の業務に従事していたことは相当な精神的緊張を伴うものであるとして，業務起因性が肯定された。
国・旭川労基署長（NTT東日本北海道支店）事件****	雇用形態の選択を求められたことに端を発する異動可能性等への不安が急性の虚血性心臓疾患を発症させたとして，業務起因性が肯定された。

（出典）　*最高裁判所平成12（2000）年7月17日判決。
　　　　**大阪高等裁判所平成20（2008）年10月30日判決。
　　　***東京高等裁判所平成20（2008）年5月22日判決。
　　***札幌高等裁判所平成22（2010）年8月10日判決。

められ，③業務以外の心理的負荷および個体側要因により発病したとは認められない，という3つの要件を満たした場合に，労働災害にあたるとされています。

この認定基準では，心理的負荷の強度を弱・中・強の3段階に分類した「業務による心理的負荷評価表」が定められており，総合評価で「強」と判断された場合に「強い心理的負荷」の要件を満たすとしています。

精神障害の業務起因性判断においては，心理的ストレスが弱い場合でもそれを受ける個体側の反応性・脆弱性によってはうつ病が発症することがあること（いわゆる「ストレス-脆弱性理論」）から，業務上のストレスによってうつ病にり患したこと（個体側の要因ではなく業務に起因していること）をどのような人を基準に判断すべきかには，難しいところがあります。先に述べた認定基準は，同種の労働者（職種，職場における立場や職責，年齢，経験等が類似する者）を基準に判断するとしていますが，裁判例の多くは，平均的な労働者を基準としつつ，そこには何ら

かの個体的脆弱性を有しながらも勤務軽減を必要とせず通常の業務を遂行できる者も含むとして，やや幅のある判断（つまり業務起因性が認められる可能性が高い）をしています。

自殺の業務起因性

また，業務に起因して精神障害が発症したと認められ，精神障害を発症する中で労働者が自殺した場合には，精神障害と自殺との間にも因果関係が認められ，自殺（死亡）についても労働災害と認められると考えられています。業務を原因としてうつ病等が発症した場合には，その病態として自殺行為が出現するケースが多いと医学的に認められていることから，労災保険給付の対象外とされうる労働者の故意により発生した災害（労災保険法12条の2の2）にはあたらず，自殺（死亡）という結果についても一般に業務起因性があると考えられているのです。

事例Mでは，直前の1カ月間は110時間，直前3カ月間の平均で月98時間の時間外労働とされており，上記の認定基準においては，この労働時間数のみで心理的負荷の強度が「強」とされるレベルには至っていませんが，業務上のその他の出来事と合わせて総合評価で心理的負荷が「強」と評価されうるか（認定基準の②），業務以外の心理的負荷および個体側要因がなかったか（認定基準の③）によって，労働災害に該当するかどうかが判断されることになります。

(3) 「労働災害」に対する解雇制限

事例Mの秋山さんの病気が労働災害にあたる場合，労災保険法による給付に加えて，労働基準法による解雇制限が課されることにもなります。会社は，労働者が業務上の負傷や疾病による療養のために休業する期間およびその後30日間は，その労働者を解雇してはならないとされています（労基法19条1項）。これは，労働者が，労働災害等の場合に安心して休業をとれるよう保障する趣旨で定められた規定です。

例えば，業務に起因してうつ病を発症し休業（療養）している労働者に対して就業規則上の病気休職期間が満了したとしてなされる解雇は，この規定に違反するものとして，無効（つまり解雇とはならない）とされます。また，同様の事案で，就業規則上「解雇」ではなく「退職」と記載されていることから，休職期間満了に伴い「退職」したものと取り扱ったとしても，退職扱いを無効としたケースも

あります（アイフル〔旧ライフ〕事件・大阪高等裁判所平成24〔2012〕年12月23日判決等、参照）。このように労働災害とされた場合の雇用保護は大変手厚いものです。

事例Mで秋山さんの病気が労働災害にあたるとすれば、その療養のために休業している期間中およびその後の30日間は、3年経過しても治らないため会社が平均賃金の1,200日分の打切補償を支払うなどの事情がない限り、会社が秋山さんを解雇したり退職扱いとすることはできないことになります。

4 病気休職制度の適用

病気が長時間労働などの業務により発生したものではなく、私生活上の出来事や労働者個人の基礎疾患等（つまり持病など）により発生したもの（いわゆる私傷病）で、労働災害にあたらないとされる場合、休職、復職など会社との関係は、基本的には就業規則に定められた会社のルールや労働契約の定めによって決まることになります。

その1つの例として、多くの会社の就業規則には、一定期間の病気休職（傷病休職等とも呼ばれています）制度が定められ、この休職期間が満了しても病気が治癒せず職務に復帰できないときには、解雇または退職とする旨が定められています。事例Mでも、同様の病気休職制度が定められていますが、ここでは、休職期間満了時にどれくらい病状が回復していれば「治癒」したと判断され、退職とされなくてすむかがポイントとなります。

この点について、裁判例は、休職期間満了時に従前の職務を支障なく行うことができる状態にまでは回復していなくとも、① 相当期間内に治癒することが見込まれ、かつ、② 当人に適切なより軽い作業が現に存在するときには、会社は労働者を病気が治癒するまでの間その業務に配置すべき、当事者間の信頼関係に基づく義務を負い、退職（労働契約の終了）という扱いをとることはできないとしています。この退職扱いにできるか、できないかについては、裁判所の判断も分かれています（表9-3）。

事例Mでも、休職期間の1年6カ月間が経過した時点で、主治医や産業医の診断の結果、相当期間内に治癒すること（回復可能性）が見込まれ、かつ、秋山さんが従事できる軽易な業務が会社内にある場合であれば、会社は秋山さんを退職扱いにすることはできないのではないかと考えられます。

表 9-3 ■ 私傷病につき，解雇・退職とした扱いについて争った裁判例

事件名	解雇・退職扱いの有効・無効理由
J学園（うつ病・解雇）事件* 【解雇無効】	うつ病で休業していた教員に回復可能性があるにもかかわらず，主治医に問い合わせることなく行った解雇を権利濫用として無効とした。
日本通運（休職命令・退職）事件** 【退職扱い有効】	ストレス反応性不安障害で休職している労働者について，病状が回復しているとは思われず復職すると症状が増悪する可能性が極めて高いとの産業医の意見を踏まえて行った休職期間満了退職扱いを，信義則に反するものとはいえず有効とした。

（出典）　＊東京地方裁判所平成22（2010）年3月24日判決．
　　　　＊＊東京地方裁判所平成23（2011）年2月25日判決．

5　会社の安全配慮義務と損害賠償

　労災保険法に基づく給付は，国から被災者に対してなされる給付ですが，日本では，この国による給付とは別に，被害者が会社に対して民事訴訟により損害賠償請求をすることができます（ただし，訴えても認められないケースもあります）。その根拠となるのが，労働契約法5条に定められている安全配慮義務です。この条文は「使用者は，労働契約に伴い，労働者がその生命，身体等の安全を確保しつつ労働することができるよう，必要な配慮をするものとする」と予防的な意義も含めて定めています。この義務に会社が違反した場合には，被害者は会社に損害賠償請求を行うことができますが，会社はこのことを前提に，事故や病気などが起きないように働く人の生命や健康に配慮した予防措置をとることが重要となります。

　民事訴訟は被害者本人だけでも起こすことができますが，会社は専門の弁護士を立てて対抗してくる可能性が高いため，実際には本人だけでは困難かと思われます。よって，ここでは実際の裁判例を紹介するにとどめますが（表9-4），対人援助者としては，こういう方法もあることを知り，現場で相談を受けたときは，弁護士などの専門家に相談するようにアドバイスをすることが考えられます。

　安全配慮義務違反は，過重労働による脳・心臓疾患（過労死など）や精神障害・過労自殺などの事案でも認定されています。裁判例によると，会社は労働者が過

表 9-4 ■ 安全配慮義務に関する裁判例

事件名	安全配慮義務の判断理由
九電工事件*	労働時間について自己申告制がとられている場合，会社は実際の労働時間の実態調査などをして，長時間労働により労働者の健康状態が悪化しないよう注意すべき義務を負うとした。
オーク建設（ホームテック）事件**	労働者が上司からの命令でなく自発的に長時間労働をしていたとしても，それを容易に知ることができたのに労働時間を減らす措置をとらなかった会社には健康配慮義務違反が認められるとした。
富士通四国システムズ（FTSE）事件***	労働者が不規則勤務や長時間労働をしている場合に会社が安全配慮義務を履行するためには，入館禁止や帰宅を命令するなどの方法も念頭において長時間労働を防止する必要があるとした。

(出典)　*福岡地方裁判所平成 21（2009）年 12 月 2 日判決。
　　　　**広島高等裁判所松江支部平成 21（2009）年 6 月 5 日判決。
　　　***大阪地方裁判所平成 20（2008）年 5 月 26 日判決。

重労働により心身の健康を損なわないよう注意する義務を負い（この義務は健康配慮義務とも呼ばれています），具体的には，会社が健康診断などを実施し労働者の健康状態を把握したうえで，それに応じて業務の軽減など適切な措置を講じなかった場合には，安全配慮義務（健康配慮義務）に違反すると解されています。

また，病気や死亡（自殺も含む）について会社の有責行為（過重労働や上司による誹謗など）以外の特殊な要因が絡み，会社に損害の発生を予見し防止することを期待できない場合には，責任を問う前提としての予見可能性[8]（結果回避義務）を欠くとして，会社の安全配慮義務違反が認定されないことがあります。この予見可能性は，長時間労働やいじめの実態など健康被害の原因となる事実を会社が認識しまたは認識しうる状況にあった場合には肯定されるため，例えば単に自殺した労働者がうつ病を発症していることを会社が認識していない状況であったというだけでは，会社の責任（結果回避義務）は否定されません。

事例 M でも，長時間労働により秋山さんがうつ病にり患したことにつき，会社が健康診断などを実施し労働者の健康状態を把握したうえで，それに応じて業

Note

[8] 予見可能性（結果回避義務）とは，自分の行為から一定の結果が発生することを認識できたのに，不注意でそれを認識せず，その結果が起きることを回避しなかったこと。

務の軽減など適切な措置を講じていなかった場合には，安全配慮義務（健康配慮義務）に違反するとして，秋山さんは，このことによって生じた損害の賠償を会社に対して求めることができるでしょう。

6 どこに相談するか──労働者のための法律相談

　以上のように，過重労働とメンタルヘルス問題については，様々な法律問題が交錯してきます。

　労働者が会社側の対応や法的な面で疑問をもったとき，個人で会社側と交渉することは，現実的にとても無理ですし，かなりの心理的負担もかかることでしょう。労働組合などが組織されている職場であれば，その力を借りることもできますが，相談先としてまず利用しやすいのは，各都道府県の労働局に設置されている「総合労働相談コーナー」です。また，労働問題を専門とする弁護士や社会保険労務士に相談するのもよいでしょう。

第3節　臨床的視点と援助的アプローチ

1 メンタルヘルス対策の実際

　会社側は，過重労働およびメンタルヘルスに関わる重要な法制度のもとで，それらを実効あるものとしていくためのシステムを構築する必要があります。そこで，国は，労働安全衛生法70条の2第1項に基づき，2006（平成18）年3月に「労働者の心の健康の保持増進のための指針」（以下，「指針」）を示しました。次頁にその構成を示し，2.の「メンタルヘルスケアの基本的な考え方」と5.の「4つのメンタルヘルスケアの推進」を中心に解説していきますが，この「指針」に関して，あらためて確認しておくべきことは，1つは，会社がこの指針に沿った施策を実行すること自体が，会社側に課せられた安全配慮義務の内実化であるということ，もう1つは，対人援助者の役割と機能もまた，この「指針」の内に示されているということです。

> ▶「労働者の心の健康の保持増進のための指針」(「指針」)の構成
>
> 1. 趣旨
> 2. メンタルヘルスケアの基本的な考え方
>   1) 心の健康問題の特性　2) 労働者の個人情報の保護への配慮　3) 人事労務管理との関係　4) 家庭・個人生活等の職場以外の問題
> 3. 衛生委員会等における調査審議
> 4. 心の健康づくり計画
> 5. 4つのメンタルヘルスケアの推進
>   1) セルフケア　2) ラインによるケア　3) 事業場内産業保健スタッフ等によるケア　4) 事業場外資源によるケア
> 6. メンタルヘルスケアの具体的な進め方
>   1) メンタルヘルスケアを推進するための教育研修・情報提供　2) 職場環境等の把握と改善　3) メンタルヘルス不調への気づきと対応　4) 職場復帰における支援
> 7. メンタルヘルスに関する個人情報の保護への配慮
>   1) 労働者の同意　2) 事業場内産業保健スタッフによる情報の加工　3) 健康情報の取扱いに関する事業場内における取り決め
> 8. 心の健康に関する情報を理由とした不利益な取扱いの防止
> 9. 小規模事業場におけるメンタルヘルスケアの取り組みの留意事項
> 10. 定義

(1) 「メンタルヘルスケアの基本的な考え方」について

心の健康問題の特性

　心の健康について「指針」は、(a)その評価が容易ではなく、さらに、その発生過程には個人差が大きいため、そのプロセスの把握が困難であること、(b)すべての労働者が心の問題を抱える可能性があること、(c)心の健康問題を抱えた労働者に対して、健康問題以外の観点から評価が行われる傾向が強いこと、の3点を指摘しています。いずれもメンタルヘルスケアにおける極めて重要な視点です。特に、(b)についていえば、事例Mの秋山さんの場合、元来明るく仕事に意

欲をもっていた人ですから，周囲の受けとめ方は"まさか彼が…"というのが大半でしょう。さらに(c)についても，ある面やむをえないところはありますが，単純に個人の特性にその原因を求めることは避ける必要があります。

労働者の個人情報の保護への配慮

特に(c)で述べられている点から，「労働者の個人情報の保護への配慮は，労働者が安心してメンタルヘルスケアに参加できること，ひいてはメンタルヘルスケアがより効果的に推進されるための条件である」ということが大切です。そうでないと，本人は，不利な扱いを受けるのではないかという懸念を抱き，早期の対応が遅れることが少なくありませんし，周囲も，本人を特別視してしまいがちです。ただし，この点は次の人事労務管理に関係してきます。

人事労務管理との関係

「指針」は「心の健康は，職場配置，人事異動，職場の組織等の人事労務管理と密接に関係する要因によって，より大きな影響を受ける」こと，したがって，「メンタルヘルスケアは，人事労務管理と連携しなければ，適切に進まない場合が多い」ことを指摘しています。これはいうまでもないことですが，その際，対人援助者に求められるのは，労働者の「個人情報の保護の配慮」と職場側への情報開示の両面を調整する対応です。実は，この対応こそ，職場全体におけるメンタルヘルス推進のためのアプローチの要になるといっても過言ではありません。

家庭・個人生活等の職場以外の問題

「心の健康問題は，職場のストレス要因のみならず家庭・個人生活等の職場外のストレス要因の影響を受けている場合も多い」というのはいうまでもないことですが，ここで，特に，指摘しておきたいのは，本人が職場のストレスによって休業を余儀なくされるほどの心身の不調に陥った際，否応なく不安を抱く家族にも積極的にアプローチして不安の緩和を図ることです。そのようにして得られた家族の適切なサポート力は，本人の回復を促進するうえでとても重要です。

(2) 「4つのメンタルヘルスケアの推進」について

以上のメンタルヘルスケアの基本的な考え方を職場（事業場）の中で実効性のあるものにしていくために，「指針」では，ケアを4つの領域に分けて，それぞれがうまく機能することを目指しています（表9-5）。

表 9-5 ■ 4つのメンタルヘルスケア

ケアの構成	ケアの内容
① セルフケア 　労働者（管理監督者を含む）によるもの	・ストレスへの気づき ・ストレスへの対処 ・自発的な相談
② ラインによるケア 　管理監督者によるもの	・職場環境等の把握と改善 ・部下からの相談への対応
③ 事業場内産業保健スタッフによるケア 　産業医，産業保健師，心理職等の対人援助職によるもの	・労働者および管理監督者に対する支援 ・メンタルヘルスケアの実施に関する企画立案 ・労働者の個人情報（健康情報を含む）の取扱い ・ネットワーク形成
④ 事業場外資源によるケア 　事業場以外の機関，専門家によるもの	・サービスの活用 ・労働者の相談においての活用 ・ネットワークの形成

① 「セルフケア」は，労働者が普段から自身の心の健康に留意することを求めたものです。

② 「ラインによるケア」は，管理監督者が部下の心の健康に留意するためのマネジメントを示したものです。これは，会社側に課せられた安全配慮義務という法的な背景をもっていることを理解しておくことが必要であり，職場のメンタルヘルスケアを推進していくうえで中心となるものです。

③ 「事業場内産業保健スタッフ等によるケア」は，セルフケアとラインケアによるケアの両輪をうまくかみ合わせながら，会社全体のメンタルヘルスへの取組みを支援することであり，その具体的内容として「労働者及び管理監督者に対する支援」「メンタルヘルスケアの実施に関する企画立案」「メンタルヘルスに関する個人の健康情報（個人情報）の取扱い」および「ネットワークの形成」の4点を挙げています。そして，この役割と機能を果たすのが対人援助職です。

④ 「事業場外資源によるケア」は，メンタルヘルスケアのサービスを提供する外部の民間機関によるもので EAP（Employee Assistance Program: 従業員支援プログラム）と総称されており，現在，急速に拡大しています。③のように対人援助職を雇用することが困難な中小の事業場だけでなく，大規模の会

社でもそれらのサービスの一部を外部委託するところが出てきています。

2 対人援助者による3つのアプローチ

　産業メンタルヘルス領域において対人援助者に求められるアプローチとしては，「カウンセリング」「コンサルテーション」および「教育・研修活動」の3つを挙げることができます。これらの内，「コンサルテーション」は最も中心的なアプローチになりますので，事例と合わせてより詳しく解説していきます。

(1) カウンセリング

産業領域でのカウンセリングの特徴

　産業領域においても，従来から最も多く導入されている相談形態は，クライエント個人を対象としたカウンセリングです。何らかの悩みを抱えた社員が安心して悩みについて語れるようにするために，多くの会社では，相談に適した部屋が設置され，対人援助職には，相談内容に関する守秘義務が課せられます。このような構造が「セルフケア」における労働者が自発的に相談を受ける行動を促進する側面をもっています。

　しかし，すでに指摘しているように，産業メンタルヘルスの領域では，個人の悩みとはいえ，その大半は職務に関連した職場内の対人関係が深く関与していますから，クライエントの訴えだけを聞いていても現実的な問題解決になりません。したがって，管理者側の意見も聞く必要がありますが，その際，本人との面談内容について管理者に伝える必要が出てきます。

　このような状況に対して，「指針」の「7. メンタルヘルスに関する個人情報の保護への配慮」には「労働者の同意」という項目が挙げられているのです。ただし，実際の相談活動においては，この「労働者の同意」は，単に"同意を取ればよい"ということ以上に，クライエントと管理職などの関係者との双方が問題解決のために協力し合う関係をつくるという，極めて重要な意味をもっているのです。ただ，残念ながら，伝統的なカウンセリングは，守秘義務や中立性を重要視し過ぎるがゆえに，こうした協力の視点が不足していることは否めません。なお，いうまでもないことですが，守秘義務の原則は緊急事態の場合はその限りではありません。

予防カウンセリングの意義

　一般的なカウンセリングは，クライエントに何か問題が生じた後，その解決に向けて行われるものです。それに対して，現在は特に問題はないが，業務上で心理的ストレスが強くかかってくることが想定される場合に，あらかじめカウンセリングを受けるという方法があります。

　ある銀行では，いわゆるクレーマーと呼ばれる客に専門的に対応する行員に対して，定期的にカウンセリングを受けさせるシステムを導入しています。その目的は，その行員自身がその業務に向いているかどうかを判定するものではなく，あくまで，難しい仕事に対するモチベーションを維持するところにあります。

　また，これは製造業の職場で起こりうるのですが，何か大きな事故が発生したとき，会社側の現場責任者や安全管理担当者は，被災した労働者や関係機関の対応に追われ，そのストレスは並み大抵ではありません。そうしたとき，二次被害の防止のためにカウンセラーを現場に派遣するシステムを取り入れている職場もあります。

　さらに，ある通信機器メーカーは，新入社員の研修の一環として，心理職などの対人援助者が全員と面談することにより，仮に将来，何らかの問題を抱えた際に当の本人が早期にカウンセリングを利用できるようにしています。

　このようなカウンセリングは，すでに法制化されている長時間労働者に対する産業医面談の心理的援助版ともいえますが，予防という観点から，もっと取り入れられてよいと思われます。

(2) **コンサルテーション**

　産業領域でのコンサルテーションというと，一般的には，経営コンサルタントの業務がイメージされます。例えば，ある企業が経営に行き詰まったり，あるいは，あらたな事業を展開しようとする場合，それらの課題解決のために，外部の企業経営に関する専門家（経営コンサルタント）から経営診断を仰いだり，経営改革に向けた具体的なアドバイスを求めたりします。それに対して，ここでのコンサルテーションはメンタルヘルスに関連した問題を取り扱うものです。その基本的な考え方は，当初，地域精神医療を推進する中で提唱され，次のように定義されています。

「コンサルテーション（consultation）は，2人の専門家——一方をコンサルタント（consultant）と呼び，他方をコンサルティ（consultee）と呼ぶ——の間の相互作用の1つの過程である。そして，コンサルタントがコンサルティのかかえているクライエントの精神衛生（メンタルヘルス）に関係した特定の問題をコンサルティの仕事の中で，より効果的に解決できるように援助する関係をいう」（山本，1984，90頁）

以上の定義を産業メンタルヘルス領域にあてはめると，これはまさに「ラインによるケア」を支援することにほかなりません。すなわち，コンサルタントが心理職，コンサルティが管理職，そしてクライエントが何らかの問題を抱えた部下ということになります。そして，注目すべきことは，コンサルティである管理職をも専門家と位置付けていることです。メンタルヘルスに関していえば，たしかに心理職が"専門家"ではありますが，一方，コンサルティとなる管理職は，当該の職務に精通し，部下の管理という点では心理職にはない専門性をもった者なのです。そして，この両者間の"相互作用"すなわち対話の過程が，コンサルテーションという相談活動の特徴になります。この点が，コンサルタントからの一方向的なアドバイスによる一般的なコンサルテーションとの違いです。ですから，心理職が，部下のことで相談にきた管理職の立場を尊重し，普段の管理職と部下の関係性に注目しながら，対話を進めていくうちに，管理職の中に新たなアイディアが生まれてくる可能性が高まってくるのです。

しかし，実際問題，クライエントの状態を直接確認しないまま，コンサルティである管理職中心のコンサルテーションを行うだけでは限界があるのも事実です。管理職と部下との間でお互いの認識にズレが生じるのは当然ですし，一方の意見だけでは事態の客観的な把握は困難です。この点は，先ほどのカウンセリングにおける原則と裏腹の関係になります。さらに，クライエントがうつ状態をうかがわせるようであれば，専門医あるいは産業医につなぐ必要が出てきますし，「人事労務管理との関係」（「指針」2の3））も不可欠になってきますから，異なる役割をもつ複数のコンサルティを相手にすることになり，かつ，その場合，管理職と人事労務担当者との間の調整も必要になります。

このように，過重労働を含むメンタルヘルス問題への対応においては，まさに職場内外の重要な関係者によって構成される「対人システム」そのものを視野に

入れたコンサルテーション活動が求められます。そのためのモデルとして,「システムズコンサルテーション」[9]が提唱されています。そして，このような「対人システム」内では，当然のことながら，お互いの間には利害関係とあいまって心理的な行き違いが生じざるをえません。よく見られるように，メンタルヘルス問題を抱えた社員の多くは，上司や人事労務担当者がどのように自分を評価しているのか大変気になっていますし，一方，上司や人事労務担当者からすると，腫れ物にさわるような感覚になっていることが少なくありません。そのようなとき，単に「お互いでよく話し合いをするように」といった常識的な指示をしても効果はあまり期待できません。場合によっては，本人と関係者が参加する合同の面接を設定したりして，お互いの対話を促進するように働きかける方が，よりよい解決を生む可能性を広げることにつながります。したがって，ここでの心理職は，カウンセリングとコンサルテーションの双方の機能を合わせもった，クライエント個人と職場内外の関係者との間の調整あるいは橋渡しの役割を積極的にとるネットワーカーといえるでしょう。

　ここで，実際のコンサルテーションを**事例 M′**によって具体的に示すことにします。

事例 M′

① **上司との面談**　秋山さんの状態は一進一退のままで，不安を感じた上司は，健康管理室の保健師を通じて臨床心理士である対人援助者中林さんのもとに来談した。中林さんは，上司から秋山さんの状況を確認した後，上司の対応をねぎらいつつ，秋山さん自身が健康管理室に来談するように依頼した。それに対して，上司は躊躇した。理由は，秋山さんが病人扱いをされたと受け取り，かえって頑なになるのではないか，というものであった。中林さんは，管理職として当然行うべき職務であること，合わせて健康管理室からの要請であることも伝えるように指示した。また，上司の懸念については，中林さんが秋

Note
[9] システムズコンサルテーション（systems consultation）は，家族療法のモデルを基礎にして，従来のコンサルテーションの枠組みをさらに発展させたものです。日本の産業メンタルヘルスにおける臨床的視点と援助的アプローチにおいて，今後，さらなる実践的研究の蓄積が望まれます。

山さんとの面談で対応する旨を伝えた。なお，秋山さんの労働時間の現状についても，上司は気にかけていたため，人事労務担当者と情報共有を図ることを確認しあった。

② 秋山さんとの面談，病院受診へ　秋山さんは，来談当初，明らかに緊張していた。まず，来談を上司から勧められた際の心情について尋ねると，「正直，ホッとした」とのことであったので，「こちらから，上司にその旨を伝えてもよいか」と尋ねると，表情がやや和らぎ，うなずいた。しかし，その後の秋山さんは，「自分が情けない，上司や周囲に迷惑をかけている」という主旨の発言に終始した。中林さんは，秋山さんのこの発言を受容しつつ，日常生活の状態について尋ねたところ，朝なかなか起きることができず，精神的にも不安定な状態にあることが明らかとなったため，相当程度のうつ状態にあることを疑い，医療機関への早期受診を勧めた。すると，「妻もかなり心配しており，すでに自宅近くの心療内科の受診を強く勧められている」とのことであった。そこで，この妻の見立てを大いに支持した。

③ 病院受診から休職へ　翌日，早速受診した秋山さんは，「うつ状態にあり，まずは1カ月の休養が必要」との診断を受け，定期的な外来治療と自宅療養に入った。そこで，今後の職場側の対応について，上司と保健師それに人事労務担当者も交えて面談を行った。上司は，今回の秋山さんの診断に戸惑いを見せたが，秋山さんからの伝言を伝え，あらためて今回の対応を支持すると，落ち着きを取り戻した。人事労務担当者から発症前の勤務状況についての確認がなされた後，復職に際しては，病院主治医の復職所見をもとに，産業医によって復職判定が行われること，復職日が決定した時点で，事前に，復職後の職務についての具体的なプログラムを検討するために，本人と上司を交えた面談を行うことを確認した。

④ 職場復帰　「1カ月の休養」期間が近づいてきた時点では，まだ職場復帰は難しいとの報告が秋山さんから保健師にあり，さらに1カ月の休職延長となった。休職2カ月を経て，ようやく，主治医からも「軽度作業から復職可能」との所見が示された。産業医による面談を受けて，中林さんによる本人と上司および人事担当者との合同面談が実施された。そこで，復職後の職務を段階的にすすめていくための具体的なプログラムを検討した。また，復職後も，

> 病院受診は欠かさないこと，本人の職場適応状況の確認のため，秋山さん及び上司と定期的なフォローアップの面談を行うことを確認しあった。復職後，一時的に心身の不調が見られたが，その折りも，無理をせず休みをとることで乗り切り，復帰後1年を経た現在では，あらたな営業活動に励んでいる。

(3) 教育・研修活動

　メンタルヘルスの予防という点では，教育・研修活動は大変重要です。具体的なプログラムとしては，次のように階層別と内容別を組み合わせていくと効果的です。その際，なぜ，メンタルヘルスの研修をするのか，その法的な根拠を説明しておく必要があります。また，教育・研修の場は，保健師や臨床心理士などの対人援助職の顔を直接知ることによって，メンタルヘルスに関連した悩みを抱えた社員が気軽に相談できるキッカケ作りにもなります。

階層別教育・研修

　どの組織においても，一定の時期に，業務遂行に必要な知識や技術の修得のために各々の階層（新入社員，一般社員，管理職等）に応じた研修が実施されていますので，それらのプログラムの中に，次に示すようなメンタルヘルスに関連した内容の研修を組み込んでいきます。

内容別教育・研修

　「セルフケア」に関連したものとしては，「職場ストレスとその解消法」「うつ病などのメンタルヘルスの基礎知識」「効果的な対人コミュニケーション」といった内容で，これらは，どの階層にも共通したものとなります。そして特に重要なのは，「ラインによるケア」に関連した，例えば「最近，部下がおかしい，と感じたとき」といった管理職としてのメンタルヘルス対応の基本についてのものです。そこには，安全配慮義務等の法令に関する知識も入れて，あらためて管理職に求められるメンタルヘルス対策におけるキーパーソンとしての意識づけが求められるでしょう。

3 まとめ

　過重労働とメンタルヘルス問題への対応の主役は会社であり，すでに見てきた

ように法制度がそのベースにあります。そして，今日では，産業構造の大きな変化に伴って，新たな法制度や仕組みが登場してきています。したがって，これからの対人援助者には，法制度に対する適確な知識をもって関係者をつないでいく活動がより求められることになるでしょう。

第10章 ハラスメント

第1節 ハラスメント問題の理解と対応の基本

近年,過重労働とともに,職場においてもう1つ重要な課題となってきているのが「いじめ・嫌がらせ」すなわちハラスメントの問題です。厚生労働省の2017（平成29）年度「個別労働紛争解決制度施行状況」によると,民事上の個別労働紛争相談件数の内訳で,いじめ・嫌がらせ（7万2,067件,23.6％）が,自己都合退職（3万8,954件,12.8％）,解雇（3万3,269件,10.9％）,労働条件の引下げ（2万5,841件,8.5％）を超えてトップとなっており,その件数も割合も年々増加しています。

これらハラスメントのうち,最も早く問題として認知されたのは性的な言動によるセクシャルハラスメントであり,その後,職務上の地位・権限を背景とするパワーハラスメント,そして,近年では,妊娠・出産および育児に関わるマタニティハラスメントが問題とされています。現在,この3つが職場におけるハラスメントの主要な類型ですが,LGBT（性的少数者）に関するハラスメントも認知されるようになってきました。

また,厚生労働省が2017年4月に公表した2016年度の「職場のパワーハラスメントに関する実態調査」によれば,従業員向けの相談窓口で従業員から相談があったテーマ（上位2項目）の内訳は,パワーハラスメント（32.4％）,メンタルヘ

ルス(28.1%)，賃金・労働時間等の勤労条件(18.2%)，セクシャルハラスメント(14.5%)の順で，パワーハラスメントがトップでした。このように，職場のハラスメント問題は，単なる個人的なトラブルの範囲を超えた人権に関わる重大な問題として捉えるべきであるという認識が，日本の産業社会においてもようやく広がってきたといえます。[1]

いずれのハラスメントであれ，被害者となった労働者は，自身の人格を傷つけられることによって，著しい心理的苦痛と職務上の不利益を被り，メンタルヘルス上の重大な問題に至ることも少なくないため，早急かつ適切な援助活動が求められます。ところが，明らかな暴力等を別にすれば，加害者とされた側（本人のみならず会社もありうる）の多くは，自身の言動がハラスメントにあたるなど思いもしないこと，さらに，普段の職場における対人関係の質や職場風土などの影響から，ハラスメント事案をめぐる当事者間の合意を得ることは困難です。そこで，まず求められるのが法的な規制と対応です。

法的には，ハラスメントそのものを，労働者の人格的利益[2]を侵害し，働きやすい職場環境ないし就業環境で働く利益を侵害する不法行為と広く総体的に捉えた上で，対応が図られています。しかし，のちほど詳しく解説しますが，セクシャルハラスメントおよびマタニティハラスメントとパワーハラスメントの間には，ハラスメント事案を客観的に認定する上で違いがあります。ですから，対人援助者がハラスメント問題に対応する場合には，これらの違いについての理解も必要になります。

そこで，本章では，まず，主要な3つのハラスメント類型について，それぞれに必要な法律の知識と対応を考え，解説していきます。その内，特にセクシャルハラスメントについては問題の先駆けとなった裁判例を紹介し，パワーハラスメントについては実際の裁判例をもとに脚色した事例を紹介します。続いて，対人援助者のアプローチについて解説していきます。その際の基本的な枠組みは，第

Note
1 パワーハラスメントと類似の構造をもつものとしては，大学における教員と学生間のアカデミックハラスメントがすでに問題とされ，多くの大学が防止のための施策をすでに行っています。
2 人格的利益とは，人の生命，身体，自由，名誉，氏名，貞操，信用などを指します。他人の侵害から保護されなければならない大切な権利で，これらを違法に侵害することは民法に定められた「不法行為」となり，損害賠償などを請求することができます。

9章の「過重労働とメンタルヘルス」で紹介した「労働者の心の健康の保持増進のための指針」と同様ですが，ハラスメント問題の場合は，その心理学的に固有な面についての理解と法的な枠組みによる会社側の人事労務の部署等との協働がよりいっそう必要になってきます。実際のアプローチについては，同じくパワーハラスメントの事例をもとに解説していきます。

第2節　法の視点と対応の原則

1　職場におけるハラスメントの法制度の理解

　諸外国では，職場のハラスメントそのものに対応する特別法や法規定をもつ国も存在しますが（例えばフランスやスウェーデン），日本ではそれはありません。ただし，セクシャルハラスメントについては，2006（平成18）年改正の「雇用の分野における男女の均等な機会及び待遇の確保に関する法律」（男女雇用機会均等法）において，会社（事業主）に対する防止措置義務が定められ，さらに2017年1月からは，同法11条に基づく指針（「事業主が職場における性的な言動に起因する問題に関して雇用管理上講ずべき措置についての指示」）によってLGBTに関連したハラスメントもその対象に含まれるようになりました。

　マタニティハラスメントについては，2016年改正の男女雇用機会均等法および「育児休業，介護休業等育児又は家族介護を行う労働者の福祉に関する法律」（育児・介護休業法）において，同じく事業主に対する防止措置義務が定められています。

　一方，パワーハラスメントについては，2018年12月時点では，上記の2つのハラスメントのような法制度は設けられていませんが，厚生労働省は2011年に「職場のいじめ・嫌がらせ問題に関する円卓会議」および「同会議ワーキンググループ」を設置してパワーハラスメント概念の明確化と事業主への対応指針を示

Note

3　欧州ではフランスを中心に，より基本的な人権侵害としてのモラルハラスメントという概念が定着しており，そのための法律も制定されています。

し，2017年5月には「職場のパワーハラスメント防止対策についての検討会」を設置して検討が進められ，会社のパワーハラスメント防止措置義務等を定めた法律案を2018年の通常国会に提出する方向で準備が行われています。

　不幸にしてハラスメントが起こり，被害が生じた場合には，加害者および会社に対し，それぞれ損害の賠償を求めることが可能です（加害者への請求については本節3で，会社に対する請求については4で説明します）。また，被害が「労働災害」にあたる場合には，（会社ではなく）国により労災保険給付が支給されます（本節5で説明）。さらに，加害者の行為が，強要罪（刑法223条），強制わいせつ罪（176条）など，刑法上の犯罪行為にあたる場合には，加害者の刑事責任が問われることもあります（刑事責任の詳細は，本書では省略します）。

2　3つのハラスメント類型

(1) セクシャルハラスメント

　男女雇用機会均等法11条において，職場のセクシャルハラスメントは以下のように2つの形態に分けて定義されています。この2つは，それぞれ対価型と環境型と呼ばれています。また，表10-1はそれらの具体例を示したものです。

・対価型：職場において行われる性的な言動に対する労働者の対応により当該労働者の労働条件につき不利益を与える行為。

表 10-1 ■セクハラの具体例

型	具体例
対価型	・出張中の車内で，上司が女性の部下の腰や胸をさわったが，抵抗されたため，その部下に不利益な配置転換をした。 ・事務所内で，社長が日頃から社員の性的な話題を公然と発言していたが，抗議されたため，その社員を解雇した。
環境型	・勤務先の廊下やエレベーター内などで，上司が女性の部下の腰などをたびたびさわるので，部下が苦痛を感じて，就業意欲が低下している。 ・同僚が社内や取引先などに対して性的な内容の噂を流したため，仕事が手につかない。

（出典）厚生労働省都道府県労働局，パンフレット No. 11「職場でつらい思いしていませんか」(2017年)。

・環境型：職場において行われる性的な言動により当該職場の労働者の就業環境を害する行為。

さらに、ここでいう職場には、普段働いている場所（事務所など）に限らず、出張先、取引先、取材先、顧客の自宅、業務で使用する車中、さらにアフターファイブの宴会（業務の延長と考えられるもの）も含まれるとされています。

この規定は、従来は、主に女性に対するセクシャルハラスメントを対象としたものでしたが、2006年の法改正によって男性に対する差別・セクハラも含まれるようになり、2013年には同性間、さらに、すでに述べたようにLGBTに関するものも含まれることになりました。

そして、会社（事業主）には、このようなセクシャルハラスメントを防止するなど雇用管理上、必要な措置を講じる義務が課されています。その具体的内容としては、以下の4つが求められています。[4]

① セクシャルハラスメントに関する方針を明確にし、従業員に対し周知・啓発を図ること（その原因や背景にある性別役割意識に基づく言動をなくしていくことが重要であることに留意すること）。

② 相談に応じ適切に対応するために必要な体制の整備を図ること（相談の対象となることがらに、放置すれば就業環境を害するおそれがある場合や性別役割意識に基づく言動が原因・背景となってセクシャルハラスメントが生じるおそれがある場合等が含まれること）。

③ セクシャルハラスメントが発生した場合に、迅速で適切な対応をとること（被害者への事後対応として、管理監督者や産業保健スタッフによるメンタルヘルス不調への相談対応が含まれること）。

④ 個人情報保護のために必要な措置、相談者・事実確認協力者に対する不利益取扱いの禁止、その周知・啓発。

Note
4 さらに注意することとして、男女雇用機会均等法11条が事業主に課しているセクハラ防止措置義務は、国が事業主に課した義務であり、厚生労働大臣の行政指導（29条）、企業名公表（30条）、都道府県労働局長による紛争解決の援助（16条）等の対象となるものです。
　そのため、11条およびそれに基づく指針は、労働者と事業主との関係を直接規律するものではなく、「法律違反だ」といって損害賠償請求をすることはできないと解釈されています。つまり均等法の定めるセクハラ防止措置義務は、行政による指導等によって実現されることが期待されているものといえます。

事例Nは、セクシャルハラスメント問題の先駆けとなった「福岡セクシャルハラスメント事件」(福岡地方裁判所1992年4月16日判決)の事実の概要です。なお、この事例に対する裁判所の法的な判断についてはのちほど紹介していきますが、いずれにせよ、本事件の前に、男女雇用機会均等法11条に基づいた会社のセクハラ防止措置義務がこの職場にも周知され対策がとられていたとすれば、このような結末を避けることができたかもしれません。

事例N

① 被害者の女性川合さんは、1985年12月にX出版社にアルバイトとして採用された後、ほどなく正社員となり、男性編集長作田氏の下で雑誌編集業務に従事していた。川合さんは、雑誌編集の経験と能力を有していたことから、次第に業務の中心的役割を担うようになり、そのため、作田氏は疎外感をもつようになった。こうした中で、作田氏は1986年6月頃から、X社内外の者に、川合さんの評価を低下させるような川合さんの異性関係に関する発言をするようになった。

② 1987年12月、作田氏が川合さんに転職を勧めたことがきっかけで、両人の関係が悪化した。1988年3月、作田氏は川合さんに、X社と関係のある男性との交際はX社の業務に支障を来す旨を述べて、川合さんに退職を求めたが、川合さんはこれに応じず、両人の対立は深まった。同年5月24日、両人の対立を憂慮していた田中専務がX社役員会に当該対立についての経過報告をし、解決策について意見を求めたところ、場合によってはいずれかに退職してもらうほか手段がないとの結論になった。そこで、田中専務は同日午後、まず川合さんと面談し、作田氏と話し合いがつかなければ退職してもらうことになる旨を述べたところ、川合さんが退職の意思を表明したので、次に面接すべく待機させていた作田氏に対しては、川合さんが退職すると告げ、これは喧嘩であり両方に責任があるとして、3日間の自宅謹慎と賞与の減額という措置をとった。

③ 川合さんは、作田氏に対して民法709条に基づき、X社に対して民法715条に基づき、慰謝料および弁護士費用の支払いを求めて本訴を提起した。

(2) マタニティハラスメント

マタニティハラスメントについては，2016（平成28）年改正の男女雇用機会均等法および育児・介護休業法において次のように定義されています[5]。

職場における女性労働者の妊娠・出産・産前産後休業その他の妊娠または出産に関する一定の事由に関する言動により当該女性労働者の就業環境を害する行為（男女雇用機会均等法11条の2）。

職場における労働者に対する育児休業，介護休業その他の子の養育または家族の介護に関する一定の制度または措置の利用に関する言動により当該労働者の就業環境を害する行為（育児・介護休業法25条）。

ここで1つ注目しておきたいには，育児・介護休業法25条による育児休業に関する定義では，対象を女性労働者に限定していない，つまり，男性労働者も育児休業をとることを権利として認めている点です。さらに，「制度等の利用への嫌がらせ型」と「状態への嫌がらせ型」の2つの型に類型化して各々具体例が示されています（表10-2）。

そして，会社には，先に示したセクシャルハラスメントの①から④とほぼ同様

表 10-2 ■ マタニティハラスメントの2つの型と具体例

型	具体例
制度等の利用への嫌がらせ型	・妊娠により立ち仕事を免除してもらっていることを理由に，「あなたばかり座って仕事をしてずるい！」と，同僚からずっと仲間はずれにされ，仕事に手がつかない。 ・男性労働者が育児休業を申し出たところ，上司から「男のくせに育休をとるなんてあり得ない」と言われ，休業を断念せざるを得なくなった。
状態への嫌がらせ型	・先輩が「就職したばかりのくせに妊娠して，産休・育休をとろうなんて図々しい」と何度も言い，就業意欲が低下している。

（出典）　前掲，厚生労働省パンフ「職場でつらい思いしていませんか？」。

Note
5　これらの規定は，セクシャルハラスメントにおける環境型にあたる行為のみを対象としていますが，両法律ではすでに2016年の改正前から，対価型にあたる行為，すなわち婚姻・妊娠・出産や産後休業の取得等を理由とする不利益取扱いや育児・介護休業の取得等を理由とする不利益取扱いの行為の禁止が明示されています。

に，防止のための雇用管理上，必要な措置を講じる義務を課していますが，マタニティハラスメントについては，特に，妊娠・出産，育児休業等に関するハラスメントの原因や背景となる要因を解消するため，業務体制の整備を進めること，が盛り込まれています。つまり，女性労働者が妊娠・出産，育児等で休業するとなれば，本人が担当している業務の調整が必要になってきます。そのとき，本人側に「迷惑をかける」，職場側に「迷惑をかけられる」といった意識が生じやすく，それがマタニティハラスメントの状況を生みやすくなります。それらを防止するうえでも重要なのが，会社側が積極的に業務体制の整備を行うことなのです。

(3) パワーハラスメント

パワーハラスメントには，セクシャルハラスメントやマタニティハラスメントのような法的な規定がまだありませんが，実態としては，早い時期から問題となっていたことから，すでに述べたように，厚生労働省もその対策に向けた検討を始めました。その中で，パワーハラスメントを次のように定義した上で，6つの行為類型とその具体例を示しました（表10-3）。

　パワーハラスメントの定義
　「同じ職場で働く者に対して，職務上の地位や人間関係など職場内の優位性を背景に，業務の適正な範囲を超えて，精神的・身体的苦痛を与える又は職場環境を悪化させる行為。」(「職場のいじめ・嫌がらせに関する円卓会議ワーキング・グループ報告」2012年1月)

なお，パワーハラスメントは，上司から部下への関係に限定されません。先輩・後輩間や同僚間さらには部下から上司への行為なども含むものとされています。その点では，セクシャルハラスメントやマタニティハラスメントに比べると，職場内でのいわゆる「いじめ・嫌がらせ」全般を含む広義の概念として理解しておく必要があります。

事例Oは，実際にあったパワーハラスメントの裁判例の事実概要をもとに脚色を加えたものです。この事例に対して，一般的には，おそらく次のような疑問や戸惑いが浮かび上がってくるのではないでしょうか。

「下村係長の鈴木さんに対する言動はたしかにひど過ぎるけど，鈴木さんの側にも業務を遂行するうえでかなり問題があったみたいだし，それに，下村係

表 10-3 ■ パワーハラスメントの6つの行為類型と具体例

ハラスメント行為の型	具体例
① 身体的な攻撃	・物を投げつけられ，身体に当たった。 ・蹴られたり，殴られたりした。 ・いきなり胸ぐらをつかまれて，説教された。
② 精神的な攻撃	・同僚の前で，上司から無能扱いする言葉を受けた。 ・皆の前で，ささいなミスを大きな声で叱責された。 ・必要以上に長時間にわたり，繰り返し執拗に叱られた。
③ 人間関係からの切り離し	・理由もなく他の社員との接触や協力依頼を禁じられた。 ・先輩・上司に挨拶しても，無視され，挨拶してくれない。 ・根拠のない悪い噂を流され，会話してくれない。
④ 過大な要求	・終業時間なのに，過大な仕事を毎回押しつけられる。 ・1人ではできない量の仕事を押しつけられる。 ・達成不可能な営業ノルマを常に与えられる。
⑤ 過小な要求	・営業職なのに，倉庫の掃除を必要以上に強要される。 ・事務職で採用されたのに，仕事は草むしりだけ。 ・他の部署に異動させられ，仕事を何も与えられない。
⑥ 個の侵害	・個人所有のスマホを勝手にのぞかれる。 ・不在時に，デスクの中を勝手に物色される。 ・休みの理由を根掘り葉掘りしつこく聞かれる。

（出典）　前掲，厚生労働省パンフ「職場でつらい思いしていませんか？」。

長は，元来は部下の指導にとても熱心だったということだから。でも，鈴木さんは，自ら命を絶つことになって……。」

このような不幸な事態を繰り返さないためにも，いっそうの法的対応と対人援助の技術が求められることになります。

事例 O

① 製薬会社で10年間にわたり医薬品の営業（MR）をしてきた鈴木さんが自殺で亡くなった。そのきっかけは上司や営業先の医師とのトラブルにあった。

そもそも鈴木さんが勤務していたS地域3係は，係長1人，MR2人，計3名の小所帯で，その営業成績は同社の全国の営業拠点80カ所中78位と下位に低迷していた。そこで，同係の体質改善を図るべく，他の地域の係長として営業成績を改善した実績のある下村氏をS地域3係の係長に着任させた。

下村係長は，同係に着任すると，部下である2名のMRにそれぞれ同行して病院等の営業に赴き，その仕事ぶりを観察した。下村係長から見て，とりわけ鈴木さんの勤務には目に余るものがあった。例えば，鈴木さんは，同じ背広を着続けその肩にはいつもふけが付いている，喫煙による口臭がするなど，医薬品を扱う営業社員としての身だしなみが整っていない，すでに5年以上訪問実績があるはずの担当病院に行ってもその医師たちの顔もわかっていない，同行して病院営業等の仕方を教えているのに，病院の回り方がわからなくなったとの発言をするといった状況であった。

② 　下村係長は，鈴木さんの仕事ぶりに接し直接指導をする中で，鈴木さんに対し，「肩にふけがベターと付いてる。お前病気と違うか」「病院の回り方がわからないのか。勘弁してよ。そんなことまで言わなきゃいけないの」「お前は対人恐怖症やろ」「車のガソリン代がもったいない」「お前は会社を食いものにしてる，給料泥棒」「存在が目障りだ，居るだけでみんなが迷惑している。お前のカミさんも気がしれん，お願いだから消えてくれ」といった発言をした。

　ただ，会社によれば，下村係長は，大きな声で部下を一方的に叱るタイプで，部下への指導としてやや行き過ぎたところもあったようだが，害意をもって人をいじめたりする性格ではないという評判だった。

③ 　鈴木さんはまじめな性格で，下村係長からこのように叱責されたことも，自分の能力が足りないことが原因だと考えていた。その中で，鈴木さんはだんだん元気がなくなり，大好きな餃子ものどに通らず，よく眠れない状況になっていった。鈴木さんが亡くなる前の2カ月間には，担当する医師からの新規患者の紹介を断り，商機を逸した。さらには，医師からの説明依頼にすぐに応じず患者を長時間待たせることになったり，本来通知すべきシンポジウム案内を医師に配布せず医師を憤慨させたりといったトラブルが相次いだ。

　これらのトラブルの際，鈴木さんは，下村係長の制止にもかかわらず医師に土下座して謝罪したりするなど，通常では見られない行動をとるようになっていた。そして，この最後のトラブルの翌朝，鈴木さんは，下村係長，家族などに遺書を残し，自宅近くの公園で自殺しているところを発見された。遺書の内容は，極めて自罰的・自虐的なもので，仕事面で自分の能力が足りず欠点だらけであったこと，医師とのトラブルについても自分の努力不足と考えている旨

が記載されていたほか、「申し訳ありません」「ごめんなさい」「もう頑張れなくなりました」等の謝罪の言葉が繰り返されていた。

④　会社によると、下村係長の指導にはたしかに行き過ぎた部分もあったが、もとはといえば、鈴木さんの仕事ぶりや性格に大きな原因があったとしている。下村係長の下で鍛えられたMRは同社の中にたくさんおり、このような事態に至ったのは同社では初めてであった。会社は、次の人事異動の際に鈴木さんに適切な部署に異動してもらってその能力を活かせる形で働いてもらうことも検討していたが、突然このような形で命を絶たれるとは全く予想していなかったという。

(4) ハラスメント行為の認定をめぐる法的問題

ハラスメント行為を認定するうえで、セクシャルハラスメントやマタニティハラスメントとパワーハラスメントの間には次のような違いがあります。

①　セクシャルハラスメントおよびマタニティハラスメントは、性的言動あるいは妊娠・出産・育児に関連する言動という点で、ハラスメントと認定される言動が比較的明確である。

②　パワーハラスメントには、定義上「業務の適正な範囲を超えて」つまり「業務上の指導の行き過ぎ」とあるだけで、ハラスメントと認定される言動が不明確である。

したがって、セクシャルハラスメントおよびマタニティハラスメントは、職務上の問題か対人関係上の問題かにかかわらず、「上司や同僚が、そのような言動をしたか、していないか」ということが中心の争点になりますから、被害者が話をデッチ上げていると思われるような場合以外、被害者の話を前提にハラスメントか否かの判断は比較的明確です。

それに対して、パワーハラスメントは、事例Oからもわかるように、例えば、上司が、時には部下を叱責したり、厳しく指導する、嫌な仕事でも命じるなどといったことがあるのは、職務上ありうることです。しかし、それが被害者の人格否定につながるようなものであり社会通念上許容される範囲を逸脱しているような場合には、ハラスメントにあたると考えられます。この点で、業務上の指導と

第3部　職場における法と臨床的対応

して許される範囲内のものなのか，許される範囲を逸脱した違法なものなのかの線引きは，実際上そう簡単なものではありません。それに，被害者の話を聞いただけでは，誇張されていたりするかもしれず，反対にこうした行為が密室や被害者として拒絶しにくい状況で行われる場合もありますから，なおさら難しいといえます。

3 加害者の法的責任

　ここで，あらためて確認しておきたいのは，いずれのハラスメントも，法的には，労働者の人格的利益を侵害し，働きやすい職場環境ないし就業環境で働く利益を侵害する不法行為と規定されていることです。この規定に基づいて，以下，**事例N**と**事例O**をもとに解説していきます。

(1)　セクシャルハラスメント（事例N）

　事例Nに対する裁判所の判決の要旨（事例N′）を見てみると，①および②については，あらためて述べるまでもなく，作田氏の川合さんに対する性的な言動は（当時はまだ，セクシャルハラスメントという用語は正式に用いられていませんでしたが），川合さんの人格を害し，その職場環境を悪化させて退職まで至らしめたものであると認めて，作田氏の言動を不法行為として明確に認定しています。

　なお，判決要旨の③は，日本の産業社会を支配している働く女性に対する差別意識に警鐘を鳴らし，その後のセクシャルハラスメントに関する法制度の整備を推進する大きな力になったといわれています。

事例N′（判決の要旨：上司の不法行為責任）

① 作田氏が，X社の職場内外の職務に関連する場において，川合さんの個人的な性生活等をうかがわせる発言を行った結果，川合さんを職場に居づらくさせる状況を作り出した。これは，川合さんの人格を損なってその感情を害し，川合さんにとって働きやすい職場環境の中で働く利益を害するものである。

② 作田氏の一連の行動は，いずれも異性関係等の個人的性生活をめぐるもので，働く女性としての川合さんの評価を低下させる行為であり，しかも，これを田中専務に真実であるかのように報告することによって，最終的には川合さ

> んをX社から退職させる結果となったことは、川合さんの意思に反し、人格権を害するものであり、川合さんの職場環境を悪化させる原因を構成するものとなった。
> ③　現代社会の中における働く女性の地位や職場管理層を占める男性の間の女性観からも、川合さんの異性関係を中心とした私生活に関する非難等が対立関係の解決や相手方放逐の手段ないしは方途として用いられたことに不法行為が認められた。

(2) パワーハラスメント（事例O）

上司から部下への叱責が問題となったある裁判例（事例O）も含め、パワーハラスメントにはどのような裁判例があるでしょうか。表10-4で、ハラスメントとして認められた裁判例と認められなかった裁判例を見てみると、業務上の指導に関わる言動については、以下の2つが判断のポイントになることがわかります。

①　正当な業務上の必要性に基づいてなされたものであるか？
②　業務上の必要性に基づくものであったとしても、相手方の人格（その職業的キャリア、企業内での立場、人間としての存在など）への配慮を欠き、それを必要以上に抑圧するものではなかったか？

この2つの観点から、違法な言動にあたるか否かが判断されるものと考えられます。したがって、例えば上司による部下への指導が業務上の必要性に基づくものであったとしても、相手方の人格を否定するような嫌悪の感情と威圧的な態様でなされたものである場合には、不法行為として加害者（上司）は被害者（部下）に損害を賠償する責任を負うことになります。

事例Oを読み直すと、下村係長の発言は、業務上の必要性に基づく正当な指導の範囲を超え、鈴木さんの人格・人間性そのものを否定するような発言であり、鈴木さんの人格的利益や「働きやすい職場環境の中で働く利益」を侵害する不法行為にあたると言えるでしょう。

また、表10-4でもわかるように、事実認定が裁判所の判断に委ねられており、必ずしも明確な線引きがなされるわけではないので、対人援助者が相談を受けたときは、弁護士などの専門家と連携して対応することが必要になってきます。

表 10-4 ■ 上司から部下への叱責が問題となった裁判例

事件名	ハラスメントの判断理由
国・静岡労基署長（日研化学）事件* ハラスメントが認められた	① 被害者の10年以上のキャリアを否定し，その人格や存在自体を否定するような厳しい言葉が企業内で上位の立場にある者から発せられていたこと， ② その発言や態度が被害者に対する嫌悪の感情に基づいていたこと， ③ 相手方の立場や感情に配慮することなく直截に大声で（威圧的に）発言するというものであったこと， などが事実関係として考慮された。
前田道路事件 ハラスメントが認められなかった**	工務部長が営業所長（後にうつ病に罹患し自殺）に対し，「T営業所には1,800万から2,000万近い借金があるんだぞ」「達成もできない返済計画を作っても業績検討会などにはならない」「現時点で既に1,800万円の過剰計上の操作をしているのに過剰計上が解消できるのか。出来る訳がなかろうが」「会社を辞めれば済むと思っているかもしれないが，辞めても楽にはならないぞ」などと叱責したことについて， ① 1,800万円の架空出来高の解消という目標は達成が容易なものとはいい難く，工事日報の報告・確認に関してある程度強い叱責をしたことが認められるが， ② 従前から架空出来高の是正を図るよう指示がなされていたにもかかわらず，1年以上経過しても是正がなされていなかったこと， ③ 同営業所では原価管理等を性格・迅速に行うために必要な工事日報が作成されていなかったこと， などを考慮すると，不正経理の解消や工事日報の作成についてある程度厳しい改善指導をすることも正当な業務の範囲内にあるということができ，社会通念上許容される業務上の指導の範囲を超えるものとはいえないと判断された。

（出典）＊東京地方裁判所平成19（2007）年10月15日判決。
＊＊高松高等裁判所平成21（2009）年4月23日判決。

4 会社（使用者）の責任

(1) 加害者の行為に対する使用者責任

このように労働者（加害者）が行った言動が不法行為にあたる場合，会社にはその使用者としての責任（使用者責任[6]）があるため，被害者に対する損害賠償責任

Note
6 使用者責任とは，要するに会社の責任のことを指しますが，法律用語としては使用者という言葉を使いますので，「使用者責任」という言葉をつかいます。そのため，実際の理解においては使用者＝会社として読んでください。

を負うことがあります（民法715条1項など）。この使用者責任は，当該行為が「事業の執行について」なされたときに成立するとされています（業務関連性）。この業務関連性の有無については，行為の場所・時間，加害者の言動等の職務関連性，加害者と被害者の関係などを考慮して判断されます。加害者が上司としての地位を利用してハラスメントを行ったことは業務関連性を基礎づける重要な事実となりますが，同僚等によるハラスメントについても行為の場所・時間・契機等によって業務関連性が肯定されることがあります。事例Nにおいても会社側の責任が明確に示されています（事例N″参照）。事例Oでは，業務に関連した下村係長の言動が問題となっており，当然業務関連性が肯定されます[7]。

このように，会社はその従業員等が行ったハラスメントについて，それが職場内で行われた場合はもちろん，職場外で行われたものであっても，業務に関わる言動や職務上の地位・権限を背景とした言動等であった場合には，その損害を賠償する責任を負うことになります。

事例N″（判決の要旨：使用者責任）

① 作田氏の行為についての使用者責任　作田氏の川合さんに対する一連の行為は，作田氏が職場の上司としての立場からの職務の一環として行ったものであるから，X社の業務に関連して行われたものと認められる。

② 田中専務らの行為についての使用者責任　田中専務らは，いずれかの退職という最悪の事態の発生を極力回避する方向で努力することに不十分であり，川合さんの退職をもってよしとし，これによって問題の解決を図る心情を持って事の処理に臨んだものと推察されることから，職場環境を調整・配慮する義務を怠り，また，憲法や関係法令に照らして，雇用関係における男女平等の原則による取り扱いをせず，主として女性である川合さんの譲歩と犠牲において職場環境を調整しようとした。

Note

7　なお，使用者は，加害者となった労働者（上司）を任命したことや，その上司を監督したことについて，十分注意を尽くしたと認められる場合には，使用者責任（つまり損害賠償責任）を免れることができるとされています（民法715条1項ただし書）。もっとも，裁判所はこの免責事由を厳格に解釈しており，使用者が免責される可能性はほとんどない状況にあります。

> ③ 川合さんが受けた損害　川合さんは生きがいを感じて打ち込んでいた職場を失い，かつ，女性としての尊厳と性的平等につながる人格権に関わる扱いを受けた。川合さんのこうむった精神的苦痛は相当のものである。しかし，川合さんに対決姿勢や攻撃的な行動があったことも考慮された。

(2) 使用者が労働者に対して配慮する義務に違反した場合

　会社（使用者）は，ハラスメントを行った労働者（加害者）の不法行為についての使用者責任とは別に，すべての労働者に対して「働きやすい良好な職場環境を維持する義務」（職場環境配慮義務）を負っており，これに違反した場合には会社は被害者に対し損害賠償責任を負うと解釈されています。このように被害者に対する会社の直接の責任が肯定しうるということは，加害者の行為の業務関連性が認めにくかったり，加害者を特定できない曖昧なケースも多いこのハラスメント問題が抱える難しさを考えるうえでも，大きな意味をもってきます。

　裁判所では，これまで，許容範囲を超える執拗な退職勧奨や嫌がらせにより退職を強要した場合や，上司によるハラスメントの問題の本質を見誤り個人的なトラブルと捉えて被害者を解雇した場合など，使用者自身が被害の発生・拡大に関与している場合はもちろん，ハラスメント行為の発生を予見できたにもかかわらず十分な予防措置をとらなかった場合，上司がハラスメントにあたる言動を繰り返していた場合，上司や同僚による執拗・悪質ないじめ・嫌がらせにより被害者が自殺するに至った場合など，使用者が被害の発生に対し十分な予防措置をとるなどの適切な対応をしていなかった場合にも，使用者に職場環境配慮義務違反があったとされています。これまでの裁判例からすると，**事例O**の場合にも，使用者の職場環境配慮義務（ハラスメント防止義務）違反が認められることになるでしょう。

　ただ，被害者がうつ病にり患したり自殺（死亡）したりしたという結果（健康被害）について，使用者はこれを予想できなかったとして，使用者側がその責任を否定する反論をしてくることが考えられます。たしかに，使用者が損害の発生を予想して防止することが難しい場合には，責任を問う前提としての予見可能性（結果回避義務）を欠くとして，使用者の配慮義務違反が否定されることがありま

す。しかし，この予見可能性は，健康被害の原因となるハラスメントの事実を使用者が認識している場合だけでなく，それを認識しうる状況にあった場合にも肯定されます。

例えば単に使用者がハラスメントの事実やうつ病の発症を認識していなかったというだけでは，使用者の責任（結果回避義務）は否定されません。また，うつ病等が発症した場合は，うつ病の病態として自殺行為が出現するリスクが高いと医学的に認められており，そのことを使用者が知らなかった（それゆえに自殺することを予想できなかった）というだけでは，使用者の責任は否定されません。[8]

5 「労働災害」としての保護・補償

(1) うつ病等の業務起因性

職場におけるハラスメントによるうつ病等の精神障害（およびその結果としての自殺）が，労働災害（業務に起因する災害）として労災保険法に基づく給付の対象となることも増えています。なお，労働災害とその補償・保護に関連する法制度については，第9章「過重労働とメンタルヘルス」でもすでに詳しく解説していますので，ぜひそちらも参考にしてください。

精神障害の業務起因性に関する認定基準によると，①対象疾病（精神障害）を発病し，②発病前おおむね6カ月間に業務による強い心理的負荷が認められ，③業務以外の心理的負荷および個体側要因により発病したとは認められない，という3つの要件を満たした場合に，労働災害にあたる（つまり，労災保険法に基づく国からの給付の対象となる）とされています。

この認定基準では，心理的負荷の強度を弱・中・強の3段階に分類した「業務による心理的負荷評価表」が定められており，総合評価で「強」と判断された場

Note

[8] さらに，例えば内向的で自責の念をもちやすいといった被害者の性格が損害（健康被害）の発生・拡大に寄与した可能性がある場合には，過失相殺（民法722条2項参照）として使用者の損害賠償額が減額されることも考えられます。この点について，電通事件判決（最高裁判所2000〔平成12〕年3月24日判決）は，労働者の性格が個性の多様さとして通常想定される範囲を外れるものでない限り，過失相殺の対象として斟酌することはできないとしています。事例Oの鈴木さんの性格が個性の多様さとして通常想定される範囲内のものである限り，それをもって過失相殺の対象とすることはできません。

合に，強い心理的負荷の要件を満たすとされます。セクシャルハラスメントのように出来事が繰り返されるものについては，繰り返される出来事を一体のものとして評価し，その継続によって心理的負荷が強まるものとされており，発病の6カ月より前にそれが開始されている場合でも，発病前6カ月の期間に継続しているときには，開始時からのすべての行為を評価の対象とするものとされています。心理的負荷の程度が「強」とされる例としては，以下のようなものがあります。

・客観的に，相当な努力があっても達成困難なノルマが課され，達成できない場合には重いペナルティがあると予告された。
・退職の意思のないことを表明しているにもかかわらず，執拗に退職を求められた。
・部下に対する上司の言動が，業務指導の範囲を逸脱しており，その中に人格や人間性を否定するような言動が含まれ，かつ，これが執拗に行われた。
・同僚等による多人数が結託しての人格や人間性を否定するような言動が執拗に行われた。
・治療を要する程度の暴行を受けた。
・胸や腰等への身体接触を含むセクシャルハラスメントが継続して行われた。

事例Oのもとになったケースにおいては，労働基準監督署長は，鈴木さんと下村係長との関係による心理的負荷は「上司とのトラブル」の平均的な心理的負荷である「中程度」であるとし，鈴木さんのうつ病および自殺の業務起因性を否定して，労災保険給付は出さない決定をしました。これに対し，被災労働者（鈴木さん）の遺族がこの労働基準監督署長の決定はおかしいとして，裁判で争ったところ，裁判所（東京地方裁判所）は，鈴木さんの心理的負荷は「上司とのトラブル」から想定されるものよりさらに過重であるとして，業務起因性を肯定し，労働基準監督署長の決定を取り消す判断を下しました（つまり労災保険が出る決定をしました）。

このように，上記の業務起因性に関する認定基準は，専門家の知見を踏まえたものとして，裁判所の判断においても参考とされることが少なくありませんが，法的には労災認定を行うときに労働基準監督署が使う判断基準にすぎず，それがすべてではありません。つまり，裁判になれば，先ほど書いたとおりひっくり返る（労災と認められる）こともあります。つまり，最終的な法的判断を行う裁判所

を直接拘束するものではないと位置付けられています。

(2) うつ病等と自殺（死亡）の間の因果関係

業務に起因して精神障害が発症したと認められ，精神障害を発症する中で労働者が自殺した場合には，精神障害と自殺との間にも法的に因果関係が認められています。業務を原因としてうつ病等が発症した場合には，正常な認識，行為選択能力が著しく阻害され，その病態として自殺行為が出現する蓋然性が高いと医学的に認められていることから，労働者の故意により発生した災害（労災保険法12条の2の2）とはされず，自殺（死亡）という結果についても一般に業務起因性があると考えられているのです。

事例Oのもととなった上記の裁判例では，業務に関わる上司のハラスメント発言とうつ病の発症，およびうつ病と自殺の間に因果関係が認められ，自殺（死亡）という結果についても業務起因性があるとされています。

(3) 労働者側の脆弱性等の考慮

なお，精神障害の業務起因性の判断は，どのような人を基準に判断すべきかといった難しさをはらんでいます。ストレスに弱い人は軽度のストレスでもうつ病を発症することがあること（いわゆる「ストレス－脆弱性理論」）も指摘されており，その人固有の要因（個体側の要因）ではなく，業務上のストレスによってうつ病にり患したといえるかどうかという判断の難しさを抱えています。

第9章で述べた「ストレス－脆弱性理論」がここでも及ぶと考えれば，何らかの脆弱性をもちながらも通常業務を遂行できる人（つまり平均的な労働者）が鈴木さんと同じ状況に置かれた場合に精神障害を発症する可能性があれば，**事例O**でも業務起因性が肯定されることになります。実際，**事例O**のもととなった裁判例では，同僚らが自殺した労働者の自宅を訪問して弔意を表した際に，このままだとまた同じような犠牲者が出る旨述べたという事実を重視して，業務起因性が肯定されています。[9]

6 法令に基づいた紛争予防と解決

職場におけるハラスメント問題に対する法律制度は，すでに述べたようにセク

シャルハラスメントおよびマタニティハラスメント以外には会社の予防措置義務を定めた法律規定がなお整備されておらず，また，被害が起きてから事後的救済を図るものが主な規定であるため，必ずしも十分なものとはいえません。それに，ハラスメントの加害者や会社の責任については，最終的には裁判所に訴訟を提起して損害賠償を求めることになってしまいます。

　そのため，そこに至る前にクライエント（当該の労働者）が会社にある苦情相談窓口等を通じて相談し，被害の拡大防止や被害に対する補償等について相談することが考えられます。しかし，そうした相談室を設置して適切な対応している会社は限られていますし，実際問題，クライエント自らが会社と話し合うというのは，ハラスメント問題の場合，職場の対人関係に関わるだけに一層困難です。それに，法的な対応に関する知識についても普段から持ち合わせているわけでもありません。

　このようなクライエントを支援するために，各都道府県労働局が法的な相談対応にあたっています。セクシャルハラスメントおよびマタニティハラスメントについては雇用環境・均等室が担当し，パワーハラスメントについては総合労働相談コーナーが担当しており，これらを活用することを勧めることができます。[10]

　以上のように，特に，ハラスメントによる精神被害，さらにはそれに起因する自殺については，その段階や状況により法的な取扱いの内容は大きく異なってきますので，対人援助者は，これらの事柄をきちんと認識したうえで，個別のケースに応じた的確な対応をしていくことが重要になります。

Note

[9] このように「労働災害」と認定されれば，国が労災保険法に基づく給付を被災者（その遺族）に行うことになり，会社はその支払われた金額の範囲のみで損害賠償責任（第2節4参照）の支払額をカットすることができます（労働基準法84条1項参照）。もっとも，労災保険では保険料にメリット制がとられており（労働保険徴収法12条3項），労働災害の発生により保険給付額が増加すれば，会社に課される保険料率が引き上げられる可能性があります。会社としては，この点からも，労働災害の発生を予防する措置を十全に講じておくことが望まれます。

[10] 雇用環境・均等室および総合労働相談コーナーでは，来談したクライエント（会社関係者も含む）に対して，①法律や制度の説明，②会社への事実確認，③紛争が生じている場合には助言・調停などの対応をしています。詳細は，厚生労働省のホームページで調べることができます。

第3節　臨床的視点と援助的アプローチ

1 メンタルヘルスケアとしてのハラスメント対応

　ハラスメント問題も職場のメンタルヘルスケアの一環として捉えていくことがより効果的ではないかと考えられます。というのは，**事例O**を見るまでもなく，その被害者の多くがハラスメントという重大な心理ストレスに晒されてメンタルヘルス不調に陥るからです。事実，第2節5で述べたように，ハラスメント自体が労働災害認定基準における最も強い心理的負荷として挙げられています。

　ところが，津野香南美（2016）も指摘しているようにメンタルヘルスケアに携わる対人援助者がハラスメント問題のケースに直接関わることは，それほど多くないという現実があります。そこには，ハラスメント問題はあくまで会社の法的なコンプライアンス部門の問題であり，メンタルヘルスケア部門とは別個のものという認識が，会社側と対人援助職側の双方にあるためだと考えられます。その結果，早期対応が遅れがちとなっているのが現状です。

　特に，セクシャルハラスメントの疑いがあるようなケースの場合，本人が，直接，会社のコンプライアンス部門に訴えるというのは，性的な事柄に関わることですから，羞恥心や罪悪感などによって事実関係をきちんと語ることは極めて難しくなり，1人で悩みを抱え込み，心身の不調とともに仕事の面でも支障が出てきます。そのようなとき，この心身の不調を入口にして相談できる相手となるのがメンタルヘルスケア部門の対人援助者です。カウンセリングの基本を身につけた対人援助者であれば，本人も安心感をもって，徐々に事実関係について語れるようになってきます。そのうえで，対人援助者が会社のコンプライアンス部門との橋渡し役をしていくことになります。

　以上の点から，あらためて「労働者の心の健康の保持増進のための指針」（詳しくは第9章の第3節1を参照）は，ハラスメント問題に対する対人援助者によるアプローチを支えるシステムとしても基本となるものです。

2 ハラスメント問題のプロセスの理解

(1) エスカレートするハラスメント関係

対人援助者は，まず，職場におけるハラスメント問題の発生からそれが持続するプロセスについて理解しておくことが大切です。

表10-5は，パワーハラスメントのプロセスの概略を示したものです。仕事熱心で部下の指導に熱意のある上司が，指導上で部下が期待したようなパフォーマンスを示さないところから始まり，時には，強い叱責の言葉の1つも出るかもしれませんし，そこに，些細な感情の行き違いも生じるでしょう。しかし，1回限りでそれが即ハラスメント行為となるわけではありません。問題は，それが繰り返され段階的に深刻化するエスカレートの様相にあるのです。セクシャルハラスメントの場合は，すでに述べたようにハラスメント行為の認定という面では比較的明確ではありますが，程度の差こそあれ，基本的には同様のプロセスをとります（事例Nを参照）。では，なぜ，このようにエスカレートしていくのでしょうか。

(2) 相互コミュニケーションパターンに注目する

エスカレートするハラスメント関係を理解するための臨床的観点としてもう1

表 10-5 ■ エスカレートするパワーハラスメント

	第1段階	第2段階	第3段階	第4段階
状況	・ミスの注意，指摘 ・コミュニケーションのズレ	・繰り返される注意や叱責 ・不自然なコミュニケーション ・ミスの増加	・言動の過激化 ・関係の悪化 ・被害者の孤立 ・職場全体への悪影響	・被害者の精神的ダメージ ・心身の病気 ・修復不能な関係 ・退職 ・職場への不信感，忠誠心の低下
行為者	・少々の違和感，不快感	・持続する違和感，不快感	・違和感，不快感が怒り，嫌悪感へエスカレート	・コントロールできない持続的な怒り，嫌悪感

（出典）岡田康子・稲尾和泉『パワーハラスメント』日経文庫，2011年，63頁。（一部改変）

つ重要なのは，当事者それぞれの個人要因を十分に考慮しつつも，当事者間の相互コミュニケーションパターンに注目することです。その際,「偽解決」[11]と「問題の内在化」[12]と呼ばれる2つの考え方が役に立ちます。その様相を事例Oで見てみましょう。

偽　解　決

鈴木さんの仕事ぶりに問題を感じた下村係長は，当初，叱責という解決策をとります。しかし，鈴木さんの行動には期待した変化が見られないばかりか，自己卑下的な反応になります。そこで下村係長はさらに叱責という解決策をとりますが，鈴木さんの反応はそれに応じてより自己卑下的な行動を強めていきます。こうして当事者間の相互コミュニケーションパターン自体が負の形で強化されていくと，もはや当事者同士で新たな解決策を見出すこと自体極めて困難になります。このように，期待される結果が得られないにもかかわらず同じ解決策を繰り返してしまうことを「偽解決」といい，エスカレートするパワハラ関係（表10-5）だけでなく，セクハラ関係においても同様に見られるものといってよいでしょう。たしかに，下村係長の叱責という行為が結果として鈴木さんに重大な事態を招いていることは法的な観点から問題視されるのは当然ですし，鈴木さんの極端な自己卑下的な反応にも注目する必要はあります。

ただ，対人援助者がこれらのことを慎重に見極めつつ，忘れてならないのは，ハラスメント関係が多くの場合，閉鎖的な二者関係の中で発展しやすいということです。仮に，下村係長が，あるいは鈴木さんが誰か他の人に相談できたとすれば，この相談という行動自体が，閉鎖的な二者関係の中だけでの偽解決のパターンから脱け出すための新たな解決策でもあるということです。ここに，第三者と

Note

11 偽解決（attempted solution）は，1960年代にブリーフ・セラピーという心理療法モデルを開発した米国のMRIというグループが提唱した概念で，「問題の問題たるゆえんはその解決策にある」というものです。そして対人援助の専門家たちも同様の事態に陥りやすいということを自覚しておくことが大切です。

12 私たちの社会では，人々の間で起こる問題の原因を個人内の人格・性格などに帰する考え方（問題の内在化）が支配的です。しかし，このような考え方が，かえって解決を困難にしていることを，その語り方（ナラティヴ）に注目して開発されたのが，1980年代のM. ホワイトとD. エプストンによるナラティヴ・セラピーという心理療法モデルです。その中心的なアプローチが問題と個人を分ける「問題の外在化」(externalization of problems) と呼ばれるものです。

しての対人援助者による相談機能を中心とした臨床的アプローチの意義があるのです。具体的な点については後ほど解説します。

問題の内在化

もう1つ，こうした状況における偽解決をさらに強めてしまうのが，「問題の内在化」と呼ばれるものです。

具体的には，当事者双方が，また周囲も，ハラスメントの原因を個人の内的かつ人格的な何らかの欠陥に帰して問題の解決を図ろうとすることです。すると，当事者たちはいずれも自己防衛的な態度を強め，否定的な感情に支配されて，現実的な解決への道が閉ざされてしまいがちです。それが否定的な形で表面化したものがパワーハラスメントの行為類型（表10-3）にほかならず，最終的には「個の侵害」にまで至るのです。

下村係長の鈴木さんに対する対応には，問題の内在化によって相手を非難する言動が極端に現れていますが，すると，今度は，周囲がそうした言動を下村係長の人格的な問題に帰しがちになります。このような現象自体を完全に取り除くことは極めて困難ではありますが，少なくとも，対人援助者だけは，このことをしっかりと心に留めておくことが必要です。

その意味でも，あらためて注目すべきは「労働者の人格的利益を侵害してはならない」という法的および倫理的な基本規定です。一般的には，この規定を単にお題目あるいは禁止令として捉えがちですが，そうではなく，むしろ，特に上司が部下に対して業務上の指導をする際，部下の人格的利益を尊重したコミュニケーションの技術を身につけることこそが，部下のパフォーマンスをより高めるものになる，という視点を普段から職場内に浸透させる活動が，ハラスメント全体を予防するうえで大切になってきます。

3 ハラスメント問題への臨床的アプローチ

(1) 職場内相談システムの整備と活用

事例Oの場合でも，ラインによるケア（詳しくは，第9章第3節1を参照）に基づいて，まずは，鈴木さんの処遇に困っている下村係長をサポートできるような職場内相談システムを整備しておくことが重要です。もし，この職場に，下村係

長が早期の段階で相談できるようなシステムがあれば，パワーハラスメント関係のエスカレーションにくさびを打つことで，あのような重大な結末は避けられたのではないかと思われます。この点で大いに参考になるのは，ある銀行が導入しているラインによるケアのための相談システムです。

この銀行でも，もちろん，法的な枠組みに基づいて，メンタルヘルス推進のための健康管理部門とハラスメント対応のための人事・コンプライアンス部門による相談体制を整備し，全社的に周知もしてきました。しかし，**事例O**ほどではありませんが，かなり深刻なハラスメント事案が発生していたのにもかかわらず，対応が遅れて裁判にまで持ち込まれた苦い経験がありました。その最大の要因は，当該の上司が1人で問題を抱え込んでいたことにありました。そこで，この銀行では，現場での管理経験が豊富な退職者を人事部門に嘱託として再雇用し，定期的に現場に出向いて，特に，直接部下の指導にあたっている管理職の困りごとの"御用聞き"システムを導入したのです。この"御用聞き"によって得られた情報を健康管理部門と人事・コンプライアンス部門で共有し，その後のケア計画を立て，必要があれば健康管理部門の臨床心理士による面談等の具体的な介入を実施するようになりました。この"御用聞き"システムの導入によって，あらためて浮き彫りになったのは，以下のような諸点でした。

- 事例Oの係長のような仕事のできる管理職は，たとえ部下の指導上で困っているとしても，あくまで自分で解決しようとして誰かに相談することを良しとしない傾向にある。
- こうした管理職の胸襟を開くうえで，この"御用聞き"システムは，職場における先輩でかつ業務にも精通しており，さらにライン上の権限から離れた第三者の立場にあるという点で効果的である。
- いかに，法的な枠組みに沿った相談システムを整備しても，現場の管理職を含む従業員が直接そこにアクセスするには敷居が高く，かつ多忙な業務の中では時間的な余裕もない。
- 心理職など対人援助者との面談には，この"御用聞き"も同席することで，当事者も安心できる。

もちろん，この銀行のような"御用聞き"システムだけが唯一の方策ではありませんし，各々の職場の特性に応じて工夫されるべきものですが，ここで強調し

ておきたいのは，これらが，実は，会社（使用者）に課せられた「働きやすい良好な職場環境を維持する義務」(職場環境配慮義務)（第2節4(2)）という法的な枠組みを，職場活性化とリンクさせる積極的な実践にほかならないということです。

(2) 対人援助者に求められる相談対応のポイント

さて，**事例O**のX銀行のような職場内相談システムの下で，対人援助者が下村係長と鈴木さんそれぞれに面談することになったと想定して，その際の基本的なポイントについて解説します。その前提となるのは，対人援助者は，パワーハラスメント関係の可能性については十分に頭に入れながらも，その事実認定についてはコンプライアンス部門に任せつつ情報の共有を図る必要があるということです。その際の対人援助者のクライエントに対するスタンスとしては，システムズコンサルテーション（詳しくは，第9章第3節2(2)）に基づいて，利害関係者間をつなぐ役割が求められます。

下村係長との面談

あくまで「仕事上で気になる部下がいる」というスタンスを基本にし，下村係長から見た鈴木さんの困った点（それには下村係長も困っている）に焦点を当てて話を聞いていきます。その際，下村係長は，おそらく，鈴木さんに期待するような変化が見られない原因を鈴木さん個人の性格に帰する（問題の内在化）発言を，多発するでしょう。ここで，対人援助者が気を付けなければならないのは，そのような下村係長に対して否定的な感情が生じてくることです。要するに，対人援助者自身も，問題の原因を下村係長の人格的な要因に帰しがちになっているということです。そうなると，面談場面は，協働的な関係から論争に近い関係となり，解決に向けた道を狭くしかねません。

このことに留意しながら，面談の方向をできる限り具体的な出来事の連鎖，すなわち偽解決のパターンの把握に努めつつ，わずかであれ，鈴木さんの行動の変化につながる可能性のある他の解決策を模索していきます。ただし，下村係長は，おそらく，これまで叱責という方法で部下の指導に成功してきていますから，それを直接変えさせるようなアプローチはかえって抵抗を生みます。ですから，むしろ，叱責の仕方のバリエーションを広げられる（鈴木さんの側も少しでも合理的に受け入れられる）ような方策を双方で探索していくような面談のプロセスが効果

的になってきます。

鈴木さんとの面談

　鈴木さんの方は，極めて自己卑下的な発言に終始することになりそうです。まずは，そのような発言に耳を傾けることになりますが，同時に，心身の状態，特に睡眠状況について確認しておくことが重要です。おそらく，何らかの形での強い不眠症状あるいは過覚醒が認められるでしょう。あわせて，鈴木さんの仕事の遂行能力の変化，特に，集中力の低下などが認められるのではないでしょうか。そうであれば，うつ状態にあることが疑われますから，ここでは，まさに安全配慮義務に基づいて医療機関に受診させる必要があります。その際には，医療機関と連携をとり，一時休養の必要性についてもお願いしておくとよいでしょう。ただ，鈴木さんの場合は，このアドバイス自体をさらに否定的に捉えて，「休むことになれば，余計会社に迷惑をかける」といった発言があるかもしれません。しかし，ここでは，家族の協力も得ながら，ともかく休養の必要性について，それこそじっくり腰を据えて説得にあたる必要があります。

　なお，今回明らかになった鈴木さん側の仕事上での問題点については，その背景に，それまでの鈴木さんに固有の対人関係パターンが影響しているかもしれません。これらについては，心身の状態がある程度改善された後に，個人カウンセリングによるアプローチがとられることになるでしょう。あわせて，人事部門との連携により配置転換の可能性についても探っていくことになるでしょう。

(3) ナラティヴ・メディエーションという新たなアプローチの必要性

　ハラスメント問題についての認識が広まってきている中で，部下が上司をパワハラとして直接会社側に訴えてくる事例も増えてきています。こうした場合は，当事者間にハラスメント要件についての認識に大きなズレが存在し，かつ周囲を巻き込んだ紛争に近い様相が前面に出てきます。そうなると，法的な枠組みに基づきつつ，当事者の心理面に焦点をあてた丁寧な調停・仲裁を目指す相談活動が求められることになります。そのための新しいアプローチの1つが「ナラティヴ・メディエーション」[13]と呼ばれるものです。その基本的な方法は，当事者が，相手との対立状況について語るとき，その人に固有の語り方（表現あるいは意味付けの仕方）に焦点をあて，異なった視点からその対立状況を語ることができるよ

う，独自の質問法を用いながら援助していくものです。しかし，今のところ，日本においてこのようなアプローチを行った報告はほとんどありません。今後は，対人援助者にも，このアプローチに精通していくことが課題になるのではないかと思われます。

(4) 教育・研修

ハラスメント問題については，多くの会社においてすでにその基本的な考え方や法令についての研修が実施されています。昨今の企業活動におけるコンプライアンス（法令遵守）に向けた動きと合わせて，こうした研修の実施は必須です。しかし，繰り返し述べてきたように，その法的な根拠である「労働者の人格的利益を侵害する行為の禁止」および「働きやすい良好な職場環境を維持する義務」（職場環境配慮義務）の精神を，単に注意喚起のレベルに終わらせず，職場内においてよりポジティヴな形で根付かせていくためには，研修内容をもっと工夫する必要があります。そのための1つの方策としては，例えば，アサーショントレーニング[14]あるいはSFA[15]と称する心理学的なコミュニケーションモデルに基づいた職場内対人関係活性化の研修プログラムと連動させるとよいでしょう。この2つのモデルには力点の置き方に違いはありますが，いずれも，職場内のあらゆる場面で生じる相互コミュニケーションをより効果的に進めるためのノウハウをもっており，何よりも，その根底に「労働者の人格の尊重」という精神がしっかり根付いています。

Note

13　J. ウィンズレイド＝G. モンク（国重浩一・バーナード紫訳）『ナラティヴ・メディエーション――調停・仲裁・対立解消のための新しいアプローチ』北大路書房，2010年，が代表的です。理論は少し難しいですが，実践方法については具体的で大いに参考になります。

14　アサーショントレーニング（assertion training）とは，1980年代より主に米国で開発された「自他を尊重した自己表現」のための体系化されたトレーニング方法です。平木典子『改訂版アサーション・トレーニング――さわやかな〈自己表現〉のために』精神技術研究所，2009年，は職場関係者にもわかりやすく好評です。

15　SFA（solution-focused approach）は，1980年代，米国のS. ディ・シェーザーとI. K. バーグによって提唱された心理療法モデルです。その基本的な考え方は，人々が抱える問題の大変さを承認しつつ，すでにやれていること（解決）に焦点を当ててゆくもので，そのための効果的な質問法を開発しました。青木安輝『解決志向の実践マネージメント』河出書房新社，2006年，が大変参考になります。

4 まとめ

　今日の日本における労働環境は，想像以上のスピードで多様化してきており，そのことが，特に，職場内のあらゆる対人関係のあり方に大きな変化をもたらしています。ハラスメント問題は，そうした変化のいわば負の現象といえるかもしれません。それだけに，会社や公的機関においては，よりいっそう働く人々すべての人格的利益を保証した職場環境の改善に向けた努力と，その実効性を高めるためのサポート役となる法と臨床のさらなる協働が求められてきています。

▶ コラム④　障害者に対する差別の禁止と合理的配慮

1　2006年国連総会において「障害者の権利に関する条約」が採択されました。この条約は，障害のある人について，他の人と同じく，あらゆる人権・基本的自由及び個人の尊厳が保障されることを明らかにしたものです。この障害者権利条約では，「障害者対して合理的配慮を提供しないこと」が障害者に対する差別にあたるとされています（条約2条，5条3項など）。

　　日本の法律でも2004年障害者基本法が改正され，障害者に対する差別の禁止と権利利益侵害の禁止が明記されましたが，障害者権利条約の成立を受けて，2013年あらたに「障害を理由とする差別の解消の推進に関する法律」（差別解消法）が制定されるとともに，「障害者の雇用の促進等に関する法律」（雇用促進法）が改正されました。

　　これにより，障害者に対する「不当な差別的取扱い」の禁止と，障害者に対して「合理的配慮」を提供する義務（合理的配慮を提供しないことも差別にあたる）が定められました。

　　差別解消法は，行政機関と事業者（営利事業に限らない）に適用されますが，事業主とその事業主が雇用している労働者との関係（労働関係）については雇用促進法が適用されます。

2　例えば，客に障害があることを理由としてレストランへの入店を拒否することは「不当な差別的取扱い」にあたり，差別解消法で禁止されます。企業で，障害を理由として昇進昇格を認めない，他の労働者に受けさせている社員教育を受けさせないなどは雇用促進法で禁止されています。

3 「合理的配慮」とは，障害者に個々の場面でその人のニーズに応じ，障害をもたない者と同じ権利を保障するための措置のことで，提供する側に過重な負担がかからないもの，のことです。「合理的配慮」が必要とされるのは，単に，不当な差別的取扱いを禁止するだけでは，障害者の機会の均等及び権利の保障が実現しないからです。

例えば，視覚障害者が高校や大学を受験する際に，点字による受験ができるようにして試験時間を延長する（差別解消法），事業主が採用面接を行う際に筆談で行う，聴覚過敏の労働者に勤務時間中も耳栓やヘッドホンの使用を認める，出退勤時刻や休憩時間について就業規則の定めとは異なる扱いをする（雇用促進法）などです。しかし，例えば，労働関係で，聴覚障害のある労働者が事業主に対し自分専用の手話通訳者を雇用してほしいと求めても，事業主は加重負担という理由で断ることができるでしょう。過重負担か否かは，当事者が求める具体的な配慮の内容に関し，事業活動への影響・費用負担の程度・企業規模・実現可能性の程度などの諸事情を考慮して判断されます。

引用・参考文献 Bibliography

青木安輝（2006）『解決志向の実践マネージメント』河出書房新社．
ウィンズレイド，J.＝G. モンク（国重浩一・バーナード紫訳）(2010)『ナラティヴ・メディエーション——調停・仲裁・対立解消のための新しいアプローチ』北大路書房．
打越さく良（榊原富士子監修）(2015)『改訂 Q&A DV 事件の実務——相談から保護命令・離婚事件まで』日本加除出版．
岡田康子・稲尾和泉（2011）『パワーハラスメント』日経文庫．
川出敏裕（2015）『少年法』有斐閣．
厚生労働省（2017）『平成 29 年度版 過労死等防止対策白書』．
厚生労働省都道府県労働局（2017）『職場でつらい思いしていませんか？』パンフレット No.11．
国立教育政策研究所生徒指導・進路指導研究センター編（2017）『いじめに備える基礎知識』文部科学省国立教育政策研究所．
国立教育政策研究所生徒指導・進路指導研究センター編（2017）『生徒指導リーフ いじめの理解』Leaf. 7，文部科学省国立教育政策研究所．
裁判所職員総合研修所監修（2002）『少年法実務講義案（改訂版）』財団法人司法協会．
坂田仰編（2018）『いじめ防止対策推進法——全条文と解説』学事出版．
坂田真穂（2012）「いじめる子」廣井亮一編『加害者臨床』日本評論社．
滝充（2013）「連載 いじめから子どもを守る」『児童心理』2 月号～5 月号．
津野香奈美（2016）「職場のいじめ・ハラスメントの相談業務」『産業精神保健』24，66-71．
内閣府（2018）『平成 30 年版高齢社会白書』．
二宮周平（2007）『家族と法——個人化と多様化の中で』岩波新書．
日本子ども家庭総合研究所編（2014）『子ども虐待対応の手引き』有斐閣．
日本弁護士連合会子どもの権利委員会編（2015）『子どものいじめ問題ハンドブック』明石書店．
長谷川京子（2010）「ドメスティック・バイオレンス」廣井亮一・中川利彦編『子どもと家族の法と臨床』金剛出版．
平木典子（2009）『改訂版 アサーション・トレーニング——さわやかな〈自己表現〉のために』精神技術研究所．
廣井亮一（2010）「家族臨床における法的介入」日本家族心理学会編『家族にしのびよる非行・犯罪——その現実と心理援助』金子書房．
廣井亮一（2012）『カウンセラーのための法と臨床——離婚・虐待・非行の問題解決に向けて』金子書房．
廣井亮一・中川利彦（2014）「学校における法にかかわる問題の対応——法と臨床の協働〈最終回〉保護者対応」『児童心理』No. 979，金子書房．
村瀬嘉代子（2011）「臨床心理学を学ぶということはどういうことか」心理学書販売研究会編『心理学を学ぼう！』心理学書販売研究会．

山本和郎（1984）『コミュニティ心理学――地域臨床の理論と実践』東京大学出版会。
Haley, J.（1984）*Ordeal Therapy: Unusual way to change behavior.* Jossey-Bass.（高石昇・横田恵子訳『戦略的心理療法の展開』星和書店，1988）
Miller, W. R. & Rollnick, S.（2002）*Motivational Interviewing*, 2nd.ed. The Guilford Press.（松島義博・後藤恵訳『動機づけ面接法――基礎・実践編』星和書店，2007）。

索 引 Index

■■■ 法令・条約索引（括弧内は略称）■■■

❖ あ 行

育児・介護休業法 →育児休業，介護休業等育児又は家族介護を行う労働者の福祉に関する法律
育児休業，介護休業等育児又は家族介護を行う労働者の福祉に関する法律（育児・介護休業法） 202, 206
いじめ防止対策推進法　99, 100, 105, 107, 112

❖ か 行

家事事件手続法　24, 64
学校教育法　111, 148
過労死等防止対策推進法　174
刑事訴訟法　129
高齢者虐待の防止，高齢者の養護者に対する支援等に関する法律（高齢者虐待防止法）　77
高齢者虐待防止法 →高齢者虐待の防止，高齢者の養護者に対する支援等に関する法律
個人情報の保護に関する法律 →個人情報保護法
個人情報保護法（個人情報の保護に関する法律）　15, 85
子どもの権利条約　8, 11, 22, 62
雇用の分野における男女の均等な機会及び待遇の確保に関する法律（男女雇用機会均等法）　202, 206

❖ さ 行

児童虐待の防止等に関する法律（児童虐待防止法）　2-4, 13
児童虐待防止法 →児童虐待の防止等に関する法律
児童福祉法　8, 12
障害者基本法　228
障害者雇用促進法 →障害者の雇用の促進等に関する法律

障害者差別解消法 →障害を理由とする差別の解消の推進に関する法律
障害者の権利に関する条約　228
障害者の雇用の促進等に関する法律（障害者雇用促進法）　228
障害を理由とする差別の解消の推進に関する法律（障害者差別解消法）　228
少年法　119, 121
成年後見制度の利用の促進に関する法律　82, 87

❖ た 行

男女雇用機会均等法 →雇用の分野における男女の均等な機会及び待遇の確保に関する法律
地方公務員法　155
DV防止法 →配偶者からの暴力の防止及び被害者の保護等に関する法律

❖ な 行

日本国憲法　81

❖ は 行

配偶者からの暴力の防止及び被害者の保護等に関する法律（DV防止法）　36, 40
母子保健法　12

❖ ま 行

民　法　22, 54, 62, 65, 90

❖ ら 行

労災保険法 →労働者災害補償保険法
労働安全衛生法　175, 177, 189
労働基準法　175, 177
労働契約法　187
労働者災害補償保険法（労災保険法）　177, 182

233

事項・人名索引

❖ アルファベット

DV　→ドメスティックバイオレンス
EAP（従業員支援プログラム）　192
LGBT　202
SFA　227

❖ あ　行

アカデミックハラスメント　201
アサーショントレーニング　227
安全衛生委員会　181
安全配慮義務　187
安全配慮義務違反　178
意見表明権　64
医　師　85
いじめ　94, 200
　　――と犯罪　109
　　――と犯罪とけんか　114
　　――に対する措置　106
　　――の重大事態　109, 115
　　――の定義　100, 113
いじめ予防授業　110
慰謝料　43, 68
委託一時保護　19, 25
一時保護　7, 16, 18, 21
一時保護所　38, 46, 131
医療ネグレクト　25
ウィンズレイド，J.　227
うつ病　184, 216
エプストン，D.　222
オーディール（試練）　158
オーディールセラピー　158
親子再統合支援　20

❖ か　行

介　護　83, 89, 90
介護ストレス　86, 89
解雇制限　185
カウンセリング　193
学習権　18
家裁調査官　→家庭裁判所調査官
家事調停　59
過重労働対策　174
家族システム論　36

学校いじめ対策組織　106
学校長　16, 145
家庭裁判所　131
家庭裁判所調査官（家裁調査官）　132, 134, 143
過労死　183
過労自殺　183, 187
監護者　63
観護措置　132
偽解決　222
器物破壊罪　109
義務教育を受ける権利　111
逆　送　137
休職　→病気休職
凶悪事件　122
教育委員会　111
教育的指導　155, 159
協議離婚　51, 57
矯正教育　137
強制わいせつ罪　203
業務関連性　214
業務起因性　183, 216-218
　　精神障害の――　183, 216, 218
業務による心理的負荷評価表　184, 216
強要罪　203
ぐ犯少年　121, 126
ケアマネジャー　86
刑事責任　43
傾　聴　141, 160
刑法犯少年　94
ケース（検討）会議　17, 86
ケースワーカー　21
結果回避義務　→予見可能性
健康診断　181
健康配慮義務　188
検察官　131
検察官送致　137
権利擁護　12, 81
攻撃性　94
合同面接　74
校内暴力　94
公認心理師　85
幸福追求権　81
合理的配慮　228
勾　留　129

234

高齢者虐待　77, 82
高齢者の権利擁護　81, 82
高齢者の自己決定権　82
国選付添人制度　133
国選弁護人　129
個人の尊厳の保障　81
子ども
　──の意見　64, 72
　──の権利擁護　12
　──の最善の利益　12, 22, 62
　──の調査・安全確認　16
　──の陳述　64
雇用環境・均等室　219
婚　姻　54
婚姻費用　55, 67
コンサルテーション　194

❖ さ　行

財産管理権　23, 62
財産分与　67
在宅支援　17
在宅事件　131, 143
在宅補導委託　136
再　犯　145
裁判離婚　50, 57
里　親　19
36協定　177, 179
残業　→時間外労働
産業医　181
時間外労働（残業）　179
時間外労働時間数の算定　183
試験観察　135
試行面接　75
自己決定権　81
自　殺　109, 183, 185, 187, 217, 218
システムズコンサルテーション　196
施設入所　19, 86
市町村 子ども家庭支援指針　17
しつけ　21, 23
児童虐待　4, 8
児童自立支援施設　126, 137
児童心理治療施設　19
児童相談所　7, 8, 13, 118, 131
児童相談所運営指針　13
児童福祉機関先議主義　131
児童養護施設　19, 137
社会調査　132

社会福祉協議会　88
従業員支援プログラム　→EAP
出席停止命令　111
守秘義務　15, 31, 85, 107, 193
守秘義務違反　15, 32
傷害罪　110, 125, 155
傷害事件　129
使用者責任　213
少年院送致　137
少年鑑別所　132, 145
少年審判　125, 134
少年の要保護性　128, 133
少年保護手続　131
情報提供　16
情報提供義務　108
職場環境　212
職場環境配慮義務　215, 227
職場復帰（復職）　178, 190, 197
触法少年　121, 126
職務親権代行者　25
職権一時保護　18
書類送致　131
人格的利益　201
人格の形成　3, 99
親　権　22, 62
親権一時停止　24
親権者　19, 52, 62
親権者決定　63, 70, 75
親権喪失　26
身上監護（権）（身上の保護）　23, 62, 88
審　尋　44
心身鑑別　132, 145
審判不開始　136
審判前の保全処分　25
スクールカウンセラー　15, 32, 106, 108
スクールソーシャルワーカー　106, 108
ストレス－脆弱性理論　184, 218
ストレスチェック　181
生活扶助の義務　91
生活保護　6
生活保持の義務　91
精神障害　187, 216
　──の業務起因性　183, 216, 218
　──の労災申請　174
成年後見制度　79, 87
セクシャルハラスメント　200, 203
セクハラ防止措置義務　204

索　引　235

接近禁止命令　　45
窃　盗　　110, 124, 125, 129
セルフケア　　192
全件送致主義　　131, 144
総合労働相談コーナー　　189, 219
捜　査　　126
訴　訟　　59
損害賠償　　43, 154, 187, 213, 219

❖ た　行

退学処分　　150
退去命令　　45
退　職　　185
体　罰　　23, 150
逮　捕　　129
立入調査　　16, 86
地域包括支援センター　　79, 85, 86
地方いじめ防止基本方針　　116
懲　戒　　111, 147, 150, 156
懲戒権　　23
調　停　　59
調停前置主義　　57
調停離婚（離婚調停）　　57, 59
通告〔児童虐待〕　　2, 7, 13, 15, 27, 131
通告義務〔児童虐待〕　　13, 15, 32, 107
通報義務〔高齢者虐待〕　　85
通報努力義務〔高齢者虐待〕　　85
付添人　　133, 134
停学処分　　150
電話・メール送信等禁止命令　　46
特定妊婦　　14, 17
ドメスティックバイオレンス（DV）　　41
努力義務　　181

❖ な　行

ナラティヴ・セラピー　　222
ナラティヴ・メディエーション　　226
28条申立て　　19
日常生活自立支援事業　　88
日本司法支援センター（法テラス）　　26, 27
乳児院　　19
任意後見制度　　87
脳・心臓疾患　　187

❖ は　行

配偶者暴力相談支援センター　　38, 41
働き方改革　　174

パワーハラスメント　　200, 207
犯　罪　　114, 122
　　いじめと──　　109, 114
犯罪少年　　121, 125
非行少年　　121
被告（人）　　59, 138
病気休職（傷病休職）　　178, 186
ファミリーホーム　　19
夫婦共同親権　　54, 62
福祉事務所　　13
復職　→職場復帰
不処分　　137
婦人保護施設　　47
不法行為　　201, 211
扶　養　　91
扶養義務　　90
不良行為　　127
不良少年　　122, 126
ヘイリー，J.　　158
弁護士　　26, 27, 133, 167
弁護人　　133
暴　言　　9, 85, 152
暴行罪　　110, 154
法定後見制度　　87
法テラス　→日本司法支援センター
暴　力　　39, 147
保護観察　　137
保護者支援　　20
保護者対応　　160
保護処分　　137
保護の措置　　133
保護命令　　43, 45
保護命令違反　　46
母子生活支援施設　　47
母子保健施策　　12
補導委託　　136
ホワイト，M.　　222

❖ ま　行

マタニティハラスメント　　202, 206
身柄付事件　　143, 145
身柄付送致　　131
身柄付補導委託　　136
未成年後見人　　24
民事責任　　43
民事調停　　59
民事法律扶助　　27

民生委員　85, 86
村瀬嘉代子　120
面会交流　52, 60, 65, 72
メンタルヘルス対策（メンタルヘルスケア）
　　175, 181, 189
モラルハラスメント　202
モンク，G.　227
モンスターペアレント　160
問題の外在化　222
問題の内在化　222, 223

❖ や　行

養育費　52, 60, 67
養育費・婚姻費用算定表　55
養介護施設　83
養護者　77, 82, 83
要支援児童　14, 17
要対協　→要保護児童対策地域協議会
要保護児童　7, 8, 14, 17, 131

要保護児童対策地域協議会（要対協）　7, 17
予見可能性（結果回避義務）　188, 215
予防カウンセリング　194

❖ ら　行

ラインによるケア　192
離婚訴訟　57, 61
離婚調停　→調停離婚
臨検・捜索　17
労災　→労働災害
労災補償制度（労災保険給付）　182, 203
労働基準監督署　182, 217
労働組合　177
労働災害（労災）　177, 182, 219
労働時間規制　178
労働者の心の健康の保持増進のための指針
　　189
労働者の人格的利益　223, 227

心理職・援助職のための法と臨床
——家族・学校・職場を支える基礎知識
Law and Clinical Practice for Psychologists and Helpers

2019年2月10日 初版第1刷発行

著　者　　廣　井　亮　一
　　　　　中　川　利　彦
　　　　　児　島　達　美
　　　　　水　町　勇一郎

発行者　　江　草　貞　治

発行所　　株式会社　有　斐　閣

郵便番号101-0051
東京都千代田区神田神保町2-17
電話(03) 3264-1315〔編集〕
　　(03) 3265-6811〔営業〕
http://www.yuhikaku.co.jp/

組版・有限会社ティオ
印刷・大日本法令印刷株式会社／製本・牧製本印刷株式会社
© 2019, Ryoichi Hiroi, Toshihiko Nakagawa, Tatsumi Kojima,
Yuichiro Mizumachi. Printed in Japan

落丁・乱丁本はお取替えいたします。
★定価はカバーに表示してあります。

ISBN 978-4-641-17438-2

JCOPY　本書の無断複写(コピー)は、著作権法上での例外を除き、禁じられています。複写される場合は、そのつど事前に(一社)出版者著作権管理機構(電話03-5244-5088, FAX03-5244-5089, e-mail：info@jcopy.or.jp)の許諾を得てください。